AF274483

MAÑANA
CUANDO ME MATEN

Carlos Fonseca

MAÑANA
CUANDO ME MATEN

50 AÑOS DE LAS ÚLTIMAS EJECUCIONES
DEL FRANQUISMO

la esfera ⊕ de los libros

Primera edición: septiembre de 2025

Cualquier forma de reproducción, distribución, comunicación pública o transformación de esta obra solo puede ser realizada con la autorización de sus titulares, salvo excepción prevista por la ley. Diríjase a CEDRO (Centro Español de Derechos Reprográficos) si necesita fotocopiar o escanear algún fragmento de esta obra (*www.conlicencia.com*; 91 702 19 70 / 93 272 04 47).

© Carlos López Fonseca, 2015, 2025
© La Esfera de los Libros, S.L., 2015, 2025
Avenida de San Luis, 25
28033 Madrid
Tel.: 91 443 50 00
www.esferalibros.com

Fotografías de interior: archivo de *ABC* y archivo del autor
ISBN: 978-84-1094-143-4
Depósito legal: M. 16.097-2025
Fotocomposición: J. A. Diseño Editorial, S.L.
Impresión y encuadernación: Anzos
Impreso en España-*Printed in Spain*

ÍNDICE

SEGUNDA PARTE
ETA
Jon Paredes Manot, *Txiki*, Ángel Otaegui Etxebarria

TERCERA PARTE
27 DE SEPTIEMBRE DE 1975

A mis hermanos, Antonio y Óscar,
compañeros en el viaje de la vida.

«Lo contrario del olvido no es la memoria, sino la verdad».

JUAN GELMAN

CINCUENTA AÑOS DE UN CRIMEN LEGAL

Se cumplen cincuenta años de los últimos fusilamientos del franquismo el 27 de septiembre de 1975 y es probable que muchos de quienes nacieron tras la muerte del dictador no conozcan este episodio dramático de nuestra historia reciente o tengan una vaga referencia de él. La mayoría de los protagonistas de los hechos han fallecido y el acceso a la documentación de aquel proceso ha estado restringido durante todo este tiempo por criterios cuanto menos cuestionables. Sucede que lo que no se recuerda se olvida, y lo que se olvida es como si no hubiera ocurrido.

La memoria no es la verdad, sino un proceso de selección de recuerdos en el que el filtro de la vivencia personal acomoda los hechos a la percepción de cada uno, pero la historia se construye con la suma de las experiencias individuales de un colectivo. La memoria no es infalible, pero tampoco lo son los documentos, muchos de ellos meros depositarios de relatos falsos y mentiras interesadas. Solo de la suma de fuentes orales y escritas surge una aproximación a la historia real. De unas y otras fuentes se nutren las páginas de este libro, reeditado a los diez años de su publicación para conmemorar el cincuenta aniversario de los acontecimientos.

La periodista Leila Guerriero, uno de los mejores exponentes del periodismo narrativo, dice de este que «no arranca de un brote de inspiración, ni de la ayuda del divino Buda, sino con eso que se llama reporteo o trabajo de campo, un momento previo a la escritura que incluye una serie de operaciones tales como revisar archivos y estadísticas, leer libros, buscar documentos históricos, fotos, mapas, causas judiciales, y un etcétera tan largo como la imaginación del periodista que las emprenda»[1]. En esa tarea me he empeñado.

Ningún acontecimiento se puede disociar del contexto en el que acaece, tampoco este si queremos entender las razones que llevaron a un puñado de jóvenes de veinte años a empuñar las armas para combatir la dictadura, convencidos de que contra un régimen que asesinaba no cabía otra opción que responder con la violencia. No se trata de justificar lo que hicieron, sino de comprender por qué lo hicieron. Los militantes del FRAP Xosé Humberto Francisco Baena Alonso, José Luis Sánchez-Bravo Sollas y Ramón García Sanz, y los de ETA Jon Paredes Manot *Txiki* y Ángel Otaegui Etxebarría serán para unos luchadores antifranquistas que dieron su vida por la libertad y para otros simples terroristas que pagaron con su vida las que antes habían arrebatado.

Cometieran o no los delitos por los que fueron condenados, la consulta de los más de dos mil folios de los procesos que se instruyeron contra ellos no deja lugar a la duda: fueron víctimas de un simulacro de justicia que los sentenció antes de juzgarlos. Las pruebas contra ellos fueron obtenidas mediante torturas y carecieron de las más elementales garantías de defensa. Lo suyo fue un asesinato legal. Si la pena de muerte es despreciable en sí, más aún lo es cuando en torno a ella se oficia una mascarada para dotarla de legitimidad.

---

[1] Leila Guerriero, *Zona de obras*, Círculo de Tiza, Madrid, 2014.

ETA surgió a finales de los sesenta en un contexto de creciente contestación social contra el franquismo, pero su práctica armada no fue dirigida solo contra él, como demuestra su pervivencia tras la muerte del dictador y la recuperación de la democracia. Su disolución definitiva no se produjo hasta 2018. El FRAP, en cambio, nació para combatir la última etapa de la dictadura e impedir que la muerte del dictador diese paso a un franquismo sin Franco, y desapareció con las primeras elecciones democráticas de junio de 1977. Las dos organizaciones asesinaron. La dictadura también lo hizo. Los manifestantes muertos por «disparos al aire» de la Policía o por la actuación consentida, cuando no alentada, de grupos ultraderechistas; los detenidos torturados para obtener declaraciones autoinculpatorias o testimonios incriminatorios contra otros compañeros, y los ajusticiados y condenados por tribunales militares fueron víctimas del uso ilegítimo de la violencia por parte del Estado.

El filósofo Slavoj Žižek dice que existe una violencia subjetiva, directa, perpetrada por individuos y grupos organizados, y una «violencia sistémica inherente al sistema, que no es solo violencia física directa, sino también sutiles formas de coerción que imponen relaciones de dominación y explotación, incluyendo la amenaza de la violencia»[2]. La dictadura recurrió a ambas.

Vivimos en un país en el que la derecha y la ultraderecha se niegan a condenar el franquismo, cuando no lo elogian; se oponen a la anulación de las sentencias dictadas por consejos de guerra sumarísimos; impiden que se exhumen de las cunetas a los asesinados; condenan al olvido a quienes dieron su vida por defender la democracia que hoy disfrutamos y rechazan indagar en nuestro pasado más reciente porque, dicen, reabre viejas heridas, cuando de lo

---

[2] Slavoj Žižek, *Sobre la violencia. Seis reflexiones marginales*, Austral, Barcelona, 2014.

que se trata, precisamente, es de cerrar con la verdad las que aún permanecen abiertas.

La Ley de Memoria Histórica de diciembre de 2007 proclamó el carácter injusto de todas las condenas, sanciones y expresiones de violencia personal producidas por motivos políticos o ideológicos durante la guerra civil y la dictadura, y declaró ilegítimos el Tribunal de Represión de la Masonería y el Comunismo, el Tribunal de Orden Público (TOP), los tribunales de responsabilidades políticas, los consejos de guerra y las condenas que todos ellos impusieron contra civiles por vulnerar las más elementales exigencias del derecho a un juicio justo. La norma afirma que uno de sus objetivos es recuperar, reunir, organizar y poner a disposición de los interesados los fondos documentales que puedan resultar de interés para el estudio de la dictadura, así como fomentar la investigación histórica del franquismo y la transición.

También la más reciente Ley de Memoria Democrática de 2022 proclama que «la consolidación de nuestro ordenamiento constitucional nos permite hoy afrontar la verdad y la justicia sobre nuestro pasado. El olvido no es opción para la democracia», y se marca como uno de sus objetivos «preservar y mantener la memoria de las víctimas de la guerra y de la dictadura franquista a través del conocimiento de la verdad, como un derecho de las víctimas». La norma garantiza también «el derecho al acceso libre, gratuito y universal a los archivos públicos y privados (…) sobre el golpe de Estado, la Guerra y la dictadura franquista», y recoge el compromiso del Gobierno de modificar la Ley de Secretos Oficiales franquista de 1968 para facilitar el acceso público a documentos clasificados como tales, sin que hoy en día la promesa se haya sustanciado.

Pero las promesas son solo retóricas si no van acompañadas de decisiones, y los hechos refutan los propósitos. Investigar sobre nuestra historia reciente sigue siendo una tarea plagada de impedimentos legales llevados en ocasiones al ridículo. Así, la Ley de Patrimonio Histórico establece que los documentos que contienen datos policiales o procesales que puedan afectar al honor, a la intimidad o a la imagen de las personas no pueden ser consultados sin el consentimiento de los aludidos o, en su defecto, hasta que hayan transcurrido veinticinco años desde su muerte, si esta es conocida, o cincuenta si no lo es.

Pero ¿quién establece, y con qué criterios, que determinada documentación histórica invade dichos derechos? Si de algo son fedatarios los procesos judiciales instruidos durante el franquismo contra la oposición política es de su arbitrariedad. Siendo así, su consulta y estudio con fines históricos no puede contribuir a otra cosa que a la restitución de la memoria de las víctimas, no a su agravio. Solo los verdugos tienen miedo a la verdad.

Desgraciadamente, la restrictiva Ley de Patrimonio Histórico sigue siendo la norma preferida para limitar el acceso a la documentación de nuestro pasado reciente. Ese fue, hace diez años, el pretexto utilizado por el Archivo Histórico Militar para denegarme la consulta íntegra de las dos causas instruidas contra los militantes del FRAP, pese a tener la autorización de las familias de dos de los fusilados. La única excepción fue el sumario abierto contra Jon Paredes Manot *Txiki*, que consulté en Barcelona sin ninguna restricción. La causa instruida contra Ángel Otaegui está oficialmente desaparecida.

Este año de 2025 se cumplen cincuenta años de la muerte del dictador y de los últimos fusilamientos del franquismo. Medio siglo que invalida la principal restricción temporal para acceder a la documentación existente sobre la dictadura, a expensas de que las instituciones que los custodian cumplan con su deber de transparencia.

El poeta argentino Juan Gelman dijo al recibir el Premio Nacional de Poesía de su país en 1997 que lo contrario al olvido no es la memoria, sino la verdad, y con ese objetivo escribí este libro. Soy consciente de que las limitaciones a que me enfrenté me impiden afirmar que sus páginas sean TODA la verdad, pero sí asegurar que son una honesta aproximación a ella.

Madrid, julio de 2025

X: 2519.622

442

EL EXCMO/ SEÑOR. DON ANTONIO GUERRERO BURGOS, TENIENTE CORONEL AUDITOR Y SECRETARIO RELATOR DEL CONSEJO SUPREMO DE JUSTICIA MILITAR,

C E R T I F I C O : que por la Sala de Justicia de este Consejo Supremo, y en la Causa que se indicará, se ha dictado la siguiente

S E N T E N C I A

EXCMOS. SEÑORES

Presidente:
ROMERO MANSO
Consejeros:
CHACON MOLINA
PEREZ DE EULATE Y VIDA
MUÑOZ GASCON
ZUÑIGA HERNANDEZ
BAENA MARTINEZ
LOPEZ-JURADO LUQUE
– – – – – – – – – – – –

En Madrid a veinte , de Septiembre de mil novecientos setenta y cinco. Reunida la Sala de Justicia,constituída por los Excmos. Señores Consejeros relacionados al margen, en sesión privada según la forma que prevé el artículo ochocientos veintiocho del Código de Justicia Militar, para resolver y dictar Sentencia en la Causa número doscientos cuarenta y cinco de mil novecientos setenta y cinco de la Primera Región Militar, elevada en trámite de aprobación por la Autoridad Judicial de la misma y seguida en la plaza de Madrid por insulto a fuerza armada y otro, contra los paisanos _____ a) _____ y " " nacido el día ____ de ____ de _____ o, natural y vecino de ____, hijo de ____ y de l _____, y con _____, de buena conducta y sin antecedentes penales,privado de libertad a resultas de esta causa y en razón de los hechos que en la misma se investigan, desde el día quince de Julio de mil novecientos setenta y cinco al momento presente; _____ " _____ ", nacido el _____ , natural de _____ (_____ y vecino de d, hijo de ____ y de _____ , I _____ y con instrucción, de buena conducta y sin antecedentes penales, privado de libertad a resultas de esta causa y en razón de los hechos que en la misma se investigan, desde el día diecisiete de Julio de mil novecientos setenta y cinco al momento presente; _____ nacido el día _____

Sentencia censurada del consejo de guerra contra Xosé Francisco Baena y otros.

PRIMERA PARTE

EL FRAP

Xosé Humberto Francisco Baena Alonso,
José Luis Sánchez-Bravo Solla,
Ramón García Sanz

1

ATENTADO EN LA CALLE ALENZA

Aquel 14 de julio de 1975 fue un lunes especialmente caluroso. Tanto, que el bochorno permanecía en el ambiente pese a que del último sol de la tarde solo quedaba una calima anaranjada en el horizonte. Las ocho horas de guardia se le habían hecho especialmente largas al policía armada Lucio Rodríguez Martínez. Largas y anodinas. Tenía que haber sido relevado a las diez de la noche, pero eran ya las diez y cuarto y su compañero aún no había llegado. Las oficinas del Centro de Control de Datos de Iberia en la calle Alenza habían cerrado y el ajetreo de la tarde había dado paso a una quietud tediosa.

Le incomodaba la falta de puntualidad, y más en un día como ese. Había apurado hasta la mañana para regresar a Madrid desde su pueblo, Villaluenga de la Sagra (Toledo), donde había pasado el fin de semana con sus padres y su novia, una chica de diecisiete años con la que pensaba contraer matrimonio en septiembre. Hablaron de los preparativos y aprovecharon la tarde del domingo para ir al cine a ver *Río Bravo*, con John Wayne y Dean Martin en los papeles protagonistas. La historia de un *sheriff* que intenta por todos los medios impedir que un rico terrateniente consiga sacar de la cárcel a su hermano, acusado de un asesinato. Entretenida. Miró de nuevo el reloj, como si así consiguiera acelerar el tiempo, y escrutó en ambas direcciones de la calle en busca de un rostro conocido. Nada. Abrió el periódico y terminó de leer la noticia de la liberación en Argelia de dos soldados españoles secuestrados durante dos meses por el Frente Polisario. Uno de ellos aparecía sonriente en la portada abrazado a su madre.

El tráfico era fluido. Solo el claxon del algún conductor que apremiaba al vehículo que le precedía a que se apartase o acelerara la marcha perturbaba el sonido monocorde de los coches al circular. Lucio no advirtió que un Seat 127 de color azul marino pasaba por segunda vez por delante suya y que en esta ocasión se detenía. Cuando se percató de que dos personas se dirigían hacia él con paso acelerado levantó la vista y vio cómo una de ellas extraía una pistola de un bolso de mano y le apuntaba. Apretó tres veces el gatillo sin que el percutor golpeara el pistón del cartucho. Intentó desenfundar, pero no tuvo tiempo. Al cuarto intento, el sonido potente de un disparo le impactó en el pecho. Siguieron tres más que le derribaron en la acera, herido de muerte. Quienes acababan de tirotearlo llevaban media hora circulando sin rumbo fijo, atentos a la presencia de algún agente uniformado que hiciera guardia en un edificio oficial o en la sede de alguna empresa, cuando se toparon con él. Simple azar.

El agresor hizo intención de agacharse para arrebatarle el arma, pero la tensión y las voces de su compañero apremiándole a huir le hicieron desistir. Montaron en el vehículo, que les esperaba con el motor en marcha, y emprendieron la fuga, dejando tras de sí el ruido de las ruedas al derrapar. Solo entonces los viandantes que habían presenciado los hechos con estupor se atrevieron a acercarse a la víctima, mientras gritaban a los vecinos que asistían a la escena desde las ventanas de sus casas que llamaran a la policía. Una hora después, el Seat 127 utilizado en la huida fue hallado en la cercana calle de Pedro Valdivia. Había sido robado esa misma mañana en la de Pez Volador, del barrio de La Estrella, aprovechando que su propietario había dejado las llaves de contacto puestas mientras entraba en una farmacia. Cuando los padres y la novia del agente llegaron al Hospital Central de la Cruz Roja, en la avenida Reina Victoria, ya era de madrugada. Fue entonces cuando les dijeron que había fallecido.

Los diarios del día siguiente informaban del asesinato de un policía en el atraco frustrado a las oficinas de la compañía aérea y especulaban sobre las circunstancias del suceso. «Al cadáver se le encontró lo que en un principio se tomó por un balín de arma de aire comprimido, por lo que se pensó en la posibilidad de la implicación de alguna banda juvenil —escribían los periodistas—. Sin embargo, el balín resultó ser una esquirla de bala del calibre 22. Las tres personas que ocupaban el coche desde el que se disparó anoche sobre el policía armada parece que podían estar intentando perpetrar un atraco». La reivindicación del crimen por el Frente Revolucionario Antifascista y Patriota (FRAP) despejó las dudas iniciales sobre la autoría y suscitó la lógica preocupación por lo que suponía de salto hacia delante en la estrategia de la organización, cuya actividad subversiva se había limitado hasta entonces a acciones de propaganda, algaradas callejeras y actos de sabotaje. Solo ETA se había atrevido a asesinar en la capital.

Tras el FRAP estaba el Partido Comunista de España (marxista-leninista), PCE (m-l), una escisión del PCE de Santiago Carrillo surgida en 1964, en desacuerdo con la política de reconciliación nacional que el líder comunista promovía desde 1956 para «terminar con la división abierta por la Guerra Civil y mantenida por el general Franco». Una iniciativa que implicaba un pacto con los sectores más aperturistas del régimen, que los disidentes no compartían. El partido lo dirigían, desde Ginebra, Elena Odena, seudónimo de Benita Martínez Ganuza, y su compañero Raúl Marco, nombre de guerra de Julio Fernández López. Una pareja singular. Ella procedía del exilio de la Guerra Civil y trabajaba en la Organización Mundial de la Salud (OMS) en la ciudad suiza, a la que él había llegado como emigrante económico.

«A partir del proceso de Burgos,[3] en diciembre de 1970, llegamos a la convicción de que la lucha dispersa no llegaba a ningún lado, que había que agrupar fuerzas, y en una reunión celebrada en enero de 1971 en la casa de Arthur Miller[4] en París se creó el Comité Coordinador Pro-FRAP, como paso previo a la constitución formal de este» explica Marco.[5] Su objetivo programático era derrocar la dictadura, acabar con el «imperialismo yanqui», del que España, decían, era una colonia, y proclamar una República Popular y Federativa. Aunque su denominación como frente puede hacer pensar que el FRAP era el resultado de la confluencia de distintas organizaciones, lo cierto es que la práctica totalidad de las que se incorporaron a él eran grupos sectoriales creados por el propio PCE (m-l), entre los que destacaba la Federación Universitaria Democrática Española (FUDE) y la Oposición Sindical Obrera (OSO). La única formación ajena a esa amalgama de siglas era el insignificante Frente Español de Liberación Nacional (FELN) del exministro de Estado de la República durante la Guerra Civil Julio Álvarez del Vayo.

El activismo de la nueva organización fue en aumento con el paso de los meses, hasta alcanzar su punto de no retorno con el asesinato de un policía durante las movilizaciones del 1 de mayo de 1973. «Los prolegómenos de los primeros de mayo comenzaban semanas

---

[3] El Proceso de Burgos fue un juicio sumarísimo contra diecisiete miembros de ETA, seis de los cuales fueron condenados a muerte. Las movilizaciones populares y la presión internacional obligaron al régimen a conmutar las penas capitales por otras de prisión.

[4] Dramaturgo norteamericano, en la década de los cincuenta, fue una de las víctimas de la «caza de brujas» promovida por el senador Joseph Raymond McCarthy contra supuestos simpatizantes comunistas.

[5] Su testimonio está tomado del documental *La chispa y la pradera. El FRAP, una revolución imposible*, de José Catalán Deus.

antes, cuando la policía empezaba a realizar las redadas preventivas —cuenta el entonces militante del FRAP Alejandro Diz—.[6] A finales de abril los «fichados» por «la social» buscaban casas donde ir a dormir, se quemaban papeles comprometidos o se guardaban en lugares más seguros que los habituales y, en general, se redoblaba la vigilancia a la puerta de las viviendas, en los lugares de trabajo, en las bocas de metro… A pesar de tantas precauciones, la policía siempre lograba detener a algunos militantes demasiado confiados o a otros que, a pesar de haber tomado todas las precauciones, habían sido detectados hacía tiempo por unas u otras razones (…). En mayo de 1973 se estaba, posiblemente, en la cota más elevada de número de militantes y de influencia de masas en la historia del FRAP».

La convocatoria para aquel Primero de Mayo se había realizado las fechas previas con octavillas, pintadas, pegatinas y carteles. «Aquel día Madrid era una ciudad tomada policialmente. La cita era a las ocho de la tarde en la plaza de Antón Martín, en las inmediaciones de la glorieta de Atocha —continúa su relato Diz—. Desde varias horas antes de la manifestación, en varios puntos de Madrid tuvieron lugar los primeros contactos entre los militantes que iban a acudir a la manifestación para preparar las coartadas habituales, por si eran detenidos, como qué hacían en el lugar o de qué se conocían. Las armas de defensa eran muy rudimentarias, palos, bolas de hierro, latas, piedras y las navajas».

A diferencia de otras ocasiones, la consigna que se dio a los militantes fue hacer frente a la policía y no eludir los choques. El cambio de estrategia sorprendió a los agentes, acostumbrados a que los manifestantes se dispersaran con las primeras cargas. Esa tarde, las calles Ave María, Tres Peces, Olmo, Huertas, Lope de Vega, Drumen, Antón Martín y Santa Isabel fueron escenario de una batalla

---

[6] Alejandro Diz, *La sombra del FRAP. Génesis y mito de un partido*, Ediciones Actuales, Barcelona, 1977. Diz declinó hablar con el autor.

campal, en la que el subinspector Juan Antonio Fernández Gutié-
rrez fue apuñalado mortalmente y dos de sus compañeros de dotación resultaron heridos graves por arma blanca en las proximidades del Cine Doré. Por primera vez, una manifestación se saldaba
con la muerte de un agente, cuando hasta entonces las víctimas habían sido trabajadores alcanzados por disparos «al aire» de la policía.
«Hubo unos trescientos detenidos (entre ellos dos hermanos del
propio Alejandro Diz, Jesús y Jorge), tres policías heridos de gravedad, aparte del muerto, y otros veinte más con heridas leves, casi
todos por navajas y barras de hierro», sigue su relato.

La mayoría de los medios de comunicación eludieron al día siguiente hablar de violencia política, para restar importancia a lo
ocurrido, y se refirieron al asesinato como un acto de delincuencia
común, pero el Comité pro-FRAP reivindicó la acción y anunció
que no se trataba de un hecho aislado, sino que formaba parte de
su estrategia de lucha contra la dictadura. «Estas acciones no son
más que el comienzo de la justicia popular que empieza ya a orga-
nizarse en toda España contra la tiranía fascista que oprime a sangre y fuego a nuestro pueblo desde hace más de treinta años —decía el comunicado— (...). Este Primero de Mayo, celebrado
combativamente en toda España, y de forma particular en Madrid,
confirma contundentemente que el nuevo movimiento revolucionario de masas, sólidamente organizado y dirigido por el Comité
Coordinador pro-FRAP, está entrando en una nueva fase, cuya
culminación no puede ser otra que el derrocamiento de la dictadura, con o sin Franco, y la expulsión del imperialismo yanqui de
nuestro suelo mediante la lucha armada popular».[7]

Un desafío demasiado audaz que desencadenó una contundente respuesta policial y política. «En los cinco meses siguientes

---

[7] Publicado en el número 11 de su órgano de propaganda, *Acción*, en
junio de 1973.

fueron detenidos prácticamente todos los comités regionales y centenares de militantes. Las cárceles de Franco diseminadas a lo largo y ancho del Estado empezaron a llenarse de presos del FRAP», dice Diz, que fue detenido el 31 de agosto.

Los sectores más intransigentes de la dictadura aprovecharon el asesinato del policía para forzar la dimisión del ministro de la Gobernación, Tomás Garicano Goñi, por «blando» y aperturista, y su sustitución por el «duro» Carlos Arias Navarro, un fiscal que había tenido un destacado papel en la represión en Málaga tras la caída de la ciudad en manos de los golpistas en 1937. Pero lo realmente relevante de la crisis gubernamental fue la separación de la figura del jefe del Estado de la de presidente del Gobierno, hasta entonces personalizadas en Franco, con el nombramiento al frente del ejecutivo de Carrero Blanco, otro «halcón» del régimen muy del agrado de los sectores que veían con preocupación la creciente conflictividad social y se oponían a cualquier iniciativa de apertura política, por pequeña que fuera.

Carrero Blanco dejó claro en su toma de posesión que su opción era el continuismo. «En razón de la prudencia política y de su voluntad de ir avanzando paso a paso en el proceso institucional, [Franco] ha considerado ahora conveniente y oportuno, para dejarlo todo atado y bien atado, establecer ya desde ahora el supuesto obligado tras las previsiones sucesorias: la distinción de las esferas institucionales de la Jefatura del Estado y de la Presidencia del Gobierno». El nuevo presidente descartaba cualquier veleidad en su gestión, cuyos cimientos, dijo, se sustentaban en los Principios del Movimiento Nacional.

Los cambios fueron jaleados por la prensa más reaccionaria, que desde sus editoriales venía reclamando «mano dura» contra la oposición al régimen. Algunos diarios aprovecharon la ocasión para hacer una exaltación del golpe de Estado de 1936 y justificar la violencia de los grupos de extrema derecha, que actuaban con impunidad. Muchos de sus miembros eran neofascistas italianos que habían ofrecido su colaboración en la lucha contra la subversión a cambio de protección gubernamental.

Nuevo Diario afirmaba que «precisamente para acabar con este tipo de violencia llevada a extremos de barbarie surgió el Alzamiento Nacional del 18 de julio de 1936 (…). No caben excusas ni atenuantes cuando se planean y perpetran crímenes como este [en alusión al del policía Lucio Rodríguez], en el que concurren las más duras agravantes. Gentes que actúan de tal guisa solo pueden ser tratados como peligrosos criminales». El periodista Manuel Monzón escribía en el diario *Arriba* un artículo titulado «Ya estamos hartos», en el que decía: «Estoy empezando a sospechar que ni están tan equivocados ni son tan bestias como se nos quiere hacer ver [se refería a los ultraderechistas Guerrilleros de Cristo Rey]. Los otros, los comunistas, los enemigos de siempre, los verdaderamente peligrosos, están ahí, con su nuevo disfraz de ovejas cristianísimas, actuando solapadamente de un pretendido y cantado heroísmo social. Los chicos de la extrema derecha no deberían proceder así, pero, ¿quién tiene la culpa de su ira?».

El efecto inmediato de los cambios fue una vuelta de tuerca más en la política represiva contra cualquier manifestación de las todavía clandestinas fuerzas de la oposición.

2

NACE EL FRAP

El Comité Coordinador pro-FRAP dio paso a la constitución formal del FRAP el 24 de noviembre de 1973 en París, con Álvarez del Vayo como presidente. En la dirección política contraria, el PCE promovía la Junta Democrática y el PSOE la Plataforma de Convergencia Democrática, en ambos casos para propiciar un pacto entre las fuerzas de la oposición que facilitara el tránsito pacífico de la dictadura a la democracia. La decadencia física de Franco, enfermo de Parkinson, que se había acentuado en 1974, era la constatación de que el régimen se desmoronaba y el cambio estaba próximo. Para unos por la vía de la revolución, y para otros a través del pacto.

Un informe del Comité Permanente del recién creado FRAP recogía su desacuerdo con el rumbo que estaban tomando el resto de partidos de la oposición y constataba la existencia de dos estrategias para abordar la nueva etapa que se adivinaba en el horizonte, «una que encabeza ya el FRAP, de lucha consecuente y revolucionaria contra las maniobras continuistas, contra la monarquía en todas sus formas, contra la colaboración con el fascismo, y la otra, la que preconiza el señor Carrillo, que pretende, después de más de treinta años de dictadura fascista, que el pueblo español arríe sus propias banderas de combate y se abrace con uno u otro sector del franquismo a cambio de unas vagas promesas de liberalización, y precisamente cuando la dictadura se encuentra con el agua al cuello y lo que hay que hacer es golpearla fuerte y firmemente para derribarla».

Para evitar la victoria de lo que consideraban fuerzas «revisionistas», la dirección de la organización planteaba abiertamente la necesidad de recurrir a la violencia. «Ya no basta, compañeros, con promover acciones huelguísticas; ya no basta con organizar y encabezar manifestaciones; ya no basta con montar algún que otro grupo de autodefensa. No. Ahora se trata de pasar al ataque». El FRAP apostaba abiertamente por la «lucha armada» y tomaba como referencia las experiencias de la Unión Soviética, Cuba, China o Albania. Como sostenía Mao Tse-Tung, y el propio FRAP asumía, «para acabar con los fusiles se debe empuñar el fusil. Todos los comunistas tienen que comprender esta verdad: el poder nace del fusil». La consecuencia práctica fue la organización de lo que de-

Emblema del Partido Comunista de España (marxista-leninista),
«brazo político» del FRAP.

nominó «grupos de defensa y combate» en las provincias en las que tenía mayor implantación, fundamentalmente Madrid, Barcelona y Valencia.

«En los primeros meses de 1975 el partido decidió pasar a un tipo de acciones más contundentes y poner en acción grupos de combate que pudieran dar respuesta a la creciente brutalidad represiva del régimen franquista —cuenta Pablo Mayoral, entonces responsable de agitación y propaganda del Comité de Madrid del PCE (m-l)—. La discusión de las nuevas medidas se llevó a cabo en el partido y en el FRAP. La mayoría de los camaradas aprobaron con entusiasmo los pasos a dar, pero algunos empezaron a recular y se retiraron con la disculpa de tener dudas. Fue en julio (de 1975) cuando las acciones alcanzaron mayor envergadura. Para entonces ya había grupos de combate y se estaban formando otros, aunque el armamento era deficiente».[8]

«Hubo discusiones y algunos no lo veían todavía claro, decían que era un poco prematuro —corrobora el entonces dirigente Raúl Marco—. Un debate normal cuando se discuten abiertamente temas tan delicados como era ese. Pese a ello, la mayoría decidió que era el momento, precisamente porque se adivinaba el fin de Franco y había que impulsar la lucha. Las acciones comenzaron en mayo, pero antes hubo que procurarse las herramientas necesarias, que nadie nos daba. Las únicas armas que recibimos fue de un grupo de guerrilleros italianos».

La nueva estrategia acordada por la dirección comenzó a ser trasladada a los militantes, algunos de los cuales expresaron su disconformidad con ella por no haberse debatido antes con las bases. «Nos reuníamos en la Casa de Campo cuatro o cinco —dice Isabel

---

[8] Testimonio recogido del libro *FRAP, 27 de septiembre de 1975*, del Grupo Edelvec, Vanguardia Obrera, Madrid, 1985.

Pérez—.[9] Un día, el responsable del grupo nos dijo que el partido había decidido dar un salto cualitativo en la lucha. Le preguntamos qué significaba eso y nos contestó que se pasaba a la lucha armada, que nos teníamos que adaptar y que no había que ser cobardes. La verdad es que nos asustamos un poco porque creíamos que no se daban las condiciones ni disponíamos de la infraestructura necesaria, aunque pensáramos que la lucha armada era necesaria para terminar con el franquismo. Sabíamos que la dictadura no se iba a acabar por las buenas, pero no veíamos que en ese momento hubiese posibilidades, como se comprobó».

«Los militantes que estábamos en la cárcel de Carabanchel aprobamos formalmente las acciones armadas, aunque en casi todos había ya gérmenes de dudas —dice Alejandro Diz— (…). A principios de verano del 75 era vox pópuli el cada vez más declinante estado de salud de Franco. Su muerte era previsible en un plazo corto de tiempo y había una situación expectante de posibles cambios en la opinión pública (…). ¿Por qué, pues, aquella precipitación del FRAP en sus acciones armadas, a todas luces técnicamente mal preparadas, sin un respaldo organizativo que pudiere hacer frente a las acciones de la policía? ¿Por qué aquella premura en llevarlas a cabo poco antes de la muerte de Franco? (…). La formación de los comandos fue desordenada y precipitada. Ninguno de los miembros que los formaron tuvieron la más mínima preparación militar o técnica. Se formaron verdaderos batallones de kamikazes, solo comprensible conociendo el fanatismo y el entusiasmo que nos caracterizaba a los frapistas».[10] Pese a las dudas de

---

[9] Testimonio recogido del documental *Septiembre del 75*, de Adolfo Dufour Andía.

[10] Ambos testimonios han sido tomados del documental *Septiembre del 75*, de Adolfo Dufour Andía.

muchos, policías armadas y guardias civiles pasaron a ser objetivos prioritarios.

Manuel Blanco Chivite, entonces responsable del Comité de Madrid del FRAP y uno de los defensores del nuevo rumbo acordado, explicaba así la decisión años después:[11] «La impunidad era completa, blindada, garantizada. Cualquier policía o guardia civil, cualquier miembro de la Brigada Político Social (BPS), cualquiera que para ganarse la vida elegía vestirse un uniforme y colocarse un arma al cinto se sentía plenamente respaldado para disparar y matar, o para apalear y torturar a sus conciudadanos (...). Para el FRAP, como para muchas personas y la realidad cotidiana nos mostraba, un miembro de las Fuerzas de Seguridad del Estado era o podía ser en cualquier momento, ante una manifestación, ante una huelga, ante un simple reparto de octavillas o una pintada, un asesino. Así se pensaba, creo que con toda la corrección que nos brindaba la experiencia cotidiana, y así se llegó a actuar».

---

[11] «La capacidad para hacer que las cosas no existan», artículo de Manuel Blanco Chivite en la obra colectiva *Contra Franco*. CEDALL & Ediciones VOSA S.L., Madrid, 2006. El autor se entrevistó con Blanco Chivite, que declinó hablar sobre lo ocurrido en aquellas fechas.

3

QUERIDO PITE

Un joven gallego de veinticuatro años estaba entre los integrantes de los nuevos «grupos de defensa y combate» del FRAP que se constituyeron en Madrid. Xosé Humberto Francisco Baena Alonso, *Pite*, como le llamaba cariñosamente su familia, era un joven flaco al que la ropa parecía quedarle siempre holgada y las gafas de pasta daban un aire de empollón. Había sido detenido por primera vez en 1970, por participar en una sentada en la Facultad de Filosofía y Letras de la Universidad de Santiago, y había llegado a Madrid en mayo de 1975 huyendo de la policía.

«Me pidió que le dejara ir a la Universidad de Santiago para estudiar Filosofía y Letras —relata su padre, Fernando Baena, en una extensa carta[12] que escribió a sus nietos en octubre de 1975, para que la leyeran cuando fuesen mayores y supiesen quién había sido su tío—. Pensando en que en los años de bachillerado había conseguido alguna beca que me ahorró bastante dinero, y conociendo su afán por el estudio, así como su recto proceder y buen comportamiento, no lo dudé y lo mandé a Santiago (…). Cerca de

---

[12] Ha sido facilitada al autor por Flor Baena, hermana de Xosé Humberto. He unificado los tiempos verbales en pasado para facilitar la lectura.

finales de curso del primer año lo complicaron en una algarada estudiantil y estando en casa, como venía todos los sábados, llegó la policía de Vigo y me pidió que lo dejara ir a la comisaría para hacerle unas preguntas. Como nada teníamos que temer, se fue con ellos, y después, sin que a mí se me diera explicación alguna, lo mandaron a Santiago y de allí a la cárcel de La Coruña. Al no haber ningún cargo grave contra él solicité que le permitieran presentarse a los exámenes para no perder el curso, permiso que me fue denegado, malogrando así un año de estudios. Poco después me dijeron que le darían la libertad provisional mediante una fianza de 15.000 pesetas. Yo no las tenía, pero las pedí prestadas y conseguí tenerlo otra vez en casa. Pasaron unos dos años y se celebró el juicio por la algarada de Santiago, siendo absuelto y libre de toda culpa. Total, que era inocente. Hice gestiones para que me devolvieran la fianza y me contestaron que ese dinero fue aportado por el comunismo y no tenía derecho a él. ¿Qué me quedaba por hacer? ¿Demandar a la Justicia? Mis medios económicos no me permitían entablar una demanda y, además, temía que tomaran represalias contra nosotros. Lo mejor me pareció callar y perder un dinero que buena falta me hacía».

Todo aquello le sobrepasaba a don Fernando. Él, que cumplió sus deberes militares con la patria en África a las órdenes de los generales Berenguer, Gómez Morato y Millán Astray, que participó en las últimas operaciones de la guerra de Marruecos que culminaron con la toma de Jebel-Alan, que perdió a su hermano pequeño en la Guerra Civil luchando con los nacionales, recibía en pago que a su hijo Pite le persiguiera la policía como si fuera un forajido. Xosé Humberto ya no volvió a la universidad. «Como se acercaba el tiempo de ingresar en filas —sigue el relato de su padre— no le permití que volviera a la universidad porque me dijo que en la cárcel de La Coruña había conocido a algunas personas que no pensaban como nosotros y temí pudiera frecuentar su trato». Sin embargo, el compromiso político de Xosé Humberto no era nuevo. Había estudiado el bachillerato en el instituto Santa Irene con el profesor Xosé Luís Méndez Ferrín, que despertó en él las inquietudes por el galleguismo cultural. Ferrín había participado en la fundación de Unión do Povo Galego (UPG) en 1964, y su intensa actividad política le valió una condena de dos años de cárcel en 1969.[13]

Xosé Humberto Baena.

---

[13] Méndez Ferrín se incorporó en el año 2000 a la Real Academia Galega de la Lengua, de la que fue su presidente entre 2010 y 2013.

Galicia vivía en aquel momento una enorme tensión laboral y estudiantil que alcanzó su punto álgido en marzo de 1972. La reivindicación de un convenio colectivo por los obreros del astillero de la empresa Bazán en El Ferrol provocó el cierre de la compañía y graves disturbios entre los trabajadores y la policía, que mató a tiros a los sindicalistas Amador Rey y Daniel Niebla en el transcurso de una manifestación. El general Iniesta Cano, director de la Guardia Civil, acudió a la ciudad a finales de agosto para dejar claro que las algaradas no iban a conseguir nada. «¡El franquismo no podrá nunca desaparecer porque Dios no quiere que termine en España, y después de Franco continuará el franquismo, y el franquismo seguirá por los siglos, porque España, que es eterna y que tiene eterno destino en lo universal, necesita del franquismo!».

Las peroratas de los adalides del régimen servían de poco, tal vez para insuflar espíritu patrio a quienes asistían contrariados a las protestas de los trabajadores. Un mes después de aquella soflama, en septiembre de 1972, las movilizaciones en Citroën Hispania de Vigo para reclamar una jornada laboral de 44 horas fueron respondidas por la empresa con el despido de numerosos empleados. Los obreros de Reyman, J. Barreras, Santo Domingo, Astiscar, Plásticos de Galicia y Vulcano convocaron paros para exigir la readmisión de sus compañeros, y la patronal respondió con la advertencia de que despediría a cinco mil operarios más si no volvían al trabajo. Pese a la amenaza, la protesta se extendió por los pequeños comercios de la ciudad, hasta paralizar su actividad, en una demostración de fuerza sindical inédita para el régimen, que tuvo que movilizar a centenares de policías de otras provincias para contener la revuelta hasta su desconvocatoria tras quince días de lucha.

Baena, que había participado activamente en las movilizaciones de 1970, no pudo hacerlo en las de 1972 porque desde ese verano cumplía el servicio militar en el cuartel de Hoyo de Manzanares (Madrid). Un destino al que eran enviados los jóvenes con antecedentes políticos para aislarlos del resto de jóvenes y evitar que sus ideas subversivas calaran entre la soldadesca. «El cuartel de Hoyo de Manzanares era el peor de toda la región militar —cuenta Baena en una carta—. Nos llovía dentro y teníamos que cambiar las literas de sitio; nos afeitábamos unos a otros por falta de espejos y nos lavábamos en un grifo en la calle, aunque en ocasiones teníamos que ir a un riachuelo a bastante distancia o lavarnos con gaseosa (…). Todos los que estábamos allí éramos personas a las que no querían en otros cuarteles».

Terminado el periodo de instrucción, fue destinado a Toledo, donde su situación no mejoró. «Era un cuartel en el que había estado la Escuela de Infantería, del que solo quedaban las paredes, y tuvimos que hacerlo de nuevo nosotros. Dormíamos en una cuadra de caballos llena de mierda. Durante algún tiempo nos hacían abrir zanjas por la mañana, que teníamos que cerrar o taparlas por la noche, después de que los cabos primeros que estaban haciendo el curso de sargento hubieran hecho allí sus batallitas (…). Al poco tiempo de llegar hubo un intento de protesta. Nos negamos a cenar después de una tarde de estar haciendo ejercicios por todo el cuartel. Nos obligaron a comer a punta de metralleta».

La estrecha relación que tenía con su hermana Flor hizo que fuera la destinataria de muchas de sus cartas, en las que la hacía partícipe de sus problemas y preocupaciones. «El otro día anduvimos desde las seis de la mañana hasta las seis de la tarde cargados con el fusil, el macuto y las botas por el monte. Nos dejaron solo una hora para comer y descansar. Cuando llegamos a la compañía a las seis de la tarde nos tuvieron más de tres cuartos de hora seguidos firmes, sin poder mover ni siquiera los ojos, hasta que uno cayó al suelo sin sentido y tuvo que pasar la noche en la enfermería» (carta del 20 de agosto de 1972).[14]

---

[14] Las cartas han sido facilitadas al autor por Flor Baena.

«Cada vez estoy más amargado. Esto es insoportable y el trato que dan a la gente es inhumano. No sé si te dije que a dos amigos míos, Benítez y Urain, les van a hacer consejo de guerra por decir que los alféreces cobraban mucho. Hay muchos obreros y estudiantes que tuvieron líos políticos y nos están haciendo la vida imposible. ¡Qué le vamos a hacer! Lo de conseguir un permiso está muy difícil. Tal vez tenga que pasarme toda la mili sin poder ir a casa. Puede que solamente me dejen ir cuando tengamos algún puente de tres o cuatro días, para estar solo un día en casa. Pero merece la pena ir aunque sea solo por un día» (27 de febrero de 1973).

«Aquí todo sigue igual. El tiempo pasa muy despacio y la mili se me hace interminable. ¡Y todavía me faltan más de seis meses aquí metido! Creo que te hablé de dos amigos míos que les iban a hacer consejo de guerra. Ya no se lo hacen, pero tienen que estar un mes incomunicados en el calabozo y el resto de la mili sin permisos y sin poder salir del cuartel, ni siquiera los domingos. Uno de ellos está casado y con un hijo y es de aquí al lado, de Madrid» (7 de marzo de 1973).

Baena, puño en alto, durante el servicio militar.

Toledo, 27 de Febrero del 73

¡Hola!

¿Qué tal va tu cara? Supongo que ya estarás bien, ¿no?

¿Y Manolo? ¿Sigue trabajando en Santo domingo?

Me parece que el 6 o el 7 de Marzo es el cumpleaños de papá. No te olvides de felicitarle.

Yo aquí cada vez estoy más amargado. Esto es insoportable y el trato que dan a la gente es inhumano. No sé si te dije que a dos amigos míos, Benítez y Ibrain, les van a hacer consejo de Guerra por decir que los alféreces cobraban mucho. Hay muchos obreros y estudiantes que tuvieron líos políticos y nos están haciendo la vida imposible. ¡Qué le vamos a hacer!

Lo de conseguir un permiso está muy difícil. Tal vez tenga que pasarme toda la mili sin poder ir a casa. Puede que solamente me dejen ir cuando tengamos algún puente de 3 o 4 días para estar solo un día en casa. Pero merece la pena ir aunque sea solo por un día.

Ya está bien de quejas ¿no? Hasta luego.

Una de las cartas que Xosé Humberto escribió a su hermana Flor cuando cumplía el servicio militar en Toledo.

Baena regresó a Vigo al licenciarse, con la clara voluntad de seguir su militancia política, más afianzada aún tras el periodo pasado en el Ejército. Su intención ya no era estudiar, sino ganarse la vida con un trabajo, pero la incorporación al mercado laboral fue decepcionante y solo consiguió empleos eventuales como dependiente, camarero y vendedor de libros, que le proporcionaban escasos ingresos. Sin demasiadas esperanzas de lograr algo estable, presentó una solicitud en Citroën Hispania, una de las compañías punteras de la ciudad, y, para su sorpresa, fue admitido. Antes de incorporarse debía aportar un certificado de buena conducta, un trámite aparentemente sin importancia, porque, aunque había sido detenido en sus años universitarios, el Tribunal de Orden Público (TOP) lo absolvió de los delitos que le imputaban. Sin embargo, el incidente figuraba en su historial y fue rechazado por la empresa. El contratiempo fue un duro golpe, mitigado semanas después al ser contratado como peón en la empresa de fundición Fumensa, con un salario de siete mil pesetas mensuales. «Unos meses después le ofrecieron desempeñar en la misma fábrica de manera eventual un puesto técnico, en la esperanza de conseguirlo en propiedad —escribe su padre—. Su ilusión era grande y también la nuestra, pues pensábamos que por fin la mala suerte dejaba de cebarse en nosotros. Vana esperanza».

Xosé Humberto simultaneaba el trabajo en la fábrica con el reparto de propaganda, la participación en protestas y haciendo labor de proselitismo para crear comités de trabajadores que reivindicaran sus derechos al margen del sindicato vertical. «Lo conocí cuando daba una charla en un bar —cuenta Manolo Piña, que terminó convirtiéndose en uno de sus mejores amigos—.[15] Yo trabajaba por entonces en Seat y él captaba a gente. Un día me dijo que varias personas iban a venir de Madrid porque se estaba organizan-

---

[15] Entrevista con el autor.

do algo a nivel nacional, nos hablaron del FRAP y decidimos incorporarnos. Hacíamos vietnamitas [imprentas caseras], repartíamos panfletos, y en una ocasión rompimos el cristal del escaparate de un banco y tiramos un cóctel molotov dentro. Fue lo más violento que hicimos. Al margen de nuestro activismo político, éramos como cualquier otro joven de la época. Íbamos al casco viejo a tomar *chiquitas* [vaso pequeño de vino] y en ocasiones cogíamos un *cabellete* [borrachera]».

Su novia, María Pilar Alonso *Maruxa*, a la que conocía desde niño porque eran vecinos de la calle Gandariña, en el monte Castelo, militaba en ese momento en la Hermandad Obrera de Acción Católica (HOAC), un movimiento católico de oposición. «Era militante desde los dieciséis años. Hacíamos proselitismo, leíamos a Marta Harnecker[16] y discutíamos mucho, pero dejó de convencerme tanta teoría, porque creía que tenía que hacer algo más. Es en ese momento cuando entro en el FRAP a través de Xosé Humberto —cuenta Maruxa—.[17] Nos organizábamos en células, leíamos a Marx, a Engels, a Lenin, discutíamos de temas de actualidad, hacíamos *saltos* y participábamos en movilizaciones».

La celebración del 1 de mayo de 1975, Fiesta del Trabajo, cambiaría el rumbo de la vida de la pareja. La crisis del petróleo había provocado un aumento astronómico de los precios y los trabajadores reclamaban mayores salarios para poder hacer frente a la creciente carestía de la vida. En una manifestación celebrada en Vigo, Manuel Montenegro Simón, trabajador de Fenosa, de cuarenta y ocho años, murió de un disparo efectuado por un guardia civil de

---

[16] Marta Harnecker es una socióloga chilena cuyos libros *Los conceptos elementales del materialismo histórico* y *Cuadernos de educación popular* fueron ampliamente utilizados por los partidos comunistas en los años setenta para formar a sus militantes.

[17] Entrevista con el autor.

paisano. Los diarios del día siguiente minimizaron lo ocurrido, asegurando que el trabajador había sido alcanzado de manera fortuita por una «bala perdida».

«El hecho se produjo alrededor de las trece horas, cuando un grupo de jóvenes, cerca de una veintena, con las caras tapadas, empezó a proferir gritos subversivos en la Travesía de Vigo de esta ciudad. Hacían ondear banderas rojas y con los colores republicanos y portaban, al parecer, cócteles molotov, cadenas y barras», recogía el *ABC* del 2 de mayo. La versión ofrecida por el diario aseguraba que un guardia civil que presenciaba los hechos desde la ventana de su casa se echó a la calle para poner fin a la protesta. «Tras identificarse trató de contener a los manifestantes, quienes le atacaron, por lo que hubo de esgrimir su arma reglamentaria —sigue la crónica—. Para amedrentar a sus atacantes hizo dos disparos, uno de los cuales alcanzó a la víctima, guarda de la central eléctrica que la empresa Fenosa tiene en el lugar, que había salido a la puerta al oír los gritos y se encontraba a unos treinta o treinta y cinco metros del lugar de los hechos».

Baena no participó ese día en la protesta. Maruxa se había escapado de casa y estaba alojada en el domicilio de Manolo Piña y su mujer, Asunción Vaamonde, que pasaban unos días fuera con sus padres. «Estaba escondida en nuestra casa por problemas personales y decidimos que ninguno de los cuatro iría a la manifestación para no correr riesgos», recuerda Asunción.

El entierro del trabajador en el cementerio de Lavadores congregó al alcalde de la ciudad, Joaquín García Picher, los delegados provinciales de Trabajo y Sindicatos, Somoza Albardonedo y Palacios Hernández, y al procurador en Cortes Pérez Puga, entre otras autoridades. Ese día, una esquela publicada en el *Faro de Vigo* decía grotescamente que la víctima había fallecido en accidente de trabajo. Otra, publicada gracias a una colecta en la que participó Baena, trasladaba a la familia de la víctima la solidaridad de «obreros, empleados y amas de casa en estos momentos de dolor». Un texto inocuo que, sin embargo, iba a tener consecuencias imprevisibles.

«Unos días después (el 4 de mayo) se presentó la policía para hacer un registro en mi domicilio, alegando que mi hijo tenía algo que ver con esos sucesos, cosa imposible, ya que se enteró de ellos por la noche, cuando estábamos cenando —escribe Fernando Baena, su padre—. El registro resultó negativo, pero se llevaron su pasaporte y una libreta con una relación de clientes y números telefónicos de una de las empresas en que había trabajado. Ese día, cuando volvía a casa, unos vecinos le dijeron lo que había hecho la policía en nuestro domicilio y en una finca que mi familia tiene en Patos, donde escandalizaron al barrio por el gran despliegue de fuerzas. Ante esto, decidió no presentarse, me dijo, por miedo a que le pasara lo de la otra vez, pues, por desgracia, conocía los procedimientos que usaban para hacer confesar delitos no cometidos».

Baena se escondió en la casa de Manolo Piña y Asunción Vaamonde en la que estaba Maruxa. «Era un piso vacío en el que no podíamos levantar las persianas ni tirar de la cadena para que nadie se percatara de nuestra presencia. Yo estuve una semana y Xosé tan solo una noche —continúa su relato Maruxa—. Habíamos pensado ir a Portugal y volver al cabo de unos días, pero finalmente decidimos cambiar de ciudad y un hermano de Vaamonde nos llevó en coche a Madrid y nos dejó en la Ciudad Universitaria». En la capital empezaba para ellos un periplo en busca de un domicilio estable donde instalarse.

«Había un camarada de Vigo que estudiaba en Madrid y nos llevó a su casa. Allí estuvimos unos días, hasta que el partido contactó con nosotros». El encargado de ello fue Pablo Mayoral, responsable de propaganda, que en ocasiones recogía a los compañeros que llegaban a Madrid huyendo de la policía. «Nos llevaron a dormir a una chabola en Carabanchel, que estaba vacía. Tenía una cocina, aseo y una salita para dormir. Estuvimos solo una noche y de ahí pasamos a un piso sin muebles, ni luz, ni agua, en el que no se podía vivir. Nuestro siguiente refugio fue la casa de un militar

3

nior.

Y ahora hablemos de Pite, nombre ~~cariñoso con~~ familiar cariñoso ~~con~~ que aplicábamos todos a José Humberto. Éste me pidió que le dejara ir a la Universidad de Santiago para estudiar Filosofía y ~~Letras~~. Pensando en que en los años de bachillerato habría alcanzado alguna beca que me ahorrara bastante dinero y conociendo su afán por el estudio así como un ~~recto~~ recto proceder y buen comportamiento, no lo dudé y lo mandé a Santiago.

Cerca de finales de curso del primer año ~~lo~~ le complican en una algarada estudiantil y estando en casa, como venía todos los sábados, llega la policía de Vigo y me piden que lo deje ir ~~a la comisaría~~ para hacerle unas preguntas. Como nada teníamos que temer, se fué con ellos y después, sin que a mí se me diera explicación alguna, lo mandaron a Santiago y de allí a la cárcel de La Coruña. ~~Como al no haber~~ ~~no tener~~ ningún cargo grave contra él, solicité ~~permiso para que lo dej~~ ~~le~~ ~~permitieran~~ presentarse a los exámenes, para no perder el curso, permiso que me ha sido denegado, malogrando así un año de estudio.

Página del diario que el padre de Baena escribió al mes de la muerte de su hijo para explicar a sus nietos quién había sido su tío.

Fernando Baena, padre de Xosé Humberto, en su despacho de trabajo.

de la Unión Militar Democrática (UMD),[18] un alto cargo del Ejército, que nos alojó durante tres días. Teníamos que estar a medianoche, nos abría la puerta, y entrando a mano derecha había un despacho con un sofá cama en el que dormíamos. A las seis de la mañana nos teníamos que ir, supongo que porque su familia no sabía nada. Por último fuimos a parar a una casa baja en Cuatro Caminos».

Desde ese momento, el contacto de Baena con la familia se limitó a algunas llamadas telefónicas a casa de sus tías Carlota y Maruja, hermanas de su padre, y al teléfono de la oficina de este en la Fábrica de Maderas Viuda de Urbano Pérez. «Nos decía que estaba bien y preguntaba por nuestra madre, que arrastraba problemas de

---

[18] Organización militar clandestina fundada en agosto de 1974 por tres comandantes y nueve capitanes para democratizar las Fuerzas Armadas.

corazón a raíz de su primera detención en 1970», dice su hermana Flor. Tampoco se olvidó de su amigo Piña. «Nos escribíamos. Como mi suegro tenía un almacén de ropa y calzado al por mayor, enviaba las cartas a la dirección de la empresa y luego me las daban a mí. Me decía que no me preocupara, que estaba bien, y que aunque nos hubiésemos separado seguía en la lucha. Yo iba después a casa de su madre y se lo contaba. En una de sus cartas me dijo que el partido tenía armas».

Baena y Maruxa estaban ya plenamente incorporados al FRAP en Madrid y observaban las estrictas medidas de seguridad impuestas por la organización. Nunca se esperaba más de cinco minutos de la hora pactada; había que asistir a las reuniones vestido de manera discreta, no ir de «progre», y era imprescindible ser especialmente observadores para detectar la presencia de policías. Aprendieron también el lenguaje que debían utilizar para comunicarse cuando hubiese gente alrededor. Así, «P» era partido, «F» significaba «FRAP», con «C» se aludía a camarada y célula, «Pepe» era el seudónimo de Stalin, «Vladi» el de Lenin, y «MTT» el acrónimo para referirse a Mao Tse-Tung. Especialmente importante era observar las instrucciones sobre cómo actuar en las acciones de protesta y la obligación de tener preparada una coartada creíble por si eran detenidos. Si esto ocurría había que analizar las causas de la caída y, sobre todo, recordar con la mayor precisión posible las declaraciones a la policía.

«Aquí no nos sentíamos seguidos como en Vigo, estábamos más tranquilos. El partido nos informaba de cuándo y dónde había *saltos* y nosotros acudíamos», recuerda Maruxa. El 27 de mayo ella y Baena fueron convocados en el cruce de la calle Sánchez Barcaiztegui con la avenida Ciudad de Barcelona para participar en una protesta en solidaridad con el Frente Polisario, que demandaba la independencia del Sahara Español y había protagonizado varios ataques a las fuerzas militares desplegadas en el territorio. España había anunciado su intención de conceder mayor autonomía a los saharauis y celebrar un referéndum durante la primavera de 1975, pero la había suspendido por la oposición de Marruecos, que reclamaba para sí ese territorio.

«La acción era contra el banderín de enganche que la Legión tenía en Vallecas —cuenta Maruxa—. Hicimos una pintada, tiramos un cóctel molotov y cuando escapaba a la carrera me detuvieron y me llevaron a la Dirección General de Seguridad (DGS). Declaré que no tenía nada que ver con lo ocurrido, que acababa de llegar de Vigo para buscar trabajo y una pensión donde alojarme, y que si estaba allí era por pura casualidad. Llevaba conmigo el resguardo de la consigna de la estación de Atocha en la que había dejado la maleta que traje de casa con algo de ropa mientras encontrábamos alojamiento, y se la mostré como prueba de lo que decía. No pudieron vincularme con los hechos, pero me pusieron una multa gubernativa de tres meses de prisión, y después de tres días en la DGS me llevaron a la cárcel de Yeserías».

El temor a que desvelara en los interrogatorios dónde vivía obligó a los dueños de la casa en la que se alojaba a abandonarla, y a Baena a cambiar de dirección. «Un compañero me dijo que tenía en su casa a un muchacho que había venido de Galicia, pero que su compañera había caído en una acción y tenía miedo de que hablara y dijera dónde vivía», cuenta Blanca Gómez, que desde ese momento lo escondió en su domicilio.

La detención de Maruxa cuando apenas llevaban unas semanas en Madrid afectó mucho a Baena. «Desde que llegó no volvimos a vernos hasta finales de mayo, en una cita a mediodía en el ambulatorio de la Seguridad Social de la ronda de Segovia —relata Pablo Mayoral—. Íbamos a acudir a una manifestación relámpago esa misma tarde en el paseo de las Delicias. La detención de Maruxa le había causado verdadero dolor, que se unía al que arrastraba al haber abandonado a su familia y su tierra. Nuestra tarea en aquella manifestación no era participar, sino de protección, porque había policías cerca. Todo transcurrió sin más incidentes que los cócteles molotov que lanzamos, pero al dispersarnos dos policías de paisano nos dieron el alto pistola en mano en la calle Batalla de Brunete. Baena se enfrentó a ellos con una navaja, y se quedaron tan sorprendidos que nos dio tiempo a salir corriendo».

4

EL CAMARADA HIDALGO

Un año antes de que Baena llegara a Madrid lo había hecho otro joven gallego que, como él, escapaba de la policía. Se llamaba José Luis Sánchez-Bravo, había nacido en Vincios Gondomar, provincia de Pontevedra, tenía veintiún años y era el tercero de seis hermanos, aunque las dos mayores, Mari Carmen y Victoria, se habían casado muy jóvenes y le habían dejado el papel de primogénito de la casa. Los pequeños, Miguel Ángel y Dolores Fe, eran apenas unos niños, y otra hermana menor había fallecido a los cinco meses de nacer. Casualidades de la vida, al igual que Baena, había estudiado en el colegio Santa Irene de Vigo y el curso preuniversitario en el instituto Calvario. Después se matriculó en primer curso de Ciencias Químicas e inició su militancia en la Federación Universitaria Democrática Española (FUDE), una de las organizaciones del FRAP, y en el PCE (m-l). José Luis compaginaba los estudios con un trabajo como vendedor de la Editorial Bruguera, y a la vista de los contratos suscritos[19] no se le daba nada mal. El 2 y el 6 de julio de 1973 vendió sendas enciclopedias «De la vida» por importe de 4.125 pesetas cada una. En agosto dos más

---

[19] Los contratos figuran incorporados al sumario 1/75.

ESTUDIOS DE BACHILLERATO **MASCULINO**

INSTITUTO DE ENSEÑANZA MEDIA

ENSEÑANZA ___Nocturna___

COLEGIO ___INSTITUTO___   CURSO 1971-72

INSCRIPCIÓN PARA GRADO SUPERIOR

El alumno D. *José Luis Sánchez Bravo Solla*   154

ha sido inscrito para realizar los exámenes de GRADO SUPERIOR con el n.º

habiendo satisfecho los derechos que señala la Legislación vigente.

___VIGO - 1 S JUN. 1972___

El Funcionario Administrativo,

NOTA MEDIA DE LOS DOS CURSOS

I.—RELIGION e IDIOMA MODERNO . . . . puntos   5'7

II.—FILOSOFIA, LITERATURA ESPAÑOLA, HISTORIA DEL ARTE

Y DE LA CULTURA, Y CIENCIAS NATURALES . . . . puntos   6'6

III.—Letras: LATIN Y GRIEGO . . . . puntos

III.—Ciencias: MATEMATICAS, FISICA . . . . puntos   6'6

VIGO   1 S JUN. 1972

Firmado: (Nombre y apellidos)

Firmado: RUFO PEREZ GONZALEZ

EXAMEN DE GRADO SUPERIOR

CONVOCATORIA   *Junio*   de 72

I. GRUPO: Calificación   *Apto*   Puntos   5'4

II. GRUPO: Calificación   5'6

III. GRUPO: Calificación   5'5

CALIFICACION DEFINITIVA *Suficiente*   5'3

VIGO 1 8 JUL 1972

EL SECRETARIO,

Calificaciones de José Luis Sánchez-Bravo cuando estudiaba bachillerato.

de Ciencias Naturales por 4.959 pesetas, y así sucesivamente hasta el mes de octubre.

La pensión que su madre regentaba en la calle Pizarra de la capital pontevedresa se convirtió en centro de reunión improvisado con otros jóvenes estudiantes para debatir sobre las reivindicaciones obreras y la obligación de cualquier demócrata de comprometerse en la lucha contra la dictadura. *El origen de la familia*, de Engels, el *Libro Rojo*, de Mao Tse-Tung y *La madre*, de Gorki, eran algunas de sus lecturas de cabecera, que alternaban con el análisis de las mismas y discusiones sobre el materialismo dialéctico y científico. Las charlas dieron paso a la acción, y las reuniones a las pintadas y el lanzamiento de octavillas. J. Barreras era un astillero combativo en el que distribuir propaganda del partido no suponía, o no debía, un riesgo excesivo, pero a raíz de una de aquellas «siembras» su nombre empezó a circular en comisaría como el de uno de los jóvenes subversivos que actuaban en la ciudad. Un informe policial de la época[20] deja constancia de que había dejado de ser un desconocido: «Comienza manifestándose como agitador estudiantil en el colegio universitario de Vigo donde cursaba primero de Ciencias Químicas. Con fecha 8 de abril de 1974 se detecta su militancia en la organización FRAP, difundiendo propaganda y arrojando cócteles molotov en el transcurso de manifestaciones de dicha organización. Encartado en diligencias 801 contra la militante del FRAP Ana María Otero Regueira, que en su declaración cita al epigrafiado como máximo responsable de la organización en Vigo».

Solo mes y medio antes, el 27 febrero, había solicitado al Gobierno Civil un certificado de buena conducta que le exigía el gimnasio al que acudía para participar en competiciones de kárate. El comisario jefe de Vigo firmaba al día siguiente un escrito que

---

[20] Se trata de un informe de la Brigada Central de Información Social incorporado al sumario 1/75, por el que fue condenado a muerte.

deja constancia de que hasta ese momento la policía no sospechaba de su militancia. El documento, incorporado al sumario, dice así: «Tengo el honor de participar a V. I. que José Luis Sánchez-Bravo Solla es persona que lleva varios años residiendo en esta ciudad, observando buena conducta moral, pública y privada. En Vigo, en el aspecto político, no se sabe que haya pertenecido a partido alguno, ni se le conocen actividades en contra del actual Régimen. En los archivos de esta comisaría carece de antecedentes».

Como a Baena, no tardaron en ir a buscarlo a casa. «Un día llegó muy agitado y dijo que tenía que irse porque le buscaba la policía —cuenta su hermana Victoria—.[21] Mi madre no entendía nada y se asustó mucho porque desconocía que estuviese metido en política. Como cuando vinieron a por él ya se había marchado, la detuvieron a ella y la tuvieron encerrada en comisaría hasta el día siguiente». José Luis huyó en compañía de su amigo Manuel Reynoso, con quien compartía militancia. Marcharon en tren a Santiago de Compostela, donde la organización les buscó alojamiento en un piso de estudiantes que militaban en el partido, y desde allí se trasladaron fechas después a Madrid. Desde ese momento pasó a ser el camarada *Hidalgo*.

«Llegamos a la capital el 18 de julio de 1974 —recuerda Reynoso—.[22] Teníamos una cita para el 28 y 29 del mismo mes, pero hubo algún fallo y quedamos descolgados del partido hasta octubre». El fallo no era tal, sino que la persona que debía recogerlos había sido detenida. «Estuvimos de un lado para otro —continúa su relato Reynoso— y fuimos a parar a una pensión en la calle Hernani. La dueña nos fio una habitación, que costaba diez duros

---

[21] Todas las manifestaciones de Victoria Sánchez-Bravo, salvo que se especifique lo contrario, han sido recogidas por el autor en entrevistas personales.

[22] *FRAP, 27 de septiembre de 1975, op. cit.*

diarios, y por veinticinco pesetas comíamos en La Milagrosa, un restaurante que había en la misma calle».

La casualidad quiso que conocieran a otro compañero en un acto estudiantil en el Colegio Mayor San Juan Evangelista, que les conectó de nuevo con el partido. Reynoso se marchó poco después a París y José Luis quedó encuadrado en la Junta de Carabanchel del FRAP, que en ese momento dirigía Fernando Proenza, un muchacho de tono airado que intentaba aparentar las dotes de mando que no tenía. Ese era su nombre, aunque todos le conocían como *Manolo*. Tras algunas citas que rompieron el hielo inicial, pasaron del debate doctrinal a la charla personal. Trabajaba de camarero en el bar Katia de Barrio Blanco, en el distrito de Ciudad Lineal, justo al lado de la última parada de la línea 53 del autobús. Aquella complicidad mínima no les hizo amigos, pero sí estrechó su relación de militancia compartida. A finales de año José Luis sustituyó a Manolo como responsable de la junta de barrio, de la que formaban parte Manuel Cañaveras de Gracia, *Ramiro*, y Luis Miguel Sanz Cuesta, *Vázquez*.

La Milagrosa y la vecina taberna de La Encarnación, en las que José Luis comía a diario, eran frecuentadas por trabajadores de los talleres cercanos, y el paso de los días convirtió a los clientes en rostros conocidos. Del saludo pasó a compartir mesa y conversación, primero sobre temas intrascendentes y más adelante sobre la situación política y las protestas que se sucedían en todo el país para exigir derechos laborales. Uno de los comensales era Ramón García Sanz, que quedó impresionado por la facilidad de palabra con la que se expresaba aquel muchacho notablemente más joven que él, y cuando le propuso incorporarse al FRAP aceptó. El único requisito era asumir los estatutos del partido, pagar una pequeña cuota voluntaria y ser avalado por dos militantes.

Ramón tenía veintisiete años y trabajaba como soldador en la empresa San Mamés, situada en el número 26 de la vecina calle de Tiziano, por un sueldo de nueve mil pesetas al mes, que con gratificaciones se acercaban a las trece mil. Bajo y de complexión fuerte, no tenía ninguna formación política, pero sí inquietudes, que había forjado en una vida llena de dificultades. Aunque nacido en Barcelona, pasó su niñez en el hogar para huérfanos Pignatelli de Zaragoza, con su hermano Santiago, enfermo de poliomielitis. Había trabajado como cerrajero en varias empresas de la capital aragonesa y en 1974 se trasladó a Madrid, donde había saltado de trabajo a trabajo, nada fijo, hasta que en febrero de 1975 le contrataron en San Mamés por su habilidad con el soplete. Vivía en la pensión Uruguay, en la calle Caños del Peral número 68, hasta que José Luis le propuso que alquilaran una vivienda para vivir juntos. Un piso amplio en el número 6 de la calle Iriarte. Demasiado espacioso, en su opinión, hasta que su compañero le dijo que tenían que montar en él un aparato de propaganda del partido. Hacía falta una multicopista, almacenar papel para las impresiones y esconder pasquines y folletos hasta su distribución. Él también debía tener un nombre de guerra por seguridad, para que la eventual detención de algún compañero no supusiera su identificación por la policía. Si esa era la norma, él sería *Pito*, como le apodaron en el orfanato por el timbre de su voz.

Por aquellas fechas José Luis conoció a una compañera de la FUDE que estudiaba Ciencias Políticas y Sociología en la Universidad Complutense. Se llamaba Silvia Carretero, tenía veintiún años, como él, y su apodo en el partido era *Andrea*. Se enamoraron. Las normas del partido eran muy estrictas con las relaciones entre militantes: ni eran convenientes, ni estaban autorizadas. Lo sabían, pero no hicieron caso. La lucha política no estaba reñida con el amor.

«Había cogido el metro en Ciudad Lineal tras participar en una reunión e iba leyendo un libro de Carlos Castilla del Pino sobre la liberación de la mujer —cuenta Silvia Carretero—.[23] José

23 Entrevista con el autor.

Luis se montó en mi vagón dos o tres estaciones después, se puso al lado de donde yo estaba y comenzó a leer por encima de mi hombro. Yo pensaba, qué mirará este gilipollas, y de vez en cuando le miraba. Entonces me dijo que él podía enseñarme muchas cosas sobre la liberación de la mujer, decidí seguirle la corriente y quedamos a desayunar en una cafetería de la calle Reina Victoria en la que nos vimos varias veces más. Ni él sabía que yo era de la FUDE ni yo que él militaba en el FRAP. En las citas me hablaba del programa del frente, que yo conocía, pero sin aludir a las siglas, como si me estuviera tanteando para captarme para la organización, y en una ocasión le dije que la próxima cita la hiciera siguiendo los conductos orgánicos. No se lo esperaba se quedó muy cortado».

«Mi madre y yo bajamos varias veces a Madrid a verle —cuenta Victoria Sánchez-Bravo—. Dábamos vueltas por la Casa de Campo o quedábamos en una cafetería. Fue así como conocimos a Silvia. En una ocasión José Luis me llamó por teléfono para que le enviara su partida de nacimiento, porque iba a casarse por la Iglesia. Me llevé una enorme sorpresa porque él era ateo».

«Nos casamos por lo civil y al día siguiente por la Iglesia —añade Silvia—. La verdad es que no sé por qué lo hicimos. Nos dio por ahí. Sí recuerdo que nos casó un sacerdote de la Organización Revolucionaria de Trabajadores (ORT)».

La pareja contrajo matrimonio el 11 mayo de 1975 en la parroquia de Nuestra Señora del Val, en el barrio del Pilar, y se instalaron en un modesto piso en el número 80 de la calle Cebreros, en el barrio de Batán, que les alquiló la madre de Silvia. Una vida casi normal. Allí se enteraron de que el FRAP había asesinado a tiros a un policía armada en la calle Alenza.

5

TIRANDO DEL HILO
SE LLEGA A LA MADEJA

El asesinato del policía Lucio Rodríguez Martínez en la calle Alenza exigía una rápida respuesta para frenar a los sectores ultrafranquistas del régimen. Y la tuvo. Pablo Mayoral, *Eusebio*, que como responsable de propaganda controlaba cuatro multicopistas con las que se imprimía *Vanguardia Obrera*, el órgano de expresión del PCE (m-l) y otras publicaciones del FRAP que se distribuían en la capital, era controlado desde hacía meses por la Brigada Político Social (BPS). Consciente de ello, había abandonado su trabajo en abril para pasar a la clandestinidad.

«Hemos sido informados por el Banco de Bilbao que Vd., desde el día 10 del mes en curso [abril de 1975] no compareció en la Central Contable de aquel a prestar los servicios que esta sociedad le había encomendado, situación que persiste el día de la fecha —decía la carta de despido de la empresa para la que trabajaba, NCR—. No teniendo conocimiento alguno de los motivos que han originado este incumplimiento por su parte de las obligaciones laborales, consideramos que ha incurrido Vd. en faltas muy graves (…). Ante la situación tan delicada y perjudicial que nos ha planteado (…) toda vez que su incumplimiento ha supuesto la paralización de varias máquinas contables, nos vemos obligados a adoptar la enojosa decisión de despedirle».

Su paso a la clandestinidad le obligaba a cambiar periódicamente de domicilio, pero aun así no había conseguido esquivar la vigilancia policial. A las once y media de la noche del 15 de julio, menos de veinticuatro horas después del atentado, fue detenido en medio de un amplio despliegue policial.

«El control sobre mí había empezado tras la detención de mi hermano, aprendiz de dieciséis años y militante de la OSO,[24] en los talleres de la Mutua de Taxis. En abril detecté que me seguían, dejé la empresa NCR, en la que trabajaba arreglando ordenadores, y pasé a la clandestinidad —cuenta Mayoral—.[25] Me alojé con mi compañera [Nieves Moral] en una casa vacía de un amigo del barrio, pero al cabo de un tiempo la tuvimos que abandonar y nos fuimos a Leganés, al domicilio de un compañero de trabajo. Llevábamos allí menos de un mes cuando me detuvieron en el portal del edificio al ir a tirar la basura. Estaba a mano y tras el atentado del día 14 fueron a por mí. Los golpes empezaron ya en el coche en el que me llevaron a la Dirección General de Seguridad (DGS) —continúa su relato—. Me subieron a un despacho y me interrogaron durante toda la noche. Me preguntaron por el aparato de propaganda, y el que llevaba la voz cantante, que tiempo después identifiqué como el comisario Roberto Conesa [jefe de la BPS], me acusó de estar implicado en el atentado contra el policía. No salí de aquel despacho en ocho días, en los que no dejaron de pegarme». Conesa, de cincuenta y ocho años de edad, tenía ya entonces una reputada fama de caza-rojos y como especialista en infiltración en grupos de la oposición. También eran conocidos sus

---

[24] La Oposición Sindical Obrera (OSO) era un sindicato clandestino, algunos de cuyos miembros se presentaron a las elecciones sindicales de 1963 para infiltrarse en la Organización Sindical Española, el sindicato vertical, único reconocido por el franquismo.

[25] Todas las manifestaciones de Pablo Mayoral, salvo que se especifique lo contrario, han sido recogidas por el autor en entrevistas personales.

métodos expeditivos con los detenidos que terminaban en las dependencias de «la social». Su hombre de confianza era el joven policía Luis Antonio González Pacheco, al que apodaban *Billy el Niño*,[26] conocido por las torturas que infligía a los estudiantes y militantes de los partidos de la oposición que caían en sus manos.

Fue la primera de una caída en cadena de numerosos miembros de la organización, entre ellos el responsable en Madrid, Manuel Blanco Chivite. Una nota de la Dirección General de Seguridad (DGS) daba cuenta de ello:

> Los elementos y efectos en posesión de los investigadores permitieron proceder a la detención el día 17 de Manuel Antonio Blanco Chivite, de treinta años de edad, natural de San Sebastián, periodista, con domicilio en la calle San Lorenzo número 10 de Madrid, individuo que ostenta el cargo de secretario general o responsable político del comité provincial de Madrid del PCE (m-l) y de su organización de masas FRAP, que usa el nombre de guerra de «Alberto».

«Teníamos una cita [con Pablo Mayoral] a las dieciocho horas del día 16 en la plaza de las Pirámides, junto a la parada del autobús P-34 —dice Blanco Chivite en la declaración prestada ante la policía tras su detención—.[27] Al no acudir a la hora convenida, co-

---

[26] Con la llegada de la democracia y la disolución de la Brigada Político Social fue destinado a la brigada antiterrorista. En 1977 fue condecorado con la Medalla de Plata al Mérito Policial por el entonces ministro del Interior, Rodolfo Martín Villa. Denunciado en numerosas ocasiones por malos tratos, las causas abiertas contra él fueron sobreseídas con la amnistía de aquel año. La jueza argentina María Servini solicitó en 2014 su extradición para responder de trece delitos de torturas. La Audiencia Nacional la rechazó al haber prescrito los mismos.

[27] La declaración figura en el sumario 245/75.

sa que no era frecuente en él, recelé de que hubiese sido detenido y, como medida de precaución, decidí adelantar el viaje que tenía previsto hacer a San Sebastián para ver a mis hijos como medida de precaución». Fue detenido cuando abandonaba su domicilio. Horas después lo sería su mujer, Milagros Pons, en la capital donostiarra.

Chivite se había trasladado a Madrid desde San Sebastián en 1965 para estudiar Periodismo con una beca. Tras varios años de activismo en la universidad ingresó en las Comisiones Obreras de Barrio, la escisión más radical de las Comisiones Obreras Juveniles del PCE, y poco después en el PCE (m-l) y en el FRAP. Había sido detenido con anterioridad en las protestas contra el Proceso de Burgos y tras la manifestación del 1 de mayo de 1973, que se saldó con la muerte de un policía. No era un desconocido para la «social».

«Era periodista y escribía en revistas económicas —cuenta el propio Chivite—.[28] Desde que era estudiante militaba en el PCE (m-l) y para entonces ya había sido detenido dos veces. De hecho, cuando me arrestaron estaba en libertad provisional, pero aun así me encargaba de coordinar el partido y el FRAP en Madrid. Llevaba días preparando una cita que tenía fuera de Madrid cuando me detuvieron. Fui conducido directamente a los despachos de la Brigada Central de la Comisaría General de Investigación Social. El ingreso en las dependencias policiales no siguió el protocolo habitual: parte de entrada, con hora y fecha, datos del detenido, cacheo y registro de las pertenencias. En consecuencia, ninguno de los detenidos estábamos oficialmente en ningún sitio. Si morías allí nada acreditaba nuestra entrada en ellas. Tanto el parte de entrada como el de salida se cumplimentaron a la salida (...). Me tortura-

---

[28] Blanco Chivite se entrevistó con el autor, pero no quiso aportar datos sobre los hechos. Su testimonio ha sido tomado de distintas fuentes, en este caso del diario *público.es* y la revista *El rapto de Europa* n° 11, de noviembre de 2007.

ron y pegaron constantemente durante estos primeros días —escribe—.[29] Esposado en el momento de la detención, seguí así durante cinco, seis y siete días. Tenía que dormir en los mismos despachos de la BPS, en el suelo o sentado en una silla».

Mayoral y Chivite fueron acusados de ser coautores del asesinato del policía. Según la información policial incorporada al sumario, ambos habían viajado el 28 de febrero a París para reunirse con la dirección del FRAP, que les ordenó «endurecer» las actuaciones de la organización con «ejecuciones» de miembros de las Fuerzas del Orden Público.

La nota oficial remitida a los medios de comunicación decía:

> La exhaustiva labor efectuada por los funcionarios actuantes contrarrestó eficazmente la sistemática actitud adoptaba por Mayoral Rueda y Blanco Chivite, que pretendían ignorar toda participación en los hechos, acabando por admitir que tomaron parte en el asesinato de Lucio Rodríguez Martínez. El primero de forma directa, en unión de otros dos jóvenes que, desde luego, eran desconocidos para él, y el segundo en calidad de inductor del crimen, para cuya perpetración emprendió la tarea de seleccionar las personas que habrían de llevarlo a cabo, y que deberían reunir unos requisitos especiales, tales como el de ser desconocidos para la policía y tener el valor y la audacia suficiente para alcanzar su objetivo final.

Solo unos días después de las detenciones, el 19 de julio, el FRAP perpetró un nuevo atentado en la calle Gómez-Ortega contra otro policía armada, Justo Pozo Cuadrado, que resultó herido. De forma mimética al anterior «golpe», dos jóvenes le salieron al paso, efectuaron cinco disparos que le alcanzaron en el estómago, el brazo izquierdo, un pie y un glúteo, y se dieron a la fuga en un

---

[29] *Notas de prisión*, Manuel Blanco Chivite, Ediciones Actuales, 1977.

coche que les esperaba en las inmediaciones con una tercera persona al volante. «Vivía solo en una pensión —su familia se encontraba en su pueblo, Zalamea de la Serena (Badajoz)—, aunque según nos han confirmado algunos compañeros había comprado un piso que estaba amueblando, pues pensaba trasladarse a vivir en él con su novia, una vez que la hubiera convertido en su esposa», informaba el diario *ABC* sobre la víctima en su sección de sucesos del domingo 20 de julio.

Era una exhibición de fuerza del FRAP, que demostraba que pese a las caídas de los días precedentes disponía de más infraestructura en la capital y capacidad para mantener su actividad. La respuesta policial fue igual de contundente y decenas de militantes fueron capturados los días siguientes, entre ellos Vladimiro Fernández Tovar, Xosé Humberto Francisco Baena y Fernando Sierra. Los tres fueron acusados de haber participado en el asesinato de Lucio Rodríguez y en el atentado contra Justo Pozo.

Vladimiro, de veintitrés años, fue capturado a las 14.30 horas del día 22, cuando acudía a una cita concertada en el cruce de las calles Jorge Juan y Antonio Toledano. Llevaba una pistola Star del calibre 7,65 y un documento de identidad falso a nombre de José Luis Tejedor Azpeitia. «Me resistí a la detención, forcejeamos y me golpearon —recuerda—. Cuando me iban a meter en el coche resulta que no les funcionaba, y como no me querían tener en la calle me metieron en una tintorería. En los interrogatorios me dijeron que no constábamos en ningún registro y que en cualquier momento podían darnos un "paseo" y pegarnos un tiro en el campo».

Horas después, a las 22.30, «caían» Baena, Fernando Sierra y un tercer compañero, Juan Félix Olaso Bilbao. «Cuando me despedía de dos compañeros en la calle Barceló e iba a cruzar se abalanzaron sobre mí ocho o diez "sociales", me tiraron al suelo, me colocaron una pistola en la sien y me trasladaron esposado a la DGS». Así relata Baena su detención en una nota que consiguió sacar de prisión tiempo después.[30] «Decían que iban a golpearme hasta que declarase, pero que me iban a dejar vivo para que pudiese firmar la declaración, aunque sería por poco tiempo, porque me iban a liquidar a garrote vil. Ante mi negativa empezaron los golpes. Me lanzaban de un extremo a otro de la pared y me golpeaban con los puños y con porras. En otro momento, colocado de cara a la pared, empezaron a darme golpes en la columna con un bolígrafo. Al principio no me dolía, pero al cabo de un rato no podía casi moverme por los dolores en la espalda. Con la cara destrozada y sin poder ver por un ojo firmé la declaración la noche del día 23».

«Salimos corriendo los tres, cada uno por un lado —dice Olaso,[31] que entonces tenía diecinueve años—. Recuerdo que yo tiré por la calle Fuencarral, hasta que varios policías se me echaron encima. Sobre todo me acuerdo de uno que me puso una pistola en la sien y me dijo: "Si te mueves te reviento la cabeza". Nos metieron a cada uno en un taxi y nos llevaron a la DGS. Oía gritos de una habitación, hasta que me tocó el turno a mí. Me obligaron a descalzarme y empezaron a golpearme con una porra en la planta de los pies. Me dijeron que estaba allí por haber asesinado a un policía. En ese momento me vine abajo».

«Me colocaron en medio de una habitación de rodillas, y mientras dos "sociales" me daban, uno en la cara y otro patadas en el estómago, un tercero se dedicaba a golpearme la planta de los pies con una vara —cuenta sobre su detención Fernando Sierra—.[32] Cuando se cansaban me levantaban por los pelos y empezaban de nuevo. Así estuve alrededor de una hora. Después vinie-

---

[30] Su testimonio aparece recogido en *Cinco héroes del pueblo*, de la Agencia de Prensa España Popular (APEP).

[31] Su testimonio ha sido tomado del documental *La chispa y la pradera, op. cit.*

[32] Su testimonio aparece recogido en *Cinco héroes del pueblo, op. cit.*

ron más "sociales" y empezaron de nuevo, ahora también con porras. Llegaron a juntarse ocho, cada uno de los cuales ponía su granito de arena: uno un puñetazo, otro patadas, otro me pisaba, otros me golpeaban con las porras. Me metieron la pistola en la boca e hicieron intención de amartillarla, y me amenazaron con ir a hacer una "visita" a mi familia».

La novia de Baena, Maruxa, que permanecía encarcelada en Yeserías desde finales de junio, desconocía que había sido detenido. «Se complicó todo cuando detuvieron a Xosé y ataron cabos —relata—.[33] No sé si en los interrogatorios habló de mí, supongo que sí, porque un día me dijeron en la cárcel que me iban a poner en libertad pese a no haber cumplido aún los tres meses que me habían impuesto, y al salir me estaba esperando la policía para llevarme de nuevo a la DGS. Estuve diez días que fueron horribles, me molieron a palos, pero seguí manteniendo la versión de que acababa de llegar de Vigo cuando fui detenida».

Baena llevaba días siendo torturado cuando los agentes de «la social» decidieron carearlos para intentar conseguir nuevos datos sobre la organización. «Cuando nos pusieron a uno delante del otro yo dije que no le conocía de nada —continúa Maruxa—. Pensaba que cualquier cosa que dijera no haría otra cosa que empeorarlo todo y me mantuve en mi coartada. Querían que habláramos entre nosotros y nos dejaron solos en la habitación. Fueron momentos terribles. Yo estaba machacada, pero a él lo habían destrozado. Tenía la cara desfigurada por los golpes y la mandíbula rota. No podía hablar». Tras diez días de terror, Maruxa consiguió salir de la DGS camino del hospital de Carabanchel. «Me habían golpeado mucho en los riñones y en la espalda y orinaba sangre. Estuve unos quince días en el hospital antes de que me llevaran de vuelta a Yeserías».

---

[33] Entrevista con el autor.

6

INGRESO EN PRISIÓN

Una comitiva de cinco furgones de la policía condujo a los detenidos a la prisión de Carabanchel el 25 de julio, cuando todos habían firmado ya las declaraciones que la policía les puso delante, en las que se autoinculpaban del crimen del policía Lucio Rodríguez. El recinto penitenciario, construido al acabar la guerra por presos republicanos, se levantaba imponente sobre una superficie de 170.000 metros cuadrados, en la avenida de los Poblados. Su estructura, en forma de estrella, estaba formada por un núcleo central del que arrancaban siete brazos, cada uno de ellos una galería, con capacidad para dos mil internos.

«Llegué a Carabanchel en un furgón policial —cuenta Chivite—.[34] Los asientos del conductor y acompañante estaban separados por una reja del furgón propiamente dicho, en el que viajaba esposado y custodiado por dos policías armadas con subfusiles. El que acompañaba al conductor también dirigía su arma hacia mí. Ya en la cárcel, debían ser las nueve de la noche, fui recibido por varios policías más. Me condujeron hasta las dependencias de Admisión e Identificación. Fichas, huellas y cacheo

---

[34] Revista *El rapto de Europa*, número 11, noviembre de 2007.

exhaustivo: desnudo integral, cabello, orejas, boca y flexiones de rodillas. Tras el ceremonial, los policías abandonaron el recinto interior y el jefe de Servicios y dos funcionarios me condujeron a las galerías. Atravesamos el centro, circular, abovedado y de grandes dimensiones, y nos encaminamos hacia la denominada Sexta Galería-Reformatorio, donde estaban los menores de edad, la cruzamos y al llegar al extremo accedimos a otra galería. Sobre la entrada, tres letras indicaban nuestro destino: CPB o Celdas de Prevención Bajas».

Las celdas estaban ubicadas por debajo del nivel del suelo de los patios. La galería tenía un pasillo central y dos laterales, todos situados en paralelo. El central discurría entre dos paredes de cemento y desembocaba en la garita de los funcionarios. En los laterales estaban las celdas. Una puerta de madera chapeada con planchas de hierro y un ventanuco en el centro para observar el interior daba paso a un cubículo dividido en dos por una puerta enrejada. En una de ellas, de tres metros cuadrados, sin luz ni mobiliario, permanecía el preso, y en la otra se depositaba el colchón en el que dormía, que solo podía usar de noche. La única iluminación era la luz que se filtraba desde el pasillo, y solo el murmullo de las conversaciones entre los funcionarios alteraba el silencio absoluto del encierro. Una tablilla en el dintel escrita con tiza identificaba al ocupante de cada habitáculo.

«La celda tenía una taza de váter y un grifo. No había nada más, ni mesa, ni silla, nada —recuerda Pablo Mayoral—. Cuando llegaba la noche nos daban un jergón para dormir que nos quitaban por la mañana. Solo veíamos a otra persona cuando nos llevaban el desayuno, la comida y la cena; el resto de la jornada permanecíamos solos. El primer día en prisión estabas más o menos animado después de días esposado a la espalda y sometido a torturas, pero veinticuatro horas después la soledad se volvía insoportable. No podías leer, ni fumar, ni salir al patio. Permanecí así cerca de cuarenta días. Fue terrible».

«Nos despertaban a las siete de la mañana. A las ocho y media nos daban el desayuno, una barra de pan para todo el día y algo que llamaban "café con leche". A esa hora también limpiábamos la celda y nos quitaban el colchón —cuenta Blanco Chivite en unos escritos que consiguió sacar de prisión a finales de 1975, cuando aún estaba encarcelado—.[35] No importaba qué cantidad de agua vertieras en el váter porque apestaba. Tenías que tirar allí los restos de tu comida, lavar los platos de metal, tu cara y tus manos. Cuando terminaba de desayunar y de barrer la celda cerraban la puerta blindada y comenzaban las largas horas de la mañana. A la hora de comer me traían el menú de la cárcel. La operación se repetía con la cena y después, hacia las nueve, nos entregaban la colchoneta para dormir. El juez nos prohibió todo contacto con el mundo exterior. Eso quería decir que no podíamos tener absolutamente nada en la celda, ni una muda de ropa interior, ni una pastilla de jabón. No podía leer, ni fumar, y permanecía encerrado en la celda las veinticuatro horas del día. En lugar de papel higiénico tenía que utilizar trozos de gomaespuma del colchón o un pañuelo, que era lo único que podías tener en tus bolsillos (...). Paseaba dentro para mantenerme vivo. Diagonalmente, la celda se recorría con tres pequeños pasos. Cada mañana hacía ejercicios corporales. Era como una ansia frenética de conservar el movimiento».

Las visitas del juez instructor, el coronel Mariano Martín Benavides, y del fiscal eran los únicos momentos que rompían la rutina. Solo entonces abandonaban la celda y eran conducidos a un despacho para que les tomaran declaración.

«Recuerdo que cuando denuncié las torturas y malos tratos el instructor miraba por la ventana. No dijo una palabra, el escribien-

---

[35] Estos escritos fueron recogidos en el libro *Notas de prisión*, que Ediciones Actuales publicó en 1977. Se han transcrito en pasado (en el original figuran en presente) para dar coherencia verbal al texto.

te no escribió nada y ahí terminó el asunto —continúa su relato Chivite—. El médico de la prisión nos visitó cuando llevábamos varios días en las Celdas de Prevención Bajas, creo que era el 28 de julio; sin embargo, en el impreso puso que nos encontrábamos bien, pese a las marcas aún visibles que teníamos en distintas partes del cuerpo».

En ocasiones eran agentes de la policía o de la Guardia Civil los que acudían a prisión para completar su testimonio y les amenazaban con la excarcelación, que no suponía su puesta en libertad, sino su traslado de nuevo a las dependencias de la Dirección General de Seguridad (DGS) para ser interrogados «a fondo».

«Un par de días después de que nos tomara declaración el juez, me despertó el jefe de Servicios y me dijo que habían venido a verme de nuevo —sigue diciendo Chivite—. Me llevaron a un despacho y allí estaban tres miembros de la BPS, entre ellos un comisario, Carlos Domínguez Sánchez, adjunto al jefe de la Brigada Central, y tres miembros de los Servicios de Información de la Guardia Civil. Al parecer las cosas en la calle no iban bien y las acciones armadas continuaban, pero nosotros, allí encerrados, no sabíamos nada».

7

EL ASESINATO DEL TENIENTE POSE

La rutina carcelaria se vio sacudida por un tercer atentado del FRAP. El 16 de agosto, el teniente de la Benemérita Antonio Pose Rodríguez, de cuarenta y nueve años, era asesinado a tiros a las dos y media de la tarde en la puerta de su domicilio, en el número 1 de la calle Villavaliente, en la Colonia Virgen del Rosario, en Batán. Un barrio humilde, de viviendas de protección oficial del Instituto Nacional de la Vivienda, que lucían en la fachada placas con el yugo y las flechas para que sus moradores no olvidaran quiénes eran los artífices de su prosperidad.

Como cualquier otro día, el agente llegaba a su casa en un Seat 850 deslustrado por años de uso, tras concluir su jornada laboral en la Plana Mayor de la Agrupación de Tráfico de la calle Sotomayor. Su padre había sido guardia civil, aunque no pasó de guardia segundo, y él había dedicado sus esfuerzos desde que ingresó en la Benemérita con diecinueve años a llegar más lejos que su progenitor. Treinta años de entrega al Cuerpo y ni un solo correctivo en su hoja de servicios. Era, sin más, un hombre corriente, de hábitos simples, que sobresalía solo por sus 1,85 metros de estatura. Su mujer, Adolfina Corrales, con la que llevaba veintitrés años casado, aunque no tenían hijos, y su suegra le esperaban cada mediodía con el plato de la comida en la mesa. Tras la sobremesa ante el televisor y un breve duermevela, dedicaba parte de la tarde a su gran afición, la electrónica. Esa era su vida.

Estacionó el vehículo donde lo hacía cada mediodía, junto al acceso del paso subterráneo que sorteaba la carretera de Extremadura, descendió, cerró la puerta y al volverse se encontró frente a él con un joven que le apuntaba con una escopeta de caza con los cañones recortados. No tuvo tiempo de reaccionar. Un único disparo efectuado a dos metros de distancia le hizo un orificio en el pecho del tamaño de una moneda de cinco duros. Cayó al suelo como un fardo.

«Hacia las dos y media de la tarde oí una detonación, salí al balcón y vi a mi marido en el suelo —relató al día siguiente la esposa del agente a los periodistas—. Inmediatamente bajé a la calle, pero allí ya se habían arremolinado algunas personas y no me dejaron acercarme a él. Me echaban para atrás. Acudió después una persona que dijo que era médico y comentó que aún tenía pulso.

Foto policial incorporada al sumario del lugar donde fue asesinado el teniente de la Guardia Civil Antonio Pose, en la calle Villavaliente.

Antonio no mostró nunca miedo ante la posibilidad de un atentado. En alguna ocasión le aconsejé que vistiera de paisano, pero no
quería. Lamentaba los actos de terrorismo de los últimos días y los
asesinatos, como hombre cristiano, como ser humano y como militar, pero no era cobarde. Era un hombre bueno, muy valiente.
Cuando estuvo destinado en Cuenca actuó contra el bandoleris-
mo. Luego pasó a oficial y después a Tráfico. No me explico por
qué han querido matarle».

María José Gómez de Agüero Martín, una joven dependienta
de El Corte Inglés de la calle Goya, fue la única testigo del atentado, aunque vio más bien poco. Solo a la víctima desplomarse y a
un joven bajo de estatura, de pelo muy corto y vestido con una camisa oscura, que escapaba a la carrera mientras el suelo se llenaba
de octavillas:

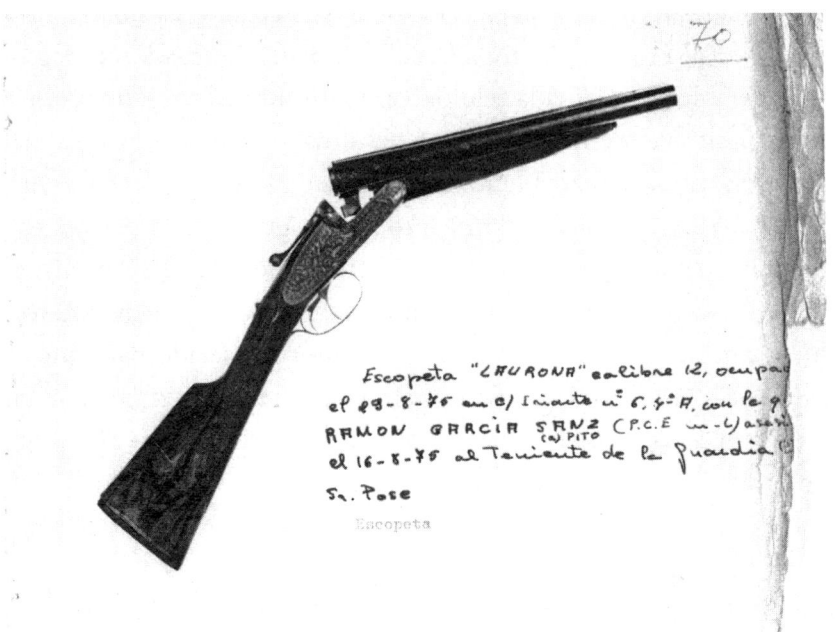

*Escopeta Laurona con los cañones recortados utilizada en el asesinato
del teniente Pose.*

Una vez más como respuesta a los viles asesinatos, torturas, veja-
ciones y penas de muerte contra revolucionarios antifascistas acu-
sados de pertenecer al FRAP, ETA V, los de la calle del Correo…
Contra la violencia fascista de mercenarios, nuestra respuesta es la
del pueblo.
¡A VIOLENCIA FASCISTA, VIOLENCIA REVOLUCIONARIA!
¡ABAJO LA DICTADURA FASCISTA!
¡FUERA YANQUIS DE ESPAÑA!
¡VIVA LA INDEPENDENCIA NACIONAL!
Grupos de combate y autodefensa del FRAP.

El juez Abella Poblet, titular del Juzgado de Instrucción número 11, que ese día se encontraba de guardia, se trasladó al lugar de
los hechos acompañado del médico forense tras recibir un aviso
telefónico desde la sala del 091. La calle Villavaliente estaba tomada
por agentes de la Benemérita y de la Policía Municipal, que habían
acordonado la zona, pero, para su sorpresa, el cadáver ya había sido
trasladado al Hospital Gómez Ulla. De vuelta al juzgado, el magis-
trado recibió una llamada telefónica del titular del Juzgado Militar
Permanente para comunicarle que asumía la instrucción sumarial
y que, en uso de sus atribuciones, había ordenado el levantamiento
del cadáver y la práctica de la autopsia. Según consta en una diligencia firmada por el juez Abella incorporada al sumario, el
mencionado jefe militar le manifestó que con la conversación
que acababan de mantener podía darse por requerido para que se
inhibiera a su favor. Una circunstancia que tendría consecuencias
irreversibles para quienes días después fueron detenidos y acusados
de ser los autores del asesinato.

Esa noche, los presos del FRAP encarcelados por el atentado de
la calle Alenza recibieron una nueva visita de varios agentes de la
Guardia Civil en busca de información que les permitiera detener

a los autores. «Me llevaron arriba [a las oficinas] a la una y cuarenta minutos de la madrugada —cuenta Blanco Chivite—.[36] Me informaron de que menos de doce horas antes varios jóvenes habían matado en Batán a un oficial y que en el lugar del crimen se había encontrado propaganda firmada por los Grupos de Combate y Autodefensa del FRAP. Teníamos que contarles absolutamente todo, porque nuestras vidas dependían de eso. Uno de los agentes preguntó al coronel si me podía torturar, le contestó que no y me dijo: "Como puedes ver, no te estamos ocultando nada. No vamos a tocarte. El proceso será pronto y tienes que tener buen aspecto. Tenemos un trato que hacer contigo. Si quieres, llamamos al juez ahora mismo o mañana, como prefieras, para que él respalde cualquier acuerdo nuestro. Tienes esa posibilidad. No te puedo prometer nada, pero esta es tu última oportunidad". Después de varias horas de amenazas y ofertas de "tratos" me volvieron a conducir a mi celda mientras sacaban a mis compañeros». La visita se repitió dos noches después, en esa ocasión para advertir del peligro que corrían sus familiares si ellos no colaboraban. «Estás seguro aquí en prisión, me dijo el coronel, pero los de fuera no lo están. ¿Entiendes lo que te quiero decir?», añade Chivite al relato de lo vivido.

«En los interrogatorios me preguntaron también por un atentado perpetrado fechas antes, el 2 de agosto, en el Canódromo de Madrid, en el que un guardia civil resultó muerto y otro herido de gravedad —dice Pablo Mayoral—. Se lo atribuyeron al FRAP, pero los autores fueron los GRAPO, que no lo reivindicaron». Casimiro Sánchez García, de cuarenta y ocho años, e Inocencio Cabezón, de cuarenta y siete, se retiraban de madrugada tras prestar servicio cuando fueron tiroteados por varios desconocidos que les arrebataron las armas. Era el primer atentado de la citada organización terrorista, hasta entonces desconocida, que, al igual que el

---

[36] Manuel Blanco Chivite, *Notas de prisión, op. cit.*

FRAP, había surgido como brazo armado de otra escisión del PCE, en este caso el Partido Comunista de España (reconstituido), PCE (r). «El partido consideró que la trascendencia del golpe radicaba en sí misma, y que sería temerario reivindicarlo dada la rudimentaria infraestructura disponible», cuenta Pío Moa, entonces militante de los GRAPO.[37]

El entierro del teniente Antonio Pose convocó a numerosas autoridades, cada vez más preocupadas por una escalada de atentados que parecían no tener fin, pese a los centenares de detenciones. Entre los asistentes estaban los ministros del Ejército, el teniente general Francisco Coloma Gallegos; el de Información y Turismo, León Herrera Esteban, y el de Comercio, José Luis Cerón Ayuso, que tuvieron que enfrentarse a la ira de las personas que se concentraron en las inmediaciones de la Dirección General de la Guardia Civil, en la que se había instalado la capilla. Al grito de «fuera la apertura» y «Ejército al poder» los presentes zarandearon los vehículos de los miembros del Gobierno antes de corear el nombre de «Iniesta, Iniesta», en alusión al teniente general de la Benemérita Carlos Iniesta Cano, uno de los más firmes representantes del «búnker» y el preferido por los sectores más conservadores para sustituir a Arias Navarro al frente del Gobierno. Los rumores apuntaban, incluso, a la posible formación de un ejecutivo integrado mayoritariamente por falangistas.

El periódico *Nuevo Diario* había publicado el 1 de agosto una entrevista con el general en el que las preguntas del periodista daban al militar la oportunidad de exponer sus convicciones.

—Esto que está sucediendo, mi general, ¿duele más que las heridas de campaña?

---

[37] *De un tiempo y de un país*, Pío Moa, Ediciones de la Torre, Madrid, 1982.

—Sí, quizá más, porque la actitud de estos terroristas es más propia de las fieras que de los seres humanos.

—¿Y quién está detrás de estas acciones? ¿Usted cree que es la violencia por la violencia?

—No creo que sea la violencia por la violencia. Hay muchos intereses encontrados. Es una ola de terrorismo que afecta al universo. Para sus instintos asesinos se amparan en pretextos de orden público. Pero tampoco creo que los ejecutores de estos actos se muevan por cuestiones ideológicas.

—¿Entonces…?

—Son criminales a sueldo, sencillamente.

—Pero le decía, mi general, ¿quiénes promueven los atentados?

—Bueno, quizá no lo sepamos bien. La procedencia o el origen que mueve a esa mano ejecutora es varia. Efectivamente, de tipo comunista; efectivamente, de tipo masónico; efectivamente, de tipo revolucionario.

El Gobierno no tardó en complacer a los guardianes de las esencias del régimen, que le exigían más mano dura. El 22 de agosto el Consejo de Ministros celebrado en el Pazo de Meirás aprobó el Decreto Ley sobre Prevención del Terrorismo que el presidente Arias Navarro había anticipado dos meses antes en las Cortes. El texto tenía una amplia introducción retórica en la que el Ejecutivo alardeaba de los cuarenta años de paz del franquismo:

La larga paz de que viene disfrutando España no podía ser totalmente inmune a la plaga terrorista que padece el mundo. Por el contrario, ese mismo desarrollo pacífico y progresivo que ha caracterizado a la vida española durante cerca de cuarenta años ha concitado la irritación de las organizaciones, grupos o individuos que preconizan la violencia como instrumento de sus propósitos políticos o de sus impulsos antisociales. Y brotes de terrorismo inhumado han aparecido en los últimos tiempos con frecuencia y gravedad suficientes para exigir por parte del gobierno y de la sociedad española una reacción enérgica. El Estado de Derecho debe conformar sus defensas jurídicas a la naturaleza de los ataques que recibe (…). Ningún ciudadano honrado y patriota va a sentirse afectado por la circunstancial disminución de sus garantías constitucionales que los preceptos del presente decreto-ley implican. En cualquier caso, ese pequeño sacrificio está suficientemente compensado por la tranquilidad y seguridad que ha de proporcionar a toda la comunidad nacional el propósito sereno, firme y jurídicamente controlado de no consentir en nuestra Patria la invasión del azote terrorista que hoy amenaza a la paz social en una gran mayoría de países del mundo.

La norma permitía a la policía entrar en domicilios sin necesidad de autorización judicial y prorrogaba de setenta y dos horas a cinco días, ampliables a diez, el periodo de detención policial. Ambas medidas obligaban a suspender los artículos 15 y 18 del Fuero de los Españoles y suponían, de facto, la declaración del estado de excepción que el gobierno ya había aplicado durante tres meses en Guipúzcoa y Vizcaya. El decreto ley también castigaba con dureza a quienes militaran, colaboraran o difundieran las ideas de una organización ilegal, establecía el procedimiento sumarísimo para todas aquellas causas que correspondieran a la jurisdicción militar, e imponía la pena de muerte para los autores del asesinato de agentes de la autoridad y de las Fuerzas Armadas.

El contenido del decreto fue anticipado esa misma noche por el ministro de Información y Turismo, León Herrera Esteban,[38] que hizo un balance del centenar de atentados perpetrados desde principios de año, con un saldo de treinta y una personas asesina-

---

[38] Fue uno de los fundadores de Alianza Popular (AP) en 1976.

das, la mayor parte de ellas agentes del orden, para justificar la decisión. «No se pretende un instrumento de defensa del gobierno frente a sus adversarios políticos —dijo el ministro—, sino la defensa toda entera de la sociedad española frente al terrorismo, que puede dificultar la evolución política del país».

Otra vuelta de tuerca.

8

NUEVAS DETENCIONES

«CAPTURADOS LOS PRESUNTOS ASESINOS
DEL TENIENTE DE LA GUARDIA CIVIL SEÑOR POSE»

Con este titular en versales el diario *ABC* informaba el 2 de septiembre de la detención de tres militantes del FRAP a los que la policía atribuía la autoría del crimen. El periódico reproducía sin más una nota de la Dirección General de Seguridad que daba cuenta de los pormenores de la operación.

Tras activas gestiones, funcionarios del Cuerpo General de Policía consiguieron identificar al comando autor de la muerte del señor Pose Rodríguez y, posteriormente, detener al ejecutor material del hecho, así como a otros dos elementos del FRAP que participaron en el mismo, uno de ellos como responsable del grupo y que fue, además, el que facilitó a la organización los informes que permitieron llevar a cabo el criminal atentado. Dicho comando estaba integrado por José Luis Sánchez-Bravo (a) «Hidalgo», ya detenido como responsable del grupo, convicto y confeso del hecho. Manuel Cañaveras de Gracias (a) «Ramiro», persona que facilitó la escopeta homicida, también convicto y confeso de estos hechos, y Ramón García Sanz (a) «Pito», autor material del crimen, convicto y confeso del mismo. La acción que llevaron a cabo los citados, así como las anteriores perpetradas contra miembros de las Fuerzas Armadas y de Orden Público, es consecuencia de la orden dada por el PCE (m-l) en marzo del corriente año con carácter de urgencia a toda la militancia para que pasase información acerca de guardias civiles, policías armadas, inspectores del Cuerpo General de Policía, militares o jueces para proceder de forma inmediata a la eliminación física de los mismos.[39]

Las actas de declaración de los tres detenidos incorporadas al sumario resultan significativas de cómo las preguntas sustituían a las respuestas, que eran un lacónico «sí» que confirmaba la extensa exposición previa del policía. Los interrogatorios comenzaban siempre así: «PREGUNTADO para que diga si milita en el llamado Frente Revolucionario Antifascista y Patriota (FRAP), organización que en obediencia a la política del intitulado Partido Comunista de España (marxista-leninista), del que es órgano de masas, pretende la mutación por la fuerza de la estructuración social, política y económica del vigente sistema de gobierno legalmente establecido, para lo que consideran imprescindible el uso de la violencia y de la lucha armada, demostrado claramente con los recientes asesinatos cometidos por militantes de dicha organización en las personas de miembros de las Fuerzas de Orden Público (Guardia Civil y Policía Armada) y otros, como quema de edificios y establecimientos, contesta: Que sí».

Todos los detenidos reconocían su participación en los hechos que les imputaba la policía, y en las posteriores declaraciones ante el juez instructor se retractaban.

«Mi hermano José Luis no pudo participar en el atentado porque en esa fecha, el 16 de agosto, estaba en Mazarrón —cuenta

---

[39] Diario *ABC* del 1 de septiembre de 1975.

MADRID, MARTES
2 DE SEPTIEMBRE
DE 1975 · NUM: 21.659
OCHO PESETAS

ABC

DIRECTOR: JOSE LUIS
CEBRIAN BONE
DEPOSITO LEGAL:
M · 13 · 1958 · 104 PAGS.

NOTA OFICIAL DE LA DIRECCION GENERAL DE SEGURIDAD

CAPTURADOS LOS PRESUNTOS ASESINOS DEL TENIENTE DE LA GUARDIA CIVIL SEÑOR POSE

El atentado formaba parte de un plan concebido contra miembros de las fuerzas de orden público, Ejército y judicatura

De izquierda a derecha, Ramón García Sanz (a) "Pito", autor material del brutal asesinato; Manuel Cañaveras de Gracia (a) "Ramiro", que proporcionó la escopeta homicida, y José Luis Sánchez-Bravo Sollas (a) "Hidalgo", responsable del grupo.

La Dirección General de Seguridad nos remite, a través de la Dirección General de Coordinación Informativa, la siguiente nota de Prensa en relación con el asesinato de que fue víctima recientemente el teniente de la Guardia Civil don Antonio Pose Rodríguez:

«El día 16 del pasado mes de agosto fue asesinado, en Madrid, el teniente de la Guardia Civil don Antonio Pose Rodríguez. El crimen fue reivindicado por los llamados «grupos de combate y autodefensa» del F.R.A.P., organización clandestina controlada, dirigida e inspirada por el Partido Comunista de España marxista-leninista.

Tras activas gestiones, funcionarios del Cuerpo General de Policía consiguieron identificar al «comando» autor de la muerte del señor Pose Rodríguez y, posteriormente, detener al ejecutor material del hecho, así como a otros dos elementos del F.R.A.P. que participaron en el mismo, uno de ellos como responsable del grupo y que fue, además, el que facilitó a la organización los informes que permitieron llevar a cabo el criminal atentado.

Dicho «comando» estaba integrado por: José Luis Sánchez-Bravo Sollas (a) «Hidalgo»,

ya detenido como responsable del grupo, convicto y confeso del hecho.

Manuel Cañaveras de Gracia (a) «Ramiro», también detenido como miembro del «comando» de asesinato y persona que proporcionó la escopeta homicida, que ha sido ocu-

MARTIN INMOBILIARIA, S. A.

MARTINSA
Menéndez Pelayo, 83 · Madrid-7

pada. También convicto y confeso de estos hechos.

Ramón García Sanz (a) «Pito», capturado y autor material del crimen, convicto y confeso del mismo.

La acción que llevaron a cabo los citados, así como las anteriores perpetradas contra miembros de las Fuerzas Armadas y de Orden Público, es consecuencia de la orden dada por el Partido Comunista (M-1), en marzo del corriente año y con carácter de urgencia, a toda su militancia para que ésta pasase, orgánicamente, información acerca de guardias civiles, policías armadas, inspectores del Cuerpo General de Policía, militares o jueces para proceder de forma inmediata y la eliminación física de los mismos.

Para ello se comienza a reclutar gente dispuesta a participar en estos crímenes, que se van seleccionando de la Juventud Comunista España (M-1), Oposición Sindical Obrera, F.U.D.E o F.R.A.P., organizaciones todas dependientes del Partido Comunista (M-1). Con ellos se crean unos grupos llamados de «combate» que intentan sembrar el terror y el desconcierto entre las Fuerzas del Orden.

Sin embargo, las investigaciones practicadas y la acción policial subsiguiente han permitido desmantelar dichas organizaciones terroristas mediante la detención de los «cuadros» del partido y del F.R.A.P. y la ocupación de material diverso.

Se instruyen las correspondientes diligencias para su remisión, con los detenidos y efectos incautados, a la autoridad judicial competente, continuándose las gestiones necesarias para la total desarticulación de estos grupos terroristas. Madrid, 1 de septiembre de 1975.»

FRACASO EL GOLPE MILITAR EN ECUADOR
Los generales sublevados se han rendido a las tropas leales

Quito, 1. (Efe.; Los generales rebeldes Raúl González Proano y Juan Araújo Proano, que encabezaron esta madrugada un golpe contra el Gobierno militar del general Guillermo Rodríguez Lara, se han rendido en el interior del teatro Pichincha, muy próximo al palacio nacional, informó una emisora local, indicando que la noticia ha sido confirmada.

De un momento a otro se espera la llegada a Quito del presidente Rodríguez Lara, procedente de Riobamba, 190 kilómetros al sur de Quito, en donde se hizo fuerte al frente de la brigada de tanques «Galápagos».

(MAS INFORMACION EN PAG. 79 DE ULTIMA HORA)

Detención de los tres primeros acusados del asesinato del teniente de la Guardia Civil Antonio Pose.

Victoria Sánchez-Bravo—.Vino con Silvia desde Madrid y pasaron una noche en una casa vacía que yo tenía en la calle Isabel la Católica de Murcia. Al día siguiente los acompañé en taxi hasta Mazarrón, donde iban a pasar unos días de vacaciones. Algún día iba a verlos y les llevaba una fiambrera con comida, hasta que un día desaparecieron. José Luis me dijo por teléfono que habían apresado a varios compañeros y que tenía que volver a Madrid. Fechas después me llamó Silvia para decirme que lo habían detenido y que ella tenía que escapar». El sumario recoge, por el contrario, que la pareja estuvo en Mazarrón la semana del 25 al 31 de julio, y así

José Luis Sánchez-Bravo en una fotografía tomada en el verano de 1975 en Mazarrón, días antes de ser detenido por la policía.

se lo ha ratificado al autor Silvia Carretero. De aquellos días queda como testimonio una fotografía de José Luis en bañador, con gesto preocupado, apoyado en una roca. Una de sus últimas imágenes antes de ser detenido por la policía.

Días después la Dirección General de Seguridad informaba de la detención de otros treinta y seis activistas del FRAP, e implicaba a dos de ellos, María Jesús Dasca Penelas, *Yunka*, y Concepción Tristán López, *Sonia*, ambas de veinte años, en el asesinato del teniente Pose. Según el relato policial, Sánchez-Bravo había informado a Sonia del plan y esta se lo había trasladado a su compañera para que recabara la autorización del partido.

Concepción Tristán había dejado hacía solo unos días su trabajo de enfermera en el Instituto de Ciencias Neurológicas, por temor a ser detenida, y desde entonces vivía de manera precaria con el dinero que le quedaba de su último sueldo y dos mil pesetas que le dio su padre. Su militancia en la organización se remontaba a hacía algo menos de un año. Entonces trabajaba en el Hospital Clínico y un compañero que hacía prácticas la captó para el partido. «Me detuvieron en la calle a las siete de la tarde del día 25. Me obligaron a subir a un coche y me llevaron directamente a la DGS.[40] Me pasaron a una habitación y entre seis o siete me golpeaban en la espalda, en el cuello, la cara, los oídos (…), me hacían andar en cuclillas, me tumbaron en el suelo y con un palo me golpeaban en la planta de los pies. Durante toda aquella noche se turnaron para pegarme y al amanecer me dejaron descansar allí mismo. Durante cinco días me torturaron casi de continuo. En una ocasión, Billy el Niño se puso como loco a golpearme con las manos, los pies, las rodillas, y un social tuvo que sujetarlo y calmarlo porque me iba a matar (…). Estuve una semana sin poder andar y los mismos guar-

---

[40] Su testimonio ha sido tomado del libro *Testimonio de lucha y resistencia*, de Eva Forest, Ediciones Mugalde, Hendaya, 1977.

dias tenían que llevarme en brazos al cuarto de baño. Al sexto día de estar en la DGS vino por primera vez el juez militar, a quien hice constar las torturas. Luego, ya en Yeserías, estuve nueve días incomunicada».

Por su parte, Dasca Penelas había llegado a Madrid desde Valencia en mayo de 1974, acompañada de su novio, Miguel Morán Melis, también militante del FRAP. La pareja vivía en una buhardilla alquilada en la calle San Hermenegildo gracias a la ayuda económica del partido y a las aproximadamente cinco mil pesetas mensuales que ella ganaba cuidando niños. «Me detuvieron en el centro de Madrid, poco antes de irme a descansar a Benidorm. Llevaba tres años de militancia y necesitaba un respiro».[41] En el registro de la vivienda la policía encontró una carta manuscrita de Sánchez-Bravo en la que describía la precaria situación de la organización en Madrid, que ella debía hacer llegar a la dirección. «La situación es crítica en lo organizativo —decía la misiva—. Gente desmoralizada a bastantes niveles. Hay que dar respuestas de masas inmediatas o tirar 500.000 octavillas explicando la situación general y las alternativas del F. [se refiere al FRAP]. Hay que crear una dirección y hacerla funcionar o nos quedaremos cuatro y sin implantación en las masas. Hay que hacer limpieza y control a todos los niveles, colocando la gente más idónea (...). Ahora bien, el problema fundamental ahora es el desarrollar una amplia campaña de agitación mediante propaganda en Madrid y montar la dirección rápida. LAS MASAS NO PUEDEN ESPERAR».

El documento aludía al final al atentado contra el teniente Pose.

«El "C" [se refiere a camarada] Ramiro [Manuel Cañaveras, a quien la policía acusaba de haber facilitado la escopeta utilizada en el crimen] está acojonado por lo del comando. Actualmente con-

---

[41] *Revista Public*, septiembre de 2000, declaraciones a la periodista Anna F. Raichs.

tamos con dos "ces" [camaradas] buenos para esto: Pito [Ramón García Sanz] y Manolo [Fernando Proenza] que viene el día 25. La "ce" Andrea [Silvia Carretero, su mujer] y yo nos hemos cambiado dos veces de casa por los problemas que puede haber y estamos sin "gorda" (…). El "ce" Pito tiene que dejar el trabajo por problemas de seguridad y tampoco anda bien de dinero. El piso donde está tiene un aparato [el de propaganda], el rifle y cartuchos. Había que pasar el aparato a otro piso y buscar otro para el "ce", ya que este no es seguro». Y concluía con una petición de ayuda urgente: «No hay dinero. Intentaremos hacer algo para sacarlo. Pasar ayuda todo tipo».

Finalmente, el 5 de septiembre la policía detuvo en el número 39 de la calle Leñeros a José Fonfría, de veintinueve años, profesor en un instituto de Colmenar Viejo, a quien varios de los ya detenidos habían identificado en sus declaraciones. «Me detuvieron al regresar a Madrid después de estar varios días escondido con mi mujer y mi hija, que entonces tenía solo un mes, en una casa que teníamos en el pueblo —relata Fonfría—.[42] Me llevaron a la DGS y me tuvieron esposado a un radiador hasta el día siguiente, que empezaron a interrogarme. Les dije que no sabía nada, pero estaban al tanto de todo y terminé contando lo ocurrido».

Fonfría se había incorporado a la FUDE en 1970, cuando cursaba el último año de Biología. Después se afilió al PCE (m-l) y participó en la organización de la Junta de Profesores de Universidad y Enseñanza Media con simpatizantes del partido. El proyecto tuvo poco éxito y solo consiguió medio centenar de militantes. «Tras las detenciones múltiples de 1973 perdí el contacto con el partido hasta mayo o junio de 1975, cuando un compañero de la facultad me puso en contacto con Manuel Cañaveras, que me en-

---

[42] Todas las manifestaciones de José Fonfría, salvo que se especifique lo contrario, han sido recogidas por el autor en entrevistas personales.

cargó que retomara la labor que había desempeñado antes —continúa su relato—. El 15 de agosto me puso una cita para participar al día siguiente en lo que dijo iba a ser una "acción especial", sin especificarme nada más. Cuando nos vimos le acompañaba Fernando Proenza y, algo apartado, estaba José Luis Sánchez-Bravo, a los que entonces no conocía. Cañaveras nos encargó a Proenza y a mí que robáramos un coche, pese a que ni él ni yo lo habíamos hecho nunca. Después de muchas vueltas encontramos uno que tenía las llaves puestas, pero no nos atrevimos a llevárnoslo y acudimos a la cita posterior en Moncloa con las manos vacías. Nos dijo que no importaba y me pidió que los acompañara. Cuando estábamos en Batán me comentó que la acción especial de que me había hablado consistía en matar a un guardia civil. Fue un impacto enorme. No supe qué hacer. Me pidieron que me situara junto al quiosco que había en la calle Villavaliente esquina con Villasandino, que comprara un periódico y les avisara agitándolo si aparecía algún coche de la policía. Compré el diario, pero en lugar de quedarme allí continué andando. Fue entonces cuando escuché un disparo. Cogí el metro y me fui a casa de mi suegra a comer. Allí me enteré de lo ocurrido por la televisión y decidí marcharme de Madrid con mi mujer y mi hija como medida de precaución. Cuando volvimos al cabo de unos días fui detenido».

Solo Fernando Proenza, *Manolo*,[43] consiguió eludir el cerco policial gracias a que tras el atentado se marchó de Madrid y no regresó.

---

[43] Fernando Proenza declinó hablar con el autor. Fue procesado por el asesinato del teniente Antonio Pose en marzo de 1976, pero no llegó a ser juzgado.

9

DEPRISA, DEPRISA

Silvia Carretero esperaba cada día con angustia la hora de encender el televisor para ver el telediario, con el temor, casi certeza, de confirmar el presentimiento que la acompañaba de que su marido, José Luis Sánchez-Bravo, había sido detenido la tarde del 28 de agosto, cuando salió de casa para acudir a una cita de seguridad de la que no regresó. «Del primer domicilio en Batán nos habíamos mudado a otra casa en la plaza de Arteijo —dice Silvia Carretero, su mujer—. El día que asesinaron al teniente de la Guardia Civil pasamos la mañana juntos. Comimos pronto y él se marchó a una cita del partido. Le dije que no fuera, pero me contestó que no podía faltar. Al rato me marché a El Corte Inglés de la calle Goya y allí me enteré del crimen por una dependienta que lo había presenciado. José Luis ya no volvió a casa esa noche y decidí marcharme a la mañana siguiente. Recurrí al abogado Eduardo Carvajal [que había defendido a miembros del FRAP] y alguien que no recuerdo me consiguió una casa para esconderme, en la que vivía un matrimonio con un niño pequeño, que me presentó a los vecinos como una prima que estaba pasando unos días con ellos».

La cortinilla musical del telediario dio paso a las fotografías de tres jóvenes de aspecto malvado y una voz en *off* que les acusaba de ser los asesinos del teniente de la Guardia Civil Antonio Pose.

Le costó reconocer a José Luis. Estaba despeinado, tenía barba de varios días y los ojos parecían perdidos en un punto situado por encima de él, como si mirase al techo. Asesinos. La palabra le golpeó como un martillo. El aturdimiento al conocer la detención de su marido dio paso a la apremiante necesidad de huir de Madrid. Se despidió de sus anfitriones con la premura que imponen los acontecimientos inesperados y compró un billete de autobús a Badajoz, parada de su fuga.

«Uno de mis tíos era policía y le había escuchado en muchas ocasiones que por Valencia de Mombuey, un pueblo de la provincia de Badajoz próximo a la frontera, había mucho contrabando de café con Portugal y decidí escapar por ahí», continúa su relato Silvia Carretero. El viaje hasta la localidad extremeña transcurrió sin sobresaltos, con el pensamiento dando tumbos entre los recuerdos y el miedo a lo que pudiera ocurrirle a su marido. Al llegar a su destino adquirió otro billete a Valencia de Mombuey, desde donde calculaba debía andar nueve kilómetros hasta Amareleja, el municipio portugués más próximo, que pensaba recorrer en algo menos de tres horas si no se perdía. «De joven había salido bastante al monte y pensé que podía atravesar, campo a través, la frontera portuguesa así que preparé toda clase de documentos, un plano, una mochila y hasta una brújula, y lo intenté». Tras más de dos horas de marcha, desorientada y al borde del desánimo, escuchó el «¡alto!» vigoroso de una pareja de la Guardia Civil de servicio en la zona. El que llevaba la voz cantante caminaba por delante de su compañero, unos pasos a su espalda con el fusil empuñado con las dos manos, por si fuera necesario hacer frente a algún peligro. Casi sin que diera tiempo a que le preguntaran empezó a explicar a sus sorprendidos interlocutores que se había perdido, pero sus palabras sonaban nerviosas y sus explicaciones nada creíbles, o al menos no lo suficiente.

«Debía de llevar unas veinte mil pesetas y les dije lo primero que se me ocurrió, que iba a comprar jerséis a Portugal, pero no me creyeron —sigue Silvia—. En ese momento pasaba un carro con unos campesinos y me dijeron que me montara con ellos delante. Llevaba un papel con los contactos que me había dado el FRAP para que me pusiera en contacto con ellos cuando llegara a mi destino, que empecé a romper en cachitos muy pequeños que tiraba sin que los guardias civiles se dieran cuenta. Quienes sí se percataron fueron los campesinos, que no dijeron nada. Me llevaron al cuartelillo, donde las mujeres de los agentes me hicieron desnudarme del todo para registrarme y pasé la noche en el calabozo. Al día siguiente me trasladaron en coche hasta la Comandancia de Badajoz. Allí me quitaron la documentación y me dijeron que no estaba detenida, sino retenida, y podía moverme con libertad por el cuartel mientras se aclaraba mi situación. Dando vueltas localicé una puerta que no era el acceso principal, y aproveché para salir justo cuando entraba un sacerdote. Busqué un taxista y le pregunté cuándo me cobraba por llevarme a Madrid, que necesitaba ir de manera urgente porque mi padre se estaba muriendo. Cuando llegábamos a Mérida nos cruzamos con un *jeep* de la Guardia Civil, que se dio la vuelta y nos detuvo».

De vuelta a la comandancia, el trato no fue ya tan indulgente como lo había sido unas horas antes. La fuga equivalía a una declaración inculpatoria. Ocultaba algo y había que averiguar de qué se trataba. «Me colocaron palillos entre los dedos y me apretaban las esposas todo lo que podían —continúa su relato—. Me pusieron una soga al cuello y tiraban de ella cuando les decía que no tenía nada que decir. Gritaban que sabían que estaba embarazada porque tenía las tetas muy gordas, pero que les importaba tres cojones que abortara y que me iban a traer al perro. Yo no sabía a qué se referían y no lo supe hasta que me lo explicó Genoveva Forest[44] en la

---

[44] Estaba encarcelada acusada de haber participado en el atentado de la calle del Correo de Madrid, el 13 de septiembre de 1974, perpetrado por ETA.

cárcel [se trataba de una tortura que habían aplicado los nazis durante la Segunda Guerra Mundial, en la que la prisionera era violada por un perro]. Me enseñaban fotografías y yo decía que no conocía a ninguna de aquellas personas, pero después de tres días sin dormir confesé que era la mujer de José Luis Sánchez-Bravo».

«Cuando me trasladaron a la Dirección General de Seguridad (DGS) me recibió Billy el Niño, que era uno de los policías que merodeaban por la Facultad de Ciencias Políticas en la que estudiaba —sigue Silvia—. Le recordaba perfectamente porque en una huelga de profesores que apoyábamos entró un día en el bar de la facultad y delante de mí le puso una pistola en la sien a Paco Lobatón, uno de mis compañeros. Me decía que para ser del FRAP era muy mona, y que si prefería hablar con otra persona llamaba a mi primo, que era también de "la social", pero que mejor no porque me iba a dar de hostias».

Las visitas a las dependencias policiales del instructor del sumario, el teniente coronel Agustín Puebla Fernández, y de su secretario, el capitán José Pérez de Bethencourt, para tomarle declaración eran como regalos, pausas en las que solo tenía que soportar gestos adustos y palabras intimidatorias de aquellos hombres uniformados con aire de superioridad y desprecio, a los que parecía incomodarles perder el tiempo con ella. Un trámite del que sabían que iban a obtener mucha menos información que los hábiles agentes de «la social», a los que la falta de escrúpulos convertía en expertos inquisidores.

En una de aquellas inesperadas visitas, los militares ordenaron su traslado a la calle Villavaliente, en la que había sido asesinado el teniente Pose. Tras días de total oscuridad, la luz de la calle le pareció un regalo y la brisa una caricia. Encajonada entre dos policías en el asiento trasero de un vehículo oficial, la proximidad al lugar de los hechos le retrotrajo a aquel día de finales de julio en que José Luis la acompañó hasta el ambulatorio de la Seguridad Social en el que había conseguido trabajo como auxiliar administrativa. Cogieron el metro hasta la estación de Batán y caminaron charlando hasta su vivienda de la calle Cebreros. El Parque de Atracciones se ofrecía, a escasa distancia, como reclamo de una tarde sin obligaciones. Cuando salían del paso subterráneo que sorteaba la carretera de Extremadura, vieron a aquel guardia civil sin nombre apearse de su coche.

La diligencia de inspección ocular incorporada al sumario recoge el siguiente testimonio: «Pasábamos por la calle Villavaliente cuando iba al trabajo. En una de estas ocasiones, sobre finales de julio, mi marido volvió la cabeza hacia atrás y yo también para ver a quién miraba o a dónde, creyendo que lo hizo a un guardia civil, pero no mantuve más tiempo la mirada hacia atrás y no me enteré de dónde entraba». En su segunda declaración ante la policía, el 13 de septiembre, Silvia declaró que el día en que el guardia civil fue asesinado se levantó hacia las once de la mañana y se puso a leer un rato. «Salí a la calle después de comer, sobre las dos de la tarde, y tomé café en la cafetería Zulia, en la calle Altamirano esquina con Princesa. Estuve un cuarto de hora y de aquí me fui a la cafetería de enfrente, creo que se llama Yago, y me puse a leer en su terraza hasta las cuatro de la tarde, que me fui a El Corte Inglés de Goya. Aquí fue donde oí a una dependienta lo del accidente de un policía en el paseo de Extremadura. Me marché a casa y no salí a la calle al día siguiente».

Esa misma tarde, el juez instructor se trasladó a la prisión de Carabanchel para tomar declaración a José Luis Sánchez-Bravo, que sostenía que el día del atentado había estado con su mujer en el cine. «Esa mañana, después de levantarnos sobre las doce, limpiamos el piso, bajé a la compra, y sobre la una y media comimos juntos. A las dos y media salí de casa y me fui directamente a Vallecas utilizando el autobús P-28 hasta Cuatro Caminos, y de allí el metro hasta Atocha, donde estuve con una mujer llamada creo que "Huertas" u "Hortas", según dije en mi anterior declaración. Me vine con ella andando hasta Atocha, y desde allí me fui con mi mujer al cine, creo que al Cristal, que está al lado del mercado de Maravillas. Vimos una película ya empezada y otra completa, pero no recuerdo los títulos, aunque creo que una se titulaba *Posesión*, que trata de un hombre poseído por el diablo que termina muriendo y entonces un amigo se ve poseído por él. No recuerdo nada más porque a este tipo de cines voy para matar el tiempo y no pongo mucha atención. Salimos bastante tarde y nos fuimos a casa a cenar».[45]

José Luis desconocía que su mujer estaba detenida y que la declaración que había prestado esa mañana contradecía su coartada. Tampoco sabía que el juez había recibido de la Delegación Provincial de Madrid del Ministerio de Información y Turismo la autorización concedida al cine Cristal para la proyección entre el 11 y el 17 de agosto de un programa doble autorizado para todos los públicos de las películas *Trinidad y Santana, dos angelitos* y *También los ángeles comen judías*.

---

[45] La declaración figura incorporada al sumario.

10

PCE Y PSOE SE NIEGAN A DEFENDER A LOS DETENIDOS

Al abogado Luis Cavanna Arlegui el caso le superaba. Tenía cincuenta y cuatro años de edad y más de treinta de experiencia en la profesión, pero nunca hasta ese momento se había enfrentado a ningún procedimiento como el que ahora había asumido por compromiso más que por convicción, la defensa de Pablo Mayoral Rueda, el joven cuya fotografía reproducían con profusión los medios de comunicación como uno de los asesinos del policía armada Lucio Rodríguez el 14 de julio. «El partido no tenía letrados ni medios —dice Mayoral— y el primero que vino a verme fue el jefe de mi hermano, Luis Cavanna, que tenía una gestoría y ninguna experiencia para llevar un caso como este».

Las gestiones las había realizado su padre, Vicente Mayoral Vaca, que el 26 de julio se había dirigido al juez instructor para que aceptara el nombramiento del letrado. En su escrito relataba que su hijo había sido detenido el día 15 y que desde entonces se encontraba incomunicado en la cárcel de Carabanchel.

SUPLICO le sea concedido este derecho a fin de que pueda nombrar para su defensa al letrado de Madrid don Luis Cavanna Arlegui, domiciliado en Madrid, Plaza de Celenque nº 1, y para su representación se oficie al Ilustre Colegio de Procuradores de esta capital para que este le sea nombrado de oficio, y en prueba de aceptación firma conmigo el presente escrito el letrado anteriormente citado.

Tras las primeras entrevistas en la cárcel de Carabanchel, Cavanna pidió consejo a su colega Gregorio Peces-Barba, que ya llevaba mucho camino andado en la lucha antifranquista. En 1969 había sido desterrado durante unos meses a la localidad de Santa María del Campo por sus actividades políticas, pero aquel confinamiento forzoso en un pueblo de apenas 2.500 habitantes no sirvió para que el joven letrado y profesor de treinta y un años renunciara a su compromiso democrático. Para entonces militaba en el PSOE clandestino, había ejercido como abogado defensor en numerosos procesos ante el Tribunal de Orden Público (TOP) y meses después de que acabara su confinamiento se hizo cargo de la defensa del etarra Bittor Arana en el Proceso de Burgos. Nadie mejor que él para aconsejarle y, llegado el caso, sustituirlo en la defensa de Pablo Mayoral.

Cavanna no contó con que tanto el PSOE como el PCE asistían con preocupación al activismo armado del FRAP, que temían que facilitara la involución del régimen y pusiera en peligro el tránsito a la democracia. Ambos partidos habían dado instrucciones a sus letrados para que no asumieran la representación de los detenidos de dicha organización, aunque algunos de ellos se habían mostrado dispuestos a hacerlo. El 22 de agosto, Peces-Barba escribió una carta a su interlocutor en la que descartaba responsabilizarse del proceso y le hacía algunas sugerencias.

Querido Luis:

Ya sabes que solamente por dos razones he aceptado dar mi opinión y exponerte mi punto de vista en el asunto de tu cliente Vicente Mayoral Vaca [se refiere al padre de Pablo Mayoral]. En primer lugar, por el afecto y la vieja amistad que tengo contigo y, en segundo lugar, por el hecho de que la petición de pena de muerte que contra él se concreta. Esto no excluye, y tú lo sabes, mi profunda discrepancia humana y política con el contenido y los planteamientos de este muchacho.

El alcance de este suceso y de otros posteriores va a ser mucho más grave de lo que esperamos, y va a ser el pretexto de los sectores inmovilistas del sistema para tomarse un respiro enmudeciendo a toda la oposición. Por esta razón, y porque además estoy ahora metido, como sabes, en un proyecto para mí muy importante desde el punto de vista universitario, que es la redacción en equipo de una Historia de los Derechos Humanos, no quise aceptar directamente la defensa.

Creo que debe quedar perfectamente claro que yo estoy dispuesto a aconsejarte y ayudarte con mis pequeños conocimientos para evitar algo que para mí es injusto y por otro lado no resuelve nada; me refiero a la pena de muerte. Pero yo no puedo sustituirte en tu responsabilidad de defender, que esa es exclusivamente tuya, que exige que tú tomes una serie de decisiones sobre el planteamiento de las pruebas y, en definitiva, de la defensa. Queda pues bien claro que la responsabilidad la debes aceptar, y ante lo inminente del asunto entiendo que es muy importante que tengas el suficiente número de entrevistas con tu cliente para poder aclarar una serie de puntos que a mi juicio están confusos.

Me he leído con todo detenimiento el sumario y la lectura del mismo da una visión de los hechos desgraciadamente mucho más desfavorable para el Sr. Mayoral que la impresión que tú me habías dado. En efecto, ha prestado varias declaraciones ante la policía y ante el Juzgado Militar, en todas ellas ha reconocido su participación en la muerte del policía Sr. Rodríguez Martín. Es cierto que él no disparó ni intervino en el acto concreto de la muerte, y creo que esa es vuestra única vía para poder evitar la pena de muerte. Es decir, considerarlo como cómplice y no como coautor. En este sentido os beneficia la calificación del fiscal jurídico militar, que considera como autor material y tipifica su conducta en el nº 1 del artículo 196 del Código

Penal. Mientras que a Blanco Chivite y Vladimiro Fernández Tovar los considera como autores por inducción y cooperación de los números 2 y 3 del artículo 196. Creo que esto es un error del Fiscal, puesto que existen en el caso suficientes elementos de juicio para considerar a Pablo Mayoral como autor por inducción.

En efecto, parece probado que, del Comité de Madrid, él y Blanco Chivite fueron los que discutieron los pormenores del hecho concreto, y que incluso lo fue como delegado de dicho Comité para asegurar la realización de la acción que habían preparado. Él es quien entrega a Fernández Tovar una pistola y una bomba de mano, y, cuando en el sitio que tenían preparado para iniciar la misión Fernández Tovar no acudió, él es el que insta a los demás a ponerse en marcha sin la presencia de Fernández Tovar. Fernández Tovar, responsable del grupo, dice que para esa misión concreta era responsable esencialmente Mayoral Rueda. Si con todos esos elementos el Fiscal no lo ha calificado como coautor, creo que tienes la posibilidad de evitar la tipificación de autor material que se da.

Debes de todas maneras de ser consciente de que esa calificación puede modificarse y que le puede convertir en autor por inducción. Toda vuestra defensa tiene que estar, a mi juicio, basada en no negar los hechos, porque sería una defensa en el aire sin ningún resultado positivo, sino intentar afirmar que no ha tenido parte directa en la ejecución del hecho (n° 1 del art. 196), sino que ha cooperado con otras simultáneas y anteriores a las acciones constitutivas del delito (art. 198).

En este sumario la decisión de los medios para llevar a buen fin tal sumario tiene que ser <u>exclusivamente tuya</u>. Yo no quiero cargar sobre mi conciencia ningún tipo de responsabilidad si este enfoque no resultara correcto y se impusiera la pena de muerte. Eso exige que asumas directamente la responsabilidad de este escrito de calificación. Mi consejo para el mismo es que en el n° 1.° del escrito no hagas una narración positiva de los hechos, sino que digas que estás disconforme con el relato fáctico realizado por el fiscal jurídico militar y que realizarás el relato fáctico de lo sucedido una vez practicadas las pruebas en plenario.

Los restantes números de la calificación deben ir en el mismo sentido, es decir, que por el momento no son constitutivos de delito y que te reservas su calificación en el escrito de defensa. Lo mismo respecto a la autoría y lo mismo respecto a las circunstancias agravantes, lo mismo respecto a las penas y lo mismo respecto a la responsabilidad civil.

El problema importante, a mi juicio, aquí es el del planteamiento de las pruebas. Por supuesto que debes citar como testigos a la señora que vio el hecho desde el balcón y a la enfermera que estaba a pocos metros del policía fallecido; esto para el Consejo de Guerra. Para el plenario entiendo que debes pedir una nueva declaración de tu cliente que intente aclarar los puntos oscuros y que pueda llevar a la convicción del Consejo de que se trata de un cómplice y no de un coautor. Como existen muchas contradicciones con los restantes procesados creo que un careo podría ser interesante, pero por otro lado puede ser también extremadamente peligroso porque si los demás persisten en sus afirmaciones respecto a tu cliente podrían hundir más que salvar. Es, pues, una decisión que tienes que tomar tú y exclusivamente tú. También se me ocurre que el reconocimiento que figura en el sumario de unos respecto de otros por medio de fotografías debe reproducirse en el plenario en la forma establecido en el Código, es decir, mediante rueda.

No se me ocurre ningún otro elemento que pueda ser útil en este momento.

Te repito que mi impresión tras la lectura del sumario es mucho más pesimista que anteriormente. Y sabes también que Enrique Gimbernat dará su opinión desde el punto de vista penal en el momento en que tengas que redactar el escrito de defensa. Y esto es todo lo que yo puedo hacer, como consejo a ti en este asunto. No te puedo sustituir en responsabilidades que son exclusivamente del defensor y que este tiene que asumir inexorablemente; salvo que por

Doctor Gregorio Peces-Barba Martínez
ABOGADO
PROFESOR DE LA UNIVERSIDAD

Conde de Xiquena, 13
419 17 62
TELEFS. 419 19 65
419 16 32
Madrid

Madrid, 22 de Agosto de 1.975.

SR. DON
LUIS CAVANA
A b o g a d o
Plaza del Calenque, nº 1
M A D R I D .-

Querido Luis:

        Ya sabes que solamente por dos razones he aceptado dar
mi opinión y exponerte mi punto de vista en el asunto de tu ——
cliente Vicente Mayoral Vaca.

        En primer lugar por el afecto y la vieja amistad que
tengo contigo y en segundo lugar por el hecho de la petición de
pena de muerte que contra él se concreta.

        Esto no excluye, y tú lo sabes, mi profunda discrepan
cia humana y política con el contenido y los planteamientos de
este muchacho.

        El alcance de este suceso y de otros posteriores va a
ser mucho más grave de lo que esperamos y va a ser el pretexto/
de los sectores inmovilistas del sistema para tomarse un respiro enmudeciendo a toda la oposición.

        Por esta razón y porque además estoy ahora metido, co-
mo sabes, en un proyecto para mi muy importante desde el punto -
de vista universitario que es la redacción en equipo de una His
toria de los Derecho Humanos, no quise aceptar directamente la -
defensa.

        Creo que debe quedar perfectamente claro que yo estoy
dispuesto a aconsejarte y ayudarte con mis pequeños conocimientos para evitar algo que para mi es injusto y por otro lado que
no resuelve nada; me refiero a la pena de muerte. Pero yo no puedo sustituirte en la responsabilidad de defender, que esa es exclusivamente tuya y que exige que tú tomes una serie de decisiones sobre el planteamiento de las pruebas y en definitiva de la
defensa. Queda pues bien claro que la responsabilidad la debes -
aceptar y ante lo inminente del asunto entiendo que es muy impor
tante que tengas el suficiente número de entrevistas con tu clien
te para poder aclarar una serie de puntos que a mi juicio están
confusos.

                                                        .../...

*Carta que Gregorio Peces-Barba remitió al abogado y amigo Luis Cavanna en la que
le explica las razones por las que no aceptó la defensa de Pablo Mayoral.*

las razones que fueran no quisieras asumirlas, como la defensa es voluntaria tienes la posibilidad de renunciar. Pero comprende que esa responsabilidad no me la puedes transmitir a mí, que no soy defensor en el asunto.

Quedando a tu disposición y deseándote el mayor acierto en tu gestión de defender, recibe un abrazo de tu amigo.

La misiva convenció a Cavanna de que aquel sumario no estaba hecho para él. En un escrito remitido el día 27 de agosto al juez instructor decía lo siguiente: «Por el presente RENUNCIO a la defensa que en su día me fue encomendada». Esa misma jornada, José Mariano Benítez de Lugo se hizo cargo de ella.

«En el colectivo de abogados progresistas había ciertas reticencias a defender a los presos del FRAP. El PCE se negaba en redondo y el PSOE era entonces prácticamente inexistente —recuerda Benítez de Lugo—.[46] Mayoral tenía abogado, pero se debió de asustar de la trascendencia del caso y a través de otro compañero me propuso hacerme cargo de la defensa. Hablé con sus padres y les dije que estaba en contra de los asesinatos de policías, pero que me repugnaba la pena de muerte e iba a intentar salvar la vida a su hijo».

Las normas procesales militares exigían que el letrado titular dispusiera de un codefensor suplente y un tercero, militar de oficio, designado por el Ejército. Benítez de Lugo eligió a Rafael Burgos, un amigo con el que coincidía a menudo en los pasillos del TOP. «Visité a Pablo en prisión y le dije que quería saber la verdad —continúa su relato—. Me dijo que él no había disparado, pero que había cubierto a quien lo hizo armado con una navaja. Nunca me

---

[46] Todas las manifestaciones de José Mariano Benítez de Lugo, salvo que se especifique lo contrario, han sido recogidas por el autor en entrevistas personales.

dijo quién disparó. Mi situación era muy complicada, porque no podía desmarcarme del resto de abogados para mantener la unidad de defensa, pero mi estrategia se sostenía en que mi defendido había tenido una participación menor».

Benítez de Lugo compartía en ese momento despacho con su hermano, que recibió con sorpresa y un malestar indisimulado que hubiese aceptado la defensa de un militante del FRAP. «Me dijo que él no podía compartir despacho con alguien que defendía terroristas. Fue muy duro. Mi familia era de clase media alta y no vio con buenos ojos mi decisión; tampoco mi familia política. Solo mi mujer me apoyó. Mi objetivo no era otro que salvar la vida de una persona».

La familia de Fernando Sierra, otro de los acusados, recurrió también al despacho de Gregorio Peces-Barba para que se hiciera cargo de la defensa, que igualmente declinó. «Se dirigieron a nosotros enviados por Peces-Barba —relata José Folguera, el joven letrado del despacho de Francisca Sauquillo que asumió finalmente la misma—.[47] Desde hacía unos años existía en Madrid una red informal de abogados que nos repartíamos la representación de los opositores que eran juzgados por el TOP. Los despachos del PCE eran los mejor organizados, y después estaban los de la Organización Revolucionaria de Trabajadores (ORT), como el de Paca Sauquillo. Como no teníamos experiencia en consejos de guerra políticos hablamos con Miguel Castells y Juan María Bandrés, abogados vascos que ya habían intervenido en este tipo de procedimientos. Cuando bajaban a Madrid nos veíamos en el restaurante de un hotel de la calle Alcalá, semiesquina con Castelló, y allí nos explicaban la manera de actuar».

---

[47] Entrevista con el autor.

Elisa Veiga, letrada también del despacho de Sauquillo, recuerda que el padre de Vladimiro Fernández Tovar acudió también a ellos. «Fui a la cárcel de Carabanchel a entrevistarme con él y el encuentro fue muy duro. Me preguntó de manera deshabrida que dónde estaban los abogados del partido, cuando el FRAP no tenía letrados, si acaso algún simpatizante». Finalmente fue Castells quien asumió su defensa. Eduardo Carvajal se hizo cargo de la de Manuel Blanco Chivite, y Javier Baselga Elorz de la de Xosé Humberto Baena. Paradojas del destino, Baselga estaba casado con una hermana de Manuel Fraga Iribarne, en ese momento embajador de España en Londres.

11

CUENTA ATRÁS

Diez días. Ese era el plazo de que disponían los abogados para preparar la defensa desde que el juez dio por finalizada la investigación del asesinato del policía Lucio Rodríguez y les facilitó una copia del sumario, que hasta ese momento se había instruido en secreto con la exclusiva participación de la policía y el fiscal jurídico militar. Doscientas diecisiete páginas entre declaraciones, providencias, informes y autos que el fiscal del caso resumía en los tres escuetos folios de su escrito de acusación, en el que pedía cinco penas de muerte por el delito de «insulto por agresión a la fuerza armada», con las agravantes de alevosía, premeditación y haber sido ejecutado por más de dos personas. Como una broma macabra, para tres de los acusados solicitaba, además, cinco meses de arresto mayor por el robo del coche en el que se dieron a la fuga.

El documento tenía fecha de 13 de agosto y reproducía en su literalidad el relato policial, según el cual Manuel Blanco Chivite era el encargado de la formación de los grupos de combate del FRAP en Madrid, para uno de los cuales había reclutado a Pablo Mayoral, Xosé Humberto Baena, Fernando Sierra y Vladimiro Fernández como responsable. Este había entregado a Baena un revólver marca Cadix del calibre 22 largo, con el número de serie borrado y nueve balas en la recámara, y había convocado al comando a las cinco y media de la tarde del 14 de julio frente al Hospital Militar Gómez Ulla para robar el coche que utilizarían en el atentado. Sin embargo, Vladimiro no acudió a la cita y fue Mayoral quien asumió el mando. El escrito del fiscal incorporado al sumario dice literalmente:

> El Pablo Mayoral, el Baena y el Sierra Marco decidieron actuar ellos solos, y al no encontrar un coche de fácil sustracción por el barrio de Carabanchel se trasladaron en autobús al barrio de La Estrella, donde en la calle Pez Volador vieron un coche Seat 127 de color azul marino, matrícula M-0128-S, que tenía puesta la llave del contacto, apoderándose del mismo (…). Tras dar varias vueltas por diferentes calles para cerciorarse de no ser seguidos comenzaron a buscar un policía armada que estuviera de servicio ante algún edificio oficial o mercantil y que reuniera buenas condiciones para el asesinato y posterior huida, y al pasar frente al número 4 de la calle de Alenza vieron al policía armada D. Lucio Rodríguez Martín, decidiendo asesinarlo.

El fiscal del caso, como antes los agentes de «la social», consideraba acreditado que Xosé Humberto Baena y Pablo Mayoral eran los dos acusados que habían descendido del coche:

> (…) el primero con el revólver citado y el segundo con una navaja automática para proteger a Baena y, si era preciso, para emplearla contra el policía. El Baena accionó el disparador del arma cuando el policía estaba de espaldas, no produciéndose el disparo, sin duda por deficiencias del cartucho, en cuyo momento se volvió la víctima, a la que siguió disparando el Baena hasta agotar los ocho cartuchos restantes, produciéndole tan graves heridas que determinaron su muerte casi instantánea.

III

Del señalado delito de INSULTO A FUERZA ARMADA, responden como autores los cinco procesados, el PABLO MAYORAL RUEDA, el JOSE BAENA ALONSO y el FERNANDO SIERRA MARCO, como comprendidos en el número 1º del art. 196 del Código de Justicia Militar, y MANUEL ANTONIO BLANCO CHIVITE y VLADIMIRO FERNANDEZ TOVAR, como comprendidos en los números 2º y 3º del mismo artículo, toda vez que claramente inducen a los autores materiales y, a la vez, cooperan a la ejecución del hecho con actos sin los cuales no se hubiera efectuado. Y del delito de UTILIZACION ILEGITIMA DE VEHICULO DE MOTOR AJENO, responden también como autores los procesados MAYORAL, BAENA y SIERRA, como comprendidos en el número 1º del art. 14 del Código Penal.

IV

En el delito de INSULTO POR AGRESION A FUERZA ARMADA, concurren y son de apreciar las circunstancias agravantes de alevosía, 1º del art. 187 del Código de Justicia Militar, premeditación conocida, 5º del mismo artículo y ejecutar el delito por más de dos personas, 11º del repetido artículo, sin que concurran en el delito de Utilización ilegítima de vehículo ajeno circunstancias modificativas de la responsabilidad criminal.

V

Procede imponer a los cinco procesados PABLO MAYORAL RUEDA, MANUEL ANTONIO BLANCO CHIVITE, VLADIMIRO FERNANDEZ TOVAR, JOSE HUMBERTO FRANCISCO BAENA ALONSO y FERNANDO SIERRA MARCO, como autores del delito de INSULTO POR AGRESION A FUERZA ARMADA, con la concurrencia de tres agravantes, la pena de MUERTE, con las accesorias, y en caso de indulto, de inhabilitación absoluta e interdicción civil, y a los procesados MAYORAL, BAENA y SIERRA, por el delito de Utilización ilegítima de Vehículo de motor ajeno, la pena de CINCO MESES DE ARRESTO MAYOR.

VI

En concepto de responsabilidad civil deberán abonar los cinco procesados solidaria y subsidiariamente a los derechohabientes del Policía Armado fallecido la cantidad de Un millón quinientas mil pesetas, conforme a lo dispuesto en el art. 202 y siguientes del Código de Justicia Militar.

VII

El Fiscal renuncia a la práctica de prueba en Plenario, pero manifiesta que asistirá a las que puedan proponer los Defensores de los procesados y sean admitidas.

Madrid, 13 de agosto de 1975

El Fiscal,

Escrito del fiscal militar pidiendo la pena de muerte para Manuel Blanco Chivite, Pablo Mayoral, Vladimiro Fernández Tovar, Xosé Humberto Baena y Fernando Sierra.

El fiscal daba los hechos por probados, «muy especialmente por las declaraciones de los propios procesados», sin tener en cuenta que posteriormente se habían retractado y denunciado torturas. Tal era su convencimiento de que las pruebas eran suficientes para ejecutarlos que renunciaba en su escrito a la práctica de diligencias en la vista oral.

El informe fiscal con el que se cerraba la instrucción suponía también el fin de la incomunicación de los detenidos, que en algunos casos se había prolongado durante un mes. El auto del juez señala:

> Que siendo innecesario que continúen totalmente incomunicados, y de conformidad con lo prevenido en el artículo 687 del Código de Justicia Militar, es procedente dejar sin efecto la incomunicación que sufren, en el sentido de que se les levante la misma parcialmente para que una vez por semana puedan ser visitados por sus familiares en los días que se indican: los lunes, Pablo Mayoral Rueda; martes, Manuel Antonio Blanco Chivite; miércoles, José Humberto Francisco Baena Alonso; jueves, Fernando Sierra Marco, y viernes, Vladimiro Fernández Tovar.

Las primeras visitas de los familiares fueron otro soplo de ánimo. La vuelta a los lugares conocidos, a la gente querida.

«Mi padre y yo fuimos los primeros que viajamos a Madrid a verlo —recuerda Flor Baena—.[48] Salimos de Vigo a las nueve de la noche porque teníamos hora al mediodía del día siguiente. Las visitas eran de veinte minutos, pero siempre nos dejaban menos tiempo». Los encuentros se celebraban en una sala rectangular en la que se habían habilitado cincuenta locutorios. Una reja y un doble cristal provisto de orificios de cinco o seis milímetros separaban

---

[48] Todas las manifestaciones Flor Baena, salvo que se especifique lo contrario, han sido recogidas por el autor en entrevistas personales.

a los presos de sus familias y filtraban sus palabras. «Era la primera vez que lo veíamos desde que se fue de casa. Ya entonces nos dijo que no tuvo nada que ver con la muerte del policía, que ni siquiera estaba allí». Su padre, Fernando Baena, lo recoge así en su diario: «Al preguntarle sobre ello [el asesinato del policía] me dijo que pasaron muchos días cuando a él le comunicaron esa confesión y no podía recordar cuándo la había firmado, pues no era la realidad».

Baena con su hermana Flor.

«Cuando escapó a Madrid, mi padre le enviaba algo de dinero a través de un camionero de la empresa que viajaba periódicamente al Algarve (Portugal) con cargamentos de madera —continúa Flor su relato—. Xosé viajó en dos ocasiones desde Madrid hasta allí para recogerlo. La noche del 13 julio estaba en Portugal y no tuvo tiempo de volver a la capital y participar al día siguiente en el atentado». También su hermano mayor, Fernando, decía en una carta publicada en el diario *Faro de Vigo* el 23 de julio de 2011: «Sé dónde estaba Pite ese día, a muchos kilómetros, con fronteras de por medio y con visas en su pasaporte. Hablé con él a las seis y media de la mañana del día 27 de septiembre de 1975 en Carabanchel, y alguien que sabe que va a morir en un par de horas puede mentir a un juez, pero no a su padre y a su hermano».

Flor añade otros datos que demostrarían la inocencia de su hermano. «Días después de que lo fusilaran, una de las testigos presenciales del atentado escribió una carta a mi padre en la que le decía que había visto al autor de los disparos y que no era Xosé. Nos decía que cuando vio su foto en televisión acudió a comisaría para decir que ese no era el autor. El policía que la atendió le dijo que no se preocupara, que ya se aclararía todo, pero como pasaron varios días y vio que todo seguía adelante volvió de nuevo a comisaría. En esa ocasión la llevaron a un despacho y, con una pistola en la mano, le dijeron que se marchara y no hablase más de ello porque estaban todos implicados. Nunca pensó que fueran a matarlo, y cuando lo fusilaron escribió a mi padre para contarle todo porque tenía remordimientos».

Tras aquella visita de su familia, Baena escribió el 5 de septiembre su primera carta desde la cárcel a la Fábrica Maderas Viuda de Urbano Pérez, en la que trabajaba su padre.

¡Hola! Me alegró mucho vuestra visita del miércoles, aunque no me gustó el veros tan desanimados. Nuestro juicio sigue adelante y posiblemente será en la semana que comienza el día 15. De todas las maneras, os escribiré el día 12.

Ahora estamos relativamente bien. Tenemos habitaciones individuales y un patio solamente para los que estamos en régimen especial. Somos diecisiete, pero en comisaría están todavía unos diez o veinte, que supongo los traerán para aquí. Uno de los detenidos en comisaría es un chaval de Vigo también [se refiere a Sánchez-Bravo], al que acusan de la muerte de un teniente de la Guardia Civil. Vivía en la calle que une Camelias con López Mora, en Peniche, y su madre es viuda. También me enteré por los altavoces de la cárcel de que está aquí también un tal Urbano Medrano, de Vigo, obrero de Vulcano, de cuarenta y tantos años, que vivía en el barrio de Teis con su mujer y sus seis hijos. Me gustaría hablarle para que cuando venga su mujer a visitarle me pudiera traer noticias vuestras, pero está en un patio distinto y no puedo verle.

Me gustaría ver a mamá y animarla. Pero es mejor que no venga. Aunque me dicen mis compañeros que estaría mejor hablando algún día con sus mujeres, sus madres o sus hermanos. Animad a mamá y decidle que pronto estaré con ella, aunque no sea cierto.

No tengo nada más que deciros, porque los días son todos iguales. Me paso el tiempo leyendo y jugando al ajedrez.

Me dijeron que mi compañera, en la cárcel de Yeserías, me está haciendo un jersey de lana para el invierno.

Dadle las gracias a las tías y a todo el mundo que se interesa por mí.

Y nada más. Os escribiré el día 12. Un abrazo a todos. Vuestro hijo.

P.D. Ya que no puedo mandaros una fotografía buena, os mando esta que apareció en *Sábado Gráfico*. No la tiréis. Si no queréis guardarla vosotros, dádsela a Manolo [su amigo Manolo Piña].

Otro abrazo, y para mamá un beso.

Días después, fue él quien recibió una carta de su tía Carlota, hermana de su padre, a la que se sentía muy unido.

Qué difícil es, Pite querido, escribir en circunstancias tan angustiosas, entre abrumadoras como increíbles.

Hace unos momentos que hablé con tu padre y con Mari [Mari Flor], que al llegar a Madrid para visitarte han llamado para que sepamos cómo llevaron esas terribles horas del viaje.

Tenemos miedo a los efectos de la emoción sobre el organismo de papá, pues ya puedes suponer cómo habrán sido sus vigilias al lado de tu madre, y en qué condiciones saldría de la casa muchas madrugadas para ir a trabajar sabiendo que quedaba sola algún tiempo con el nieto, mientras no podía llegar Mari. Gracias a que tenemos el inmenso consuelo de rezar y recordarle a Dios constantemente que fue Él quien dijo «Pedir y se os concederá».

Quisiera encontrar palabras que te infundieran ánimo y escribirte todos los días. Tampoco esto puedo hacerlo porque mis limitaciones visuales se acentúan con la pena, y como escribo poco ya tengo dificultades para hacerlo al tacto y temo siempre que no sea legible lo que escribo. En cambio, tú sí que podías emplear esas largas horas de soledad para escribir algo que absorbiera tu tiempo, sin lastimarte. No creo que si lo pides haya inconveniente en que te dejen escribir poesías, que puedes entregar al director de la prisión en depósito; es seguro que si te lo propones lograrás componer cosas bonitas en nuestra lengua madre sobre la naturaleza que tanto amas, sobre nuestros campos y nuestra ría, sobre los jardines a los que dedicaste tantas horas…

Tal vez aciertes a contar bellamente la historia de alguno de los animalitos que has recogido y cuidado celosamente… Escribe, Pite. Quién sabe si un día serás tú mismo quien lea esos poemas a tus sobrinos, ya mayores, a estos chavalines que tanto quieren a su tío Pite, y te acordarás del consejo que esta pobre vieja que tanto soñó con lograr vuestro bienestar, con veros felices formando hogares cristianos.

No te pido que reces como cuando eras mi Francisquiño, pero sí que de vez en cuando recuerdes simplemente aquellas caminatas que hacías con tu hermanita para venir a oír misa en la Colegiata a mi lado y recibir fervorosamente la Comunión… Esto no es traicionar tus ideales y, en cambio, puede hacerte mucho bien si no piensas en la mano mortal que te daba el pan, sino en ese pan que es exactamente igual para todo el mundo. No te enfades conmigo, Pite. Conociéndome no puede extrañarte el tema, y sabes bien cuánto amor, cuanta ternura quiero hacer llegar hasta tu corazón para que te sientas apoyado y consolado.

Dios quiera escucharnos a todos los que pedimos por ti.

12

EL RELOJ

Como su tía Carlota le sugería, Baena escribió los primeros días del mes de septiembre un cuento, «El reloj», en el que trasladaba su convicción de que lo iban a matar.

Tengo un reloj. Es una de las pocas cosas que tengo. No me tengo a mí mismo, no soy mi dueño. Y dicen que las cosas de los siervos no son suyas, sino de los amos. ¡Todo es de los amos! Los amos son como cuentan que es Dios: señores de todas las cosas. Y los siervos somos cosas... animadas.

Pero no voy a hablaros de un tema del que nos habla la vida todos los días. Voy a hablaros de «mi» reloj. Si me dejan, claro.

Mi reloj de pulsera es redondo y grande, de un modelo quizás un poco antiguo. Es de fabricación extranjera, como casi todo. Unos números sobre fondo azul rodean la esfera por el exterior y hacen de segundero. Los números interiores de las horas son clásicos, grandes y severos. Dos agujas cuadradas y una tercera larga y afilada. En el centro, sobre un fondo de luto descolorido, se pueden leer, poniendo un poco de buena voluntad, algunas palabras en inglés, como en todos los relojes. Y, por último, tiene un pequeño calendario en la parte derecha con dos doses. Veintidós. Un veintidós que deja asomar a un veintitrés tímido, lento, que pugna por salir si el tiempo no lo impide. O la mecánica. O la mano brusca del hombre.

Pero os preguntaréis por qué os hablo de mi reloj. ¡Si es como todos! No es de oro, como los de los ricos, y ni siquiera tiene muchos rubíes. Pero para mí tiene mucho valor.

Hay más motivos para que vosotros, los que no lo queréis, lo consideréis no solo un aparato normal y vulgar, sino también para que le insultéis llamándole viejo e inútil. Mi reloj tiene la correa rota, inservible para la función que tenía que desempeñar. ¡Un viejo reloj de pulsera que ya no puede sujetarse a su muñeca! En realidad, fue sustituido en mis muñecas por otro tipo de ataduras que no acarician como la correa, sino que se hunden en la carne, inexorables, queriendo alcanzar los huesos. ¡Las esposas!

Y, para colmo, mi reloj está parado. Sí, sí, está parado. Me llamaréis loco. ¿Para qué quiere este tío conservar un reloj en estas condiciones?, os preguntaréis.

Parado, las dos agujas grandes, cuadradas, están fijadas insensibles al paso del tiempo. Forman un ángulo obtuso, pero abierto. Parecen señalar algo. ¿O quizás acusar? De lo que sí estoy seguro es de que dicen muchas cosas.

Para mi reloj son siempre las diez y cuarto pasadas. Una de las agujas casi cubre el calendario. Ese calendario en el que permanece el número 22 quieto, invariable.

Mi reloj se obstina en marcar las diez y cuarto de la noche del día 22. Quiere callarse el mes, es su secreto. Pero él y yo sabemos que se refiere al mes de julio. Es terco como las piedras, como las cosas muertas. Pero al mismo tiempo es suave, es leve, se deja llevar y me acompaña como el mejor amigo. No en vano es regalo de mi compañera, que hoy ya no me puede regalar nada desde la cárcel de Yeserías, aparte de su amor.

Algo o alguien ha impedido que mi reloj siguiese su monótona melodía —tic, tac, tic, tac—. Y sus agujas, que giraban como las aspas de un molino de viento, han sido «detenidas» en seco, enredadas en una telaraña acerada invisible. Ese algo o alguien no ha sido el tiempo, porque el tiempo sigue, corre, avanza implacable para el que espera. ¡Me dijeron que hoy es ya primero de septiembre! Tampoco ha tenido un fallo mecánico. El mecanismo de mi reloj no me hubiera privado voluntariamente de su musiquilla alegre y sempiterna, en estas circunstancias. ¡Ha sido la mano brusca del hombre la que me ha dejado sin un buen amigo!

En el anochecer del 22 de julio, mi reloj, que me acompañaba como siempre, fue arrojado conmigo sobre el duro asfalto de la calle Barceló y, también como yo, fue golpeado y pisoteado. Y mi reloj se paró.

¿Se habrá parado por el golpe? ¿Se habrá parado como protesta? Quizás algún día, cuando yo desaparezca y él salga a la calle y sea un poco más libre, comience a andar con su lentitud acostumbrada, ciñendo la muñeca de un nuevo compañero. Pero, mientras, mi reloj está muerto. ¡Lo han matado!

Dicen que el corazón humano también es un reloj. Un gran reloj rojo.

Mi corazón —y el tuyo— media o se oprime según nuestro estado de ánimo. Mi corazón también suena como un viejo reloj. Hace tictac. A veces, me parecen golpecitos suaves; otras, fuertes e impotentes llamadas de auxilio, gritos inútiles de un náufrago desgarrando el silencio del océano. Con frecuencia, en la soledad de la celda, me detengo a escuchar su sonido. Cuando sucede esto suelo reaccionar con energía y enfado pensando que su monótono ruido altera la paz de las cosas que me rodean. Entonces, con los dientes apretados, mentalmente, le pido a mi corazón que se calle, que me deje dormir de una vez como duerme el suelo que yo piso, como duerme el hierro que sirve de reja a mi ventana. Pero él no se calla, no me deja, como el perro fiel al que le pegas y, pese a todo, camina tras tus pasos protegiéndote.

Hoy es ocho de septiembre. Mi corazón, aunque quisiera acompañarme siempre, dejará de hacerlo cualquier día de este mes de septiembre, de este septiembre frío, ya casi otoñal. Sus rítmicos y acompañados latidos no turbarán el silencio tras su última explosión de dolor y dicha. Cuando llegue ese momento, mi corazón estará ensanchado, crecido por la satisfacción de haber contribuido a que todos los demás corazones canten su música sin molestarse los unos a los otros, con libertad.

Mi corazón, como mi reloj, se habrá parado de manera violenta. Alguien lo ha parado. Ha sido la mano de un hombre negro, gemelo de Hitler y Mussolini; ha sido la misma mano que frenó en seco contra el asfalto las manecillas de mi viejo reloj de pulsera. Un hombre negro, un monstruo satánico y anacrónico que lo destroza todo, que rompe una tras otra las cuerdas de los relojes del pueblo. Un hombre inhumano al que llamarán fascismo.

13

LUCHA CONTRA EL TIEMPO

Los escritos de las defensas comenzaron a llegar a la mesa del coronel de Infantería Mariano Martín Benavides, titular del Juzgado Militar Permanente número 2, solo unos días después de que les dieran traslado de la causa. Habían acordado una estrategia común, sin renunciar a que cada uno recurriera a sus propias armas para rebatir las acusaciones concretas que pesaban sobre sus clientes.

En primer lugar había que plantear una cuestión previa de competencia para intentar que la causa pasara a la jurisdicción ordinaria. Según el fiscal, los procesados eran autores del delito de insulto a la fuerza armada del artículo 308 del Código de Justicia Militar, y recordaba que el juez de instrucción de guardia el día de los hechos se había inhibido a favor la jurisdicción militar, lo que reforzaba la competencia de esta. Frente a esta tesis, los letrados defendían que los hechos enjuiciados eran constitutivos de un delito de atentado y otro de asesinato, ambos del Código Penal.

Si, como era previsible, el instructor rechazaba esta alegación, el siguiente paso era impugnar las declaraciones autoinculpatorias en las que el fiscal sostenía las cinco peticiones de muerte. Los abogados argumentaban que las torturas sufridas por los acusados en dependencias policiales y el largo periodo de incomunicación al que fueron sometidos en prisión habían hecho que firmaran y ratificaran las declaraciones que la policía y el juez les pusieron delante, sin saber realmente que se estaban autoinculpando. Las torturas habían sido denunciadas, y para demostrar los trastornos mentales solicitaban que dos médicos psiquiatras informaran de las alteraciones que podía producir en el estado mental y psíquico de una persona una situación de aislamiento tan prolongado como la que habían sufrido. Si no era suficiente, invitaban al juez a que ordenara una inspección ocular de las celdas y detallara las condiciones de las mismas. El escrito presentado por el abogado Javier Baselga, defensor de Baena, dice así:

En las dependencias de la DGS el Sr. Baena Alonso fue objeto de coacciones físicas y mentales muy intensas —dicho sea con el máximo respeto y en términos de estricta defensa— como se probará en el momento procesal oportuno, que le forzaron a declararse autor de hechos que desconocía —dice—. Todavía en la DGS prestó declaración ante el Sr. Juez Militar de guardia sometido a la situación anímica de terror que se le había producido. Una vez trasladado a la prisión provincial de Madrid, el Sr. Baena Alonso permaneció en total incomunicación durante veintiséis días, encerrado las veinticuatro horas del día en una celda de 4,06 metros cuadrados, privado de cualquier relación sensorial o intelectual con el mundo exterior, sin poder leer, escribir, fumar, hablar, hacer ejercicio físico, ni siquiera sentarse más que en el suelo, dada la absoluta falta de mobiliario, y tomando tranquilizantes para poder dormir por prescripción médica. Tales condiciones de aislamiento riguroso se han podido traducir en debilitamiento de la personalidad del Sr. Baena Alonso, produciéndole aturdimiento, falta de discernimiento sobre la realidad, aniquilación de sus estímulos defensivos, llevándole a admitir cualquier hecho que le sea propuesto o sugerido para acabar de una vez.

ACTA DECLARACION DE JOSE HUMBERTO) En Madrid y en las oficinas de
FRANCISCO BAENA ALONSO.------------) la Brigada Central de la Comi-
saria General de Investigación
Social, Dirección General de Seguridad, siendo las dos horas del día veintitres de julio de mil novecientos setenta
y cinco y por los funcionarios afectos a esta Dependencia
con Documento Nacional de Identidad número quinientos ochenta y tres mil cuatrocientos noventa y siete y siete millones, setecientos diecisiete mil, novecientos ochenta y ocho,
que actúan como Instructor y Secretario respectivamente,
para la práctica de la presente, se procede a tomar declaración al epigrafiado al margen, nacido el día cuatro de octubre de mil novecientos cincuenta en Vigo, hijo de Fernando
y Estrella, sin profesión y sin domicilio, quien a preguntas que le son formuladas, MANIFIESTA:------------------------
---- Que fue detenido en mayo de mil novecientos setenta por
haber formado parte en una manifestación ilegal celebrada
en Santiago de Compostela y puesto a disposición del Tribunal de Orden Público, permaneciendo en prisión durante un
mes, al cabo del cual, salió en libertad bajo fianza. Al
celebrarse el juicio correspondiente, en el año mil novecientos setenta y dos, fue absuelto por dicho Tribunal.------
---- Que en el indicado año de mil novecientos setenta, estudiaba primer curso de Filosfía y Letras. Al no poder presentarse a exámen por la detención indicada, dejó de estudiar.---
---- Que ha cumplido el Servicio Militar en la Escuela de A-
plicación y Tiro de Infantería en Toledo, siendo licenciado a finales de mil novecientos setenta y tres.--------------
---- Que despues de ser licenciado en el Ejercito ha trabajado de camarero, dependiente de comercio, agente de ventas
en Proasa y peón de fundición, todo ello, en Vigo.----------
---- Que no ha militado en ninguna Organización subversiva
hasta que, en el mes de abril o mayo del pasado año mil novecientos setenta y cuatro entra a formar parte del F.R.A.P.
(Frente Revolucionario Antifascita y Patriótico), en Vigo
y para el que es captado por un tal "PEDRO", madrileño, re-
sidente en la indicada ciudad gallega. Que entra a formar
parte de las llamadas JUNTAS de F.R.A.P., dedicandose en
unión de un tal "MORENO", otro conocido por "MARQUI" y una
chica de la zona de Teis y de "PEDRO", como responsable, a
la difusión de propaganda de F.R.A.P. por las calles, ba-
rrios extremos y fábricas; tambien hacen pintadas y en una
ocasión lanzaron cuatro o cinco cocteles Molotov contra el
establecimiento Alvarez de Vigo.----------------------------
---- Que como consecuencia de haber llevado a cabo la Policía de Vigo varias detenciones de elementos de F.R.A.P., el
deponente decide venirse a Madrid, lo que hace el domingo
día cuatro de mayo en unión de MARIA ALONSO RODRIGUEZ, entonces novia suya y que vivía en el Barrio de Nay-Lavadores
en Vigo. A Madrid vienen en tren, pasando la noche en el último piso de una casa situada en las proximidades de la cafetería Dogoso, en el Barrio de Arguelles, permaneciendo en
el rellano de la escalera con objeto de eludir su posible
detención, ya que no quisieron alojarse en ninguna pensión
por miedo a que se enterase la Policia de su estancia en Madrid. Al día siguiente, cinco de mayo, se trasladan a la Facultad de Filosofía y Letras con objeto de entrar en rela-
cion con la Organización de F.R.A.P. en Madrid. Allí ven-
su novia y él como unos jóvenes están poniendo un cartel del
../..

Declaración ante la policía de Xosé Humberto Baena, el 23 de julio de 1975.

No menos importante era el interrogatorio a las testigos cuyos testimonios estaban incorporadas en la causa para hacer valer las contradicciones de sus declaraciones ante la policía. Una de ellas no aportaba ningún detalle que permitiera identificar a los autores, las otras dos discrepaban sobre la ropa que vestían y, lo más relevante, Baena, a quien la policía atribuía la autoría, no tenía el pelo rizado, como afirmaba una de estas. Las dos primeras eran vecinas del número 5 de la calle Alenza y habían prestado declaración la misma noche del atentado. Carmen Arribas López, viuda, de cincuenta y seis años, dijo que escuchó unos ruidos extraños, se asomó a la ventana para ver de qué se trataba y contempló a dos muchachos subir a un Seat 127 que arrancaba a toda velocidad. Nada más. Emilia Guillén Ballester, también viuda, de sesenta y siete años, fue más precisa. Ella estaba asomada al balcón cuando vio a dos jóvenes bajar de un coche azul marino y cómo uno de ellos, que vestía camisa clara y pantalón oscuro, efectuaba varios disparos contra el policía armada, montaban de nuevo en el vehículo y se daban a la fuga en dirección a la calle Raimundo Fernández Villaverde. Por último, Encarnación Bartolomé Cubero, de veinte años, había comparecido voluntariamente en comisaría a los dos días del crimen. En su caso, paseaba por la zona y presenció el asesinato. El autor, dijo, era un hombre de 1,75 metros de estatura, aproximadamente, de entre veinticinco y treinta años de edad, complexión normal, pelo rizado y gafas de concha, que vestía una camisa de cuadros.

La irritación del juez fue en aumento a medida que repasaba los escritos de las defensas, que solicitaban la práctica de dos centenares de pruebas, algunas tan impertinentes para el instructor como la identificación e interrogatorio de todos los policías que habían intervenido en la detención e interrogatorio de Manuel Blanco Chivite, Pablo Mayoral Rueda, Vladimiro Fernández Tovar, Fernando Sierra Marco y Xosé Humberto Baena Alonso, y de los que participaron en los registros en sus domicilios. También querían conocer la filiación y tomar declaración a los médicos forenses que los reconocieron cuando ingresaron y salieron de la Dirección General de Seguridad (DGS), y de aquellos otros que los examinaron al llegar a la cárcel de Carabanchel, así como los informes médicos que expidieron.

Como la policía no había encontrado huellas dactilares de ninguno de los acusados en el vehículo que los investigadores aseguraban que habían robado y utilizado en el atentado, las defensas pedían que se oficiase al excelentísimo Ayuntamiento de Madrid para que facilitara al juzgado una lista de los coches robados en la capital el día del atentado, y a la Sociedad Española de Automóviles de Turismo (Seat) para que emitiera una certificación acreditativa del número de Seat 127 de color azul marino vendidos por la compañía que pudiesen estar en circulación. Certificados de fecha y hora de ingreso de los detenidos en dependencias policiales, y de las fechas y duración de los interrogatorios en prisión por agentes de policía. E incluso reclamaban al juez que oficiara a la DGS para que expidiese un ejemplar de los estatutos del PCE (m-l).

El 4 de septiembre su señoría desestimaba todas las alegaciones y rechazaba la práctica totalidad de las pruebas propuestas por los defensores. Los recursos presentados contra la decisión fueron igualmente desestimados y los letrados contraatacaron con una queja ante el Consejo Supremo de Justicia Militar. Mariano Benítez de Lugo, abogado de Pablo Mayoral, escribió:

Si acudimos en queja a esa máxima autoridad judicial militar es porque consideramos que la desestimación del recurso nos coloca en una situación práctica de indefensión en un proceso en el que se pide la muerte para nuestro defendido. Prueba fundamental que nosotros solicitábamos era la testifical de las personas que se suponen presenciaron los hechos. Dos de ellas, Dª Emilia Guillén y Dª Carmen Arribas, comparecen desde el primer momento y una, la primera, estaba en un balcón enfrente de donde ocurrió el atentado; lo tuvo que ver pues clarísimamente. Sin embargo, su testimonio se contradice con el de otra posible testigo que aparece espontáneamente dos días después del hecho. ¿No está prejuzgando, primero el juez instructor y luego la autoridad judicial, dicho sea en términos de defensa, al decir que el testimonio de la primera no es relevante y sí, en cambio, el de la últimamente citada? ¿Cómo atribuir el carácter de prueba plena y única a la propia confesión de mi defendido, autoinculpatoria, cuando por él se han denunciado malos tratos con ocasión de ella?

La respuesta a las quejas planteadas fueron cinco escritos idénticos de la Capitanía General de la Primera Región Militar, uno por cada abogado defensor, con el siguiente contenido:

En cumplimiento de lo prevenido en el párrafo 2.° del artículo 764 del Código de Justicia Militar y para su conocimiento y demás efectos, adjunto tengo el honor de enviarle copia de la orden de celebración del Consejo de Guerra que ha de ver y fallar la causa número 245/75 y relación de las personas que han de constituir dicho Consejo, en el que figura Vd. como defensor.

Al mismo tiempo, comunico a Vd. que el próximo día 10 de septiembre, a las once horas de la mañana, esté en el Centro de Detención de Hombres de Carabanchel para notificar dicha orden a su defendido.

Dios guarde a Vd. muchos años.

Madrid, 9 de septiembre de 1975.

La orden fijaba la vista oral para dos días más tarde, el 11 de septiembre, a las 9 de la mañana, en la Brigada Acorazada XII de El Goloso, uno de los acuartelamientos emblemáticos del Ejército, a 16 kilómetros de Madrid. Sobre la queja de los defensores, ni una línea.

CAPITANIA GENERAL
de la
1ª REGION MILITAR

ESTADO MAYOR

Orden General número 151 correspondiente al día 9 de Septiembre de 1975.

ARTICULO PRIMERO.-

Por haberlo dispuesto así S.E. el Capitán General de esta Región y para ver y fallar la causa nº 245-75 instruída por el procedimiento ordinario, por el Juzgado Militar Permanente nº 2, contra los paisanos MANUEL ANTONIO BLANCO CHIVITE, PABLO MAYORAL RUEDA, JOSE HUMBERTO BAENA ALONSO, BLADIMIRO FERNANDEZ TOVAR y FERNANDO SIERRA MARCO, por el presunto delito de "insulto a Fuerza Armada"; se reunirá en la Brigada Acorazada XII, sita en el Goloso (Madrid) Km. 16'800 Cª 607 de Colmenar, el jueves día 11 de Septiembre a las 9 horas, el Consejo de Guerra que a continuación se indica, compuesto por los siguientes señores Jefes y Oficiales

PRESIDENTE: Sr. Coronel de Infantería
DON FRANCISCO CARBONELL CADENAS DE LLANO.

VOCAL PONENTE: Sr. Capitán Auditor
DON JESUS CEJAS MOHEDANO.

VOCALES: Capitán de Inf. del Rg. Inf. Automoviles R. General
DON JOSE REY MORA
Capitán de Cab. Rg. Ligero Acorazado Villaviciosa 14.
DON ANGEL URQUIJO QUIROGA.
Capitán de Art., Rg. Art. nº 11
DON JUAN GARCIA SARO

FISCAL: El Jurídico Militar de la Región.

DEFENSORES: de MANUEL ANTONIO BLANCO CHIVITE, el Letrado DON EDUARDO DE CARVAJAL SALIDO.

de PABLO MAYORAL RUEDA, Letrado DON JOSE MARIANO BENITEZ DE LUGO GUILLEN.- Suplente Letrado DON RAFAEL BURGOS PEREZ.

de JOSE HUMBERTO BAENA ALONSO, Letrado DON JAVIER BASELGA ELORZ.

de BLADIMIRO FERNANDEZ TOVAR, Letrado DON MIGUEL DE CASTELL ARTECHE.

de FERNANDO SIERRA MARCO, Letrado DON JOSE FOLGUERA CRESPO.

VOCALES SUPLENTES: Capitán de Inf., Rg. Automovilismo R. General.
DON ANTONIO LUCENA CASTILLA.
Capitán de Ingenieros Rg. Mixto de Ingenieros nº 1
DON ANTONIO NAVARRO MONCADA.

JUEZ INSTRUCTOR: Juez del Juzgado Militar Permanente nº 2, Coronel de Infantería DON MARIANO MARTIN BENAVIDES

Queda autorizado este Consejo para habilitar los días siguientes si fuera necesario para la continuación de su misión.

Orden de convocatoria del consejo de guerra contra Manuel Antonio Blanco Chivite, Pablo Mayoral, Xosé Humberto Baena, Vladimiro Fernández Tovar y Fernando Sierra para el 11 de septiembre de 1975.

14

PRIMER CONSEJO DE GUERRA

(11 Y 12 DE SEPTIEMBRE DE 1975)

Dos furgones esperaban a los acusados en la zona de ingresos de la prisión de Carabanchel para su traslado al acuartelamiento de El Goloso. Habían permanecido incomunicados en las celdas de aislamiento desde que sus letrados les comunicaran el día anterior que iban a ser juzgados. Llegada la hora, Xosé Humberto Baena y Vladimiro Fernández subieron esposados a uno de los vehículos, y Manuel Blanco Chivite, Pablo Mayoral y Fernando Sierra a otro estacionado junto al anterior. Dos dotaciones de cinco policías armadas, al mando cada una de ellas de un sargento, montaron con ellos. La comitiva arrancó escoltada por varios vehículos que hacían sonar sus sirenas pidiendo paso.

«Aprisa, duro, lejos». El lema de la Brigada Acorazada recibía a los visitantes en su imponente ubicación a los pies de la sierra de Guadarrama. El despliegue de carros de combate AMX-30E y los más antiguos M47 y M48 Patton estacionados en la explanada de acceso componían un entorno amenazante para cualquier visitante ajeno al estamento castrense. Decenas de soldados permanecían desde primeras horas apostados en los alrededores del recinto y en su interior con órdenes estrictas de identificar a las personas que pretendieran acceder a la sala del juicio. Los asistentes debían entregar su DNI y someterse a un cacheo antes de ser autorizados. La

Justicia Militar establecía que las vistas debían ser públicas, lo que no suponía que efectivamente lo fueran. La elección del recinto militar, a 16 kilómetros de Madrid, tenía un efecto disuasorio e impedía cualquier intento de protesta callejera, y lo limitado del aforo, buena parte del cual había sido ocupado con antelación por oficiales del Ejército y policías de paisano, restringía al mínimo la presencia de curiosos.

Entre los asistentes estaba el abogado suizo Christian Grobet, como observador de la Federación Internacional de los Derechos del Hombre y de la Liga Suiza de los Derechos Humanos, que relataba así las dificultades que tuvo que sortear en el informe que redactó sobre la vista: «Era necesario pasar por cuatro controles de policía militar armada de fusil ametrallador para acceder a la sala, no sin antes haber depositado el carnet de identidad a la entrada del recinto, a cambio de un carnet numerado y haber sufrido un cacheo minucioso. Aparte de un cierto número de oficiales y numerosos policías de civil (seudopúblico) y de la prensa, no había más de veintiún asientos, comprendidos en ellos los miembros de las familias de los acusados. Es así que estando desde las siete de la mañana con algunos colegas madrileños deseosos de asistir al juicio, el abajo firmante estuvo entre los privilegiados para asistir a los debates, no sin haber tenido la impresión de que su presencia no era grata para las autoridades militares».

Tras un trayecto de media hora, los cinco acusados fueron conducidos a uno de los barracones encalados de blanco y encerrados en una habitación contigua a la sala de vistas, en la que les esperaban sus abogados y un nutrido grupo de policías en labores de custodia. Intercambiaron saludos y repasaron someramente su intervención. Cuando fueron llamados a entrar, se enfrentaron a un escenario intimidatorio. Al fondo, el estrado del tribunal forrado de terciopelo púrpura, sobre el que se había colocado un crucifijo, tras el que ya se sentaba el presidente, el coronel de Infantería Francisco Carbonell Cadenas de Llano y, a derecha e izquierda, el vocal ponente, capitán auditor Jesús Cejas Mohedano, y los vocales José Rey Mora, capitán de Infantería, el también capitán, en su caso de Caballería, Ángel Urquijo Quiroga, y el de Artillería Juan García Saro. A un lado el fiscal jefe, teniente coronel Ramón González-Arnao Díez, y el juez instructor de la causa, coronel de Infantería Mariano Martín Benavides. Al otro, los letrados titulares y sus suplentes y, tras ellos, los defensores militares designados de oficio. Los procesados se sentaron frente al tribunal, separados un par de metros entre sí, con dos policías armadas tras cada uno de ellos.[49]

—Léase por el juez instructor el apuntamiento —pidió el presidente para iniciar la vista.

El trámite consistía en la lectura de un resumen de la causa elaborado por el instructor, que ponía especial énfasis en los hechos incriminatorios en los que el fiscal basaba su acusación.

—Con la venia de su señoría. —La intervención del abogado Mariano Benítez de Lugo, defensor de Pablo Mayoral, no dejó al juez iniciar la lectura—. Esta vista no se puede celebrar mientras la jurisdicción ordinaria no resuelva la cuestión previa planteada por las defensas sobre la competencia de este tribunal. No se puede celebrar este consejo mientras la atribución de la causa se encuentre en discusión. ¿Qué ocurriría si continuara el debate, se sentenciara y se ejecutaran las penas de muerte y luego, tras la discusión de la competencia entre ambas jurisdicciones, se resolviera que la militar es incompetente?

—Con la venia de su señoría —tomó la palabra José Folguera, letrado de Fernando Sierra—. Quiero añadir a lo dicho por mi compañero que las defensas hemos recusado ante el Consejo Supremo de Justicia Militar a todos los miembros de este tribunal por

---

[49] La reproducción de la vista se ha realizado con el testimonio de algunas personas que asistieron a la misma, las crónicas periodísticas y el acta del consejo de guerra.

enemistad manifiesta contra nuestros clientes, lo que abunda en la imperiosa necesidad de suspender la vista mientras no se hayan resuelto estas cuestiones previas.

El escrito de recusación sostenía que se había generado un estado de opinión pública contra los acusados al que no eran ajenos los miembros del tribunal:

> Este clima pasional afecta a todos los ciudadanos por igual (…); por tanto, es evidente que los miembros del consejo de guerra, cuya honorabilidad personal no ponemos en duda, se encuentran inmersos en este clima y, como cualquier ciudadano medio, son sujetos de esta situación pasional (…). El hecho de que la víctima pertenezca a cuerpo armado le convierte automáticamente en compañero de armas de los oficiales recusados. Esta especialísima circunstancia, sumada al ya citado clima de apasionamiento, impide que exista en los recusados la ecuanimidad y serenidad suficiente para garantizar la imparcialidad, tanto más necesaria dadas las penas que se solicitan.

Los abogados arremetían también contra el juez instructor, el coronel Mariano Martín Benavides, a quien acusaban de haber acelerado la instrucción de la causa para impedir a las defensas el estudio detallado del sumario, y de haber mantenido la incomunicación con los acusados hasta el día 12, el día antes de que concluyera la causa. «Todo ello significa un ensañamiento hacia los procesados sin justificación procesal alguna».

La aceptación a trámite de la recusación por el capitán general había obligado a abrir una pieza separada, instruida por el coronel José Balló Moreno, que estaba pendiente de resolver. Con evidente fastidio, el presidente del tribunal suspendió la vista. La sala fue desalojada y los acusados y sus abogados recluidos en la habitación en la que habían permanecido hasta el inicio de la sesión, mientras el instructor tomaba declaración uno a uno a los miembros del consejo, que negaron cualquier influencia exterior que pudiera condicionar sus deliberaciones. La sesión se reanudó a las cinco de la tarde.

—Como consecuencia del incidente de recusación planteada por los defensores he anulado las actuaciones llevadas a cabo en la mañana de hoy, por lo que se entiende que el consejo de guerra comienza en este momento. Proceda a la lectura del apuntamiento —dijo el presidente una vez resuelto el incidente.

—Señoría, si no se suspende la causa mientras no se resuelve la cuestión de competencia que hemos planteado esta mañana, en el sentido de que es la justicia ordinaria, y no la militar, la que ha de entender de los hechos enjuiciados, puede darse la circunstancia de que, como ha ocurrido con la recusación, deba después anularse lo actuado —manifestó Manuel Castells, defensor de Vladimiro Fernández—. En el caso de que no se acepte la anulación, esta parte no tiene inconveniente en que se den por reproducidas las intervenciones que han efectuado las partes durante la sesión de esta mañana en aras a la agilización de la vista.

—No cabe darse por reproducidas las intervenciones de esta mañana porque son inexistentes al haber sido anuladas, por lo que se entiende, como ya he manifestado, que el consejo comienza en este momento —zanjó el presidente—. Comience el instructor la lectura del apuntamiento.

—Con la venia de su señoría —el letrado José Folguera pidió la palabra de nuevo—. Quiero hacer constar que en el día de ayer, al serles notificado a los procesados la celebración del consejo de guerra, se procedió a su incomunicación, privándonos de la posibilidad de preparar la defensa, con la consiguiente influencia en su estado de ánimo, por lo que solicito respetuosamente la suspensión de esta vista y que por esta presidencia se averigüe la autoridad que ordenó que se les incomunicara.

—Se deniega la petición del señor letrado —el presidente elevó el tono de voz visiblemente molesto—. Continúe la lectura del apuntamiento.

—Con el debido respeto, señoría, solicito que a los acusados les sean retiradas las esposas —interrumpió el abogado Miguel Castells—. Llevan esposados más de diez horas y así es imposible que presten testimonio.

La paciencia del coronel Cadenas de Llano estaba llegando a su límite. Se dirigió al oficial al mando de las fuerzas del orden que custodiaban a los procesados para inquirir si, de acceder a la petición, podía garantizar la seguridad.

—Señor, no puedo garantizar la seguridad en la sala dada la peligrosidad de los acusados.

—No ha lugar a la petición de las defensas —zanjó la controversia—. Dese lectura al apuntamiento.

—Existe una organización clandestina denominada Frente Revolucionario Antifascista y Patriota (FRAP), que es la rama de acción del Partido Comunista marxista-leninista de España —comenzó su relato el juez instructor—. A principios del año en curso formaban parte del Comité de Madrid de dicha organización los procesados Manuel Antonio Blanco Chivite y Pablo Mayoral Rueda, siendo el primero secretario y responsable político, y el segundo de agitación y propaganda, los cuales, en unión del resto del comité, se trasladaron a París a finales de febrero, donde recibieron instrucciones para intensificar la violencia…

El juez enumeró a continuación las pruebas incriminatorias obtenidas durante la investigación, desde las declaraciones autoinculpatorias de los procesados al testimonio de testigos y las pruebas periciales practicadas, conformando un relato que no podía conducir a otro fallo que el condenatorio.

—Con la venia de su señoría —cortó una vez más el apuntamiento Eduardo de Carvajal, defensor de Blanco Chivite—. Solicito conste en acta a efectos del oportuno recurso de queja mi profundo desacuerdo con la exposición del señor juez instructor. El apuntamiento leído tiene una absoluta falta de objetividad porque altera el relato y hace juicios de valor que no le corresponden.

—Con la venía de su señoría, me adhiero a lo manifestado por mi compañero —intervino Castells—. Considero, además, que existe una posible causa de incompatibilidad. La existencia de cinco vidas en peligro obliga a la defensa a apurar toda posibilidad de garantía, entendiendo que existe una hostilidad que se desprende de la forma en que está redactado el apuntamiento. El artículo 770, número 2, del Código de Justicia Militar hace viable el planteamiento de la compatibilidad en este momento.

—El apuntamiento se está leyendo conforme al Código de Justicia Militar. Ruego a los defensores que no interrumpan. —El presidente no estaba dispuesto a aceptar más demoras.

—Con la venia de su señoría, este letrado quiere dejar constancia de su protesta más enérgica por la forma en que se ha elaborado el apuntamiento. —La insistencia de Benítez de Lugo resultaba irritante para el juez—. Pido la suspensión del procedimiento hasta que se proceda a la redacción de un nuevo apuntamiento, conforme al artículo 773 del Código de Justicia Militar.

—Señoría, quiero dejar constancia de mi firme desacuerdo a la falta de objetividad del apuntamiento, que no solo omite actuaciones esenciales, sino que altera el relato haciendo juicios de valor —incidió Javier Baselga, abogado de Baena.

—No ha lugar a lo planteado.

—Que conste en acta mi protesta.

Tras un fatigoso trámite que se extendió más allá de lo que el tribunal hubiese deseado, el coronel Cadenas de Llano dio paso al siguiente trámite y preguntó al fiscal y a las defensas si deseaban la lectura de algún folio concreto del sumario.

—En lo que a mí respecta no es necesario, señoría —respondió el fiscal.

—Renuncio al derecho que me concede el artículo 774 del Código Castrense, sin que tal renuncia implique aceptación del contenido de las actuaciones practicadas en el sumario, actuaciones en las que han tenido intervención el instructor y el fiscal, pero no las defensas. Denegadas todas las pruebas propuestas por estas, me encuentro en una situación de indefensión que no puede ser subsanada con la lectura de folios —elevó la voz el abogado Carvajal.

—Que conste en acta.

—No tiene sentido la lectura de folios sin las otras pruebas solicitadas por la defensa y denegadas —añadió José Folguera.

—Que conste en acta.

—Al igual que mis compañeros, renuncio a la lectura de folios del sumario por las mismas razones alegadas —insistió en el mismo argumento Javier Baselga y reiteraron el resto de defensas.

—Señores miembros del tribunal, ¿desean que se dé lectura a alguna de las diligencias de la causa? —preguntó el presidente tras el turno de palabra de las defensas.

—Sí, señor, al dictamen del auditor obrante al folio 351 y 352 —pidió el vocal ponente.

Castells volvió a tomar la palabra, en esta ocasión con tono airado.

—Solicito se quite las esposas a los procesados, que llevan doce horas ininterrumpidas con ellas puestas, incluso durante la comida, y están sentados en un banquillo sin respaldo. Su estado físico y psíquico no permite afrontar con suficientes garantías su interrogatorio. Si no se accede a ello, pido que se acuerde la suspensión de la vista y se reanude mañana, cuando los procesados se encuentren en una situación física adecuada. Recuerdo a los señores del tribunal que los acusados deben afrontar el interrogatorio bajo peticiones de pena de muerte.

—Señor letrado, el responsable de las fuerzas del orden presentes en esta sala ya ha manifestado que no es posible acceder a su petición, y en cuanto a la petición de suspensión, no ha lugar.

(…).

—Dos de las testigos de tan luctuoso hecho no percibieron claramente el suceso y sí, en cambio, la testigo María Encarnación Bartolomé —el instructor leía en esta ocasión el dictamen del auditor, obrante en los folios solicitados por el vocal ponente.

—Protesto señoría —alzó la voz Benítez de Lugo—. Esa apreciación no es cierta, por cuanto al folio cuatro vuelto figura el testimonio de otra testigo que dice que vio el suceso desde su balcón y aporta datos contradictorios con los de la testigo a la que alude el dictamen del auditor. La declaración de esta testigo, de vital importancia, ha sido denegada por el tribunal. Incluso en uno de sus testimonios ante la policía dijo que había visto a los autores de frente y en otra de espaldas.

—Señor presidente —los abogados volvieron a encadenar sus intervenciones, en esta ocasión hablaba José Folguera—. Quiero hacer constar que durante la instrucción de la causa no se ha practicado, ni por la policía ni por el juez, ninguna diligencia de reconocimiento de los procesados en rueda de presos a cargo de los testigos presenciales.

—Con la venia, señor presidente, este letrado —intervino Eduardo de Carvajal— quiere dejar constancia de que ni en el vehículo que supuestamente se utilizó para la comisión del delito, y digo supuestamente porque ningún testigo recuerda la matrícula, ni en el arma intervenida, hecho del que tampoco existe acta en el sumario, se han encontrado huellas dactilares que incriminen a ninguno de los procesados. Dos pruebas que, unidas a las que acaban de exponer mis compañeros letrados, hacen de todo punto imposible imputarles los hechos por los que se les pide pena de muerte.

El informe del Gabinete Central de Investigación de la Policía que el abogado enarbolaba, relativo al análisis efectuado en el vehículo decía así:

Realizado el estudio de las huellas reveladas por el inspector D. Carlos Martín Juanes, dos de las mismas fueron desestimadas por carecer de valor identificativos, una ha quedado archivada como anónima por haber resultado infructuosa su búsqueda en nuestros archivos, y las dos restantes fueron identificadas como producidas por los dedos pulgar y medio izquierdos del denunciante de la desaparición del vehículo.

—Continúe la lectura por el señor juez. —El presidente del tribunal hizo caso omiso de las palabras de los letrados, pese a la relevancia de los datos que habían puesto de manifiesto.

Tras un nuevo rifirrafe sobre el robo del vehículo utilizado en el atentado, la falta de pruebas para atribuir a Blanco Chivite y Vladimiro Fernández la condición de inductores del crimen, la inexistencia de una prueba pericial dactilográfica del revólver, el presidente dio paso al interrogatorio de los acusados. El primer turno de palabra correspondió al fiscal, que inició su intervención dirigiéndose a Pablo Mayoral.

—¿Tomó parte en la muerte del policía Lucio Rodríguez?

—No.

—¿Pertenece al FRAP?

—Soy militante del Partido Comunista de España marxista-leninista, pero no del FRAP.

—¿Por qué dice ahora que no tomó parte en el asesinato de don Lucio Rodríguez si se ratificó ante el juez instructor en las declaraciones autoinculpatorias que hizo ante la policía?

—Lo hice porque fui torturado. Es ahora cuando puedo decir la verdad.

Uno a uno, Manuel Blanco Chivite, Xosé Humberto Baena, Vladimiro Fernández y Fernando Sierra reiteraron el testimonio de su compañero. Ninguno de ellos reconoció haber intervenido en el atentado y se retractaron de sus declaraciones. Si se autoinculparon fue para poner fin a las torturas, y si se ratificaron posteriormente ante el juez instructor fue por miedo a ser excarcelados para ser trasladados a la Dirección General de Seguridad e interrogados de nuevo por los agentes de la Brigada Político Social. Los abogados defensores, por su parte, renunciaron a interrogar a sus clientes, al haberles sido denegados todos los medios de prueba.

Solo José Folguera hizo algunas preguntas a su defendido para que quedara constancia de las condiciones en que habían vivido los procesados desde que fueron detenidos.

—¿Cuántos años tiene? —inquirió a Fernando Sierra.

—Diecinueve.

—Usted usa gafas, ¿se le rompieron o se las rompieron?

—Me las rompieron de un golpe durante el interrogatorio policial.

—¿Fue amenazado mientras permaneció en la Dirección General de Seguridad con bajarle al patio para ser golpeado por agentes de la Policía Armada?

—Sí, y, además, cumplieron la amenaza.

—¿Permaneció en una celda de castigo hasta el 28 de agosto?

—No recuerdo el día.

—Una vez cerrado el sumario, ¿fue interrogado por el señor Conesa y otros agentes a sus órdenes el 28 de agosto?

—Sí. Me amenazaron con matar a algún familiar y con la excarcelación de mi compañera para ser interrogada de nuevo en dependencias policiales.

—No tengo ninguna pregunta más —concluyó el letrado.

—Se va a proceder a la prueba pericial solicitada por los defensores —continuó el presidente.

—Señor presidente, en mi nombre y el de mis compañeros, renunciamos a la práctica de la prueba pericial solicitada al habérsenos denegado el resto. Consideramos que nuestros clientes se encuentran en una situación de total indefensión. —Eduardo de Carvajal actuó como portavoz del resto de defensores.

Tras veinte minutos de receso, el fiscal y los abogados defensores elevaron sus conclusiones provisionales a definitivas.

—Es evidente que los procesados buscaban la muerte de un policía simplemente por ser fuerza armada, sin otra finalidad. Aquí no se juzga un delito de homicidio o de asesinato, porque si así se tratara serían jueces ordinarios, y no militares, los que habrían juzgado. Lo que se juzga es el delito de «insulto por agresión a fuerza armada» del artículo 308 del Código de Justicia Militar —explicó con vehemencia el fiscal—. En mis treinta años de jurídico militar no he visto una tipificación más clara del delito por agresión a fuerza armada, a toda la fuerza armada. El valor de las declaraciones autoinculpatorias de los procesados es innegable, aunque no las hayan ratificado en este acto, porque se prestaron libremente. Es inadmisible hacer creer, como han pretendido tanto los acusados como sus defensores, que fueron arrancadas por presiones físicas o morales. La labor de la policía no persigue con sus investigaciones más que el descubrimiento de la verdad. Las penas solicitadas son tremendas, pero no hay que olvidar que el hecho enjuiciado, matar a alguien solo por llevar un uniforme, es también tremendo.

Tomaron a continuación la palabra los letrados de la defensa.

—La acusación, tal y como la ha expuesto el fiscal, carece de seriedad porque no está fundada en ninguna prueba material —comenzó su exposición Miguel Castells, abogado de Vladimiro Fernández—. Nos vemos obligados a elevar a definitivas nuestras conclusiones provisionales cuando hay pendientes de resolver recursos de queja, peticiones de nulidad de actuaciones, de suspensión del consejo… ¿Cómo puedo defender si no se me ha permitido probar el objeto de mi defensa? No me gusta hablar si no se me permite probar. No he intervenido en el sumario porque no se me ha permitido intervenir, no se han practicado pruebas esenciales para la defensa. Ni uno solo de los testigos presenciales ha comparecido en esta sala porque se nos ha negado. Ni uno solo de esos testigos presenciales reconoció a los procesados. ¿Se practicó esta prueba de reconocimiento? No se ha hecho. Hemos pedido un examen balístico del proyectil que se dijo fue extraído del cuerpo del policía muerto, ¿dónde está la bala? Tampoco sabemos nada de la pistola. La tiene la policía, pero debía de estar aquí. En el coche presuntamente robado no aparecen las huellas de los procesados por ninguna parte, solo las del dueño. Las pruebas son esenciales para juzgar a un acusado y, sobre todo, cuando se pide la pena de muerte. Se han rechazado todas las pruebas solicitadas por la defensa. Hemos planteado denuncias por malos tratos de las que entiende un juez de la jurisdicción ordinaria y hemos tratado de aportarlas aquí, cosa que también nos ha sido denegada.

Eduardo Carvajal Salido, defensor de Manuel Blanco Chivite, fue el siguiente en hacer uso de la palabra.

—Las declaraciones de los acusados ante la policía no pueden ser un elemento suficiente para condenarlos a muerte, sobre todo cuando se nos ha negado aportar pruebas. Los defensores hemos venido aquí, ¿a qué? No podemos intervenir en absoluto porque se nos niegan los elementos esenciales de la prueba. Si el tribunal se atiene solo al contenido del sumario, ni siquiera hacía falta celebrar vista pública, bastaba con dictar sentencia.

Mariano Benítez de Lugo, letrado de Pablo Mayoral, insistió en los argumentos de sus compañeros.

—¿Es posible, señores del consejo, que puedan condenar a muerte solo por unas declaraciones que, además, fueron arrancadas por la fuerza?

—Este proceso se ha convertido en un proceso inquisitorial —añadió en su turno José Folguera, defensor de Fernando Sierra—, donde el juez militar instructor ha dominado absolutamente el sumario. La defensa no ha tenido acceso a él.

Por último, Javier Baselga, defensor de Xosé Baena, señaló en el alegato final:

—Se han denegado las 190 pruebas solicitadas por los defensores. Es sorprendente. Si la policía no se ha inventado todo, ¿por qué se nos han negado pruebas tan sencillas como las pedidas?

A las diez y media de la noche, el presidente suspendió el consejo de guerra hasta las nueve horas de la mañana del día siguiente.

«¿Cómo se puede abordar un proceso por asesinato sin que la defensa haya tenido la posibilidad de presentar a un testigo —escribió el abogado suizo Christian Grobet en el informe que elaboró como observador—. Por lo menos en el proceso de Puig Antich[50] el Ministerio Público se tomó la molestia de citar algún testigo y expertos. En cuanto al presidente, ha hecho gala de una enorme incompetencia, a pesar de la presencia a su lado de un oficial que debía manifiestamente ser un jurista destinado a ayudarle, al que consultaba continuamente, ante lo cual uno llega a preguntarse si habría presidido alguna vez un tribunal y si estaría desorientado (…). Otro incidente, a la vez ridículo y trágico: la legítima petición de la defensa para que los acusados tuvieran, por lo menos durante el interrogatorio, las manos sin esposas fue rechazada después de que el presidente preguntara al comandante encargado de la vigilancia si podía garantizarle la total seguridad y este contestara que no. El menor asomo de dignidad desapareció de la sala».

---

[50] Se refiere al militante anarquista Salvador Puig Antich, ajusticiado a garrote vil en marzo de 1974.

15

VISTO PARA SENTENCIA

La segunda jornada del consejo de guerra se inició con puntualidad, a las nueve de la mañana, para dar el último turno de palabra a los acusados antes de declarar la causa vista para sentencia y que los miembros del tribunal se retirasen a deliberar.

—Manuel Blanco Chivite, ¿tiene algo que manifestar a lo dicho ayer por su abogado? —preguntó el presidente, coronel Francisco Carbonell Cadenas de Llano, al primero de los acusados.

—Lo primero que quiero manifestar es que el aspecto desaseado con el que comparecemos se debe a la situación de incomunicación a que se nos ha sometido en prisión. Afirmo que he sido víctima de torturas y malos tratos, métodos que la policía aplica de manera sistemática para obtener confesiones incriminatorias. Se nos maltrató desde el mismo momento en que se nos detuvo. Fuimos interrogados durante siete días sin interrupción y sin que se nos dejara dormir. Cuando el juez militar que instruyó nuestro expediente vino a tomarnos declaración a la Dirección General de Seguridad, los policías nos advirtieron de que si no confirmábamos nuestras declaraciones nos volverían a torturar. En la prisión de Carabanchel se nos mantuvo aislados y sin comunicación con nadie durante veinte días en celdas de tres metros cuadrados, sin posibilidad de paseo, sin luz, sin tabaco, sin papel para escribir, sin libros. No teníamos derecho a cambiarnos de ropa, no se nos facilitó jabón y solo disponíamos de un litro de agua al día. Por la noche se nos daba un jergón de paja y una manta que nos quitaban al amanecer. También nos amenazaron con torturar a nuestras mujeres y novias, algunas de las cuales fueron detenidas. A nuestros abogados les han sido denegadas todas las pruebas solicitadas, tanto al juez instructor como a este tribunal, lo que nos deja en una situación de absoluta indefensión, a la que ha contribuido la celeridad con que se ha tramitado nuestra causa y el clima pasional que existe contra nosotros. Me reafirmo en mi militancia política y niego mi participación en los hechos de que se me acusa.

—Pablo Mayoral, ¿tiene algo que manifestar? —continuó, impasible, el presidente.

—Me ratifico en mis manifestaciones ante este tribunal, pero no en las declaraciones que presté ante la policía, que me amenazó con pegarme cuatro tiros y hacerme desaparecer porque nadie sabía que estaba detenido. Mi declaración ante la policía me fue arrancada con torturas.

El tribunal asistía imperturbable a los testimonios, sin atender a las denuncias de quienes deponían ante ellos. Le tocó el turno a Xosé Humberto Baena.

—Firmé las declaraciones ante la policía porque fui torturado. Lo pueden comprobar con solo mirar las fotografías que se publicaron en los periódicos. Aún conservo las pruebas de ello en mi cuerpo si quieren verlas. —Baena se puso en pie y levantó los manos esposadas—. Deseo que mi sangre sea la última que vierta un tribunal militar en este país.

—Vladimiro Fernández Tovar, ¿tiene algo que manifestar?

—Como mis compañeros, he sido torturado para que me reconociera culpable. Solo reconozco mi militancia en el FRAP, organización de masas que lucha por el fin de la dictadura y el restablecimiento en nuestro país…

—¡Cállese! Sus manifestaciones no tienen nada que ver con los hechos enjuiciados —interrumpió el presidente, visiblemente incómodo con los testimonios de los acusados.

—Señoría —intervino el abogado Miguel Castells—, el FRAP es objeto de este proceso, y por tanto forma parte del trámite en el que nos encontramos.

—¡Su intervención es extemporánea, letrado!

—¡Este es un juicio político! —alzó la voz el defensor para emular a su interlocutor.

—¡Cállese o le expulso de la sala! Fernando Sierra Marco, ¿tiene algo que manifestar?

—Este tribunal no ha sido ecuánime…

—¡Le amonesto severamente! No continúe por ese camino o le retiraré la palabra.

Fernando Sierra continuó su exposición reiterando las torturas de que había sido objeto.

—Soy miope. Me rompieron las gafas al primer bofetón y desde entonces no he podido leer nada. No sé lo que he firmado. Afirmo que soy inocente. Que no se nos tome por imbéciles, esto no ha sido un juicio, sino una farsa.

—Visto para sentencia. —Golpeó con fuerza el mazo el presidente del tribunal.

—Señor presidente, solicito se ponga fin a las condiciones inhumanas en las que se mantiene a los procesados, en régimen de castigo y en celdas de aislamiento —insistió el defensor Miguel Castells.

—Señor presidente —tomó la palabra el fiscal—, no es el momento procesal oportuno para plantear esa cuestión.

—Queda constituido el consejo de guerra en sesión secreta para deliberar y dictar sentencia —concluyó el presidente, sin atender los requerimientos del defensor.

«El proceso de los cinco militantes del FRAP ha constituido un simulacro. La audiencia del juicio, que debería constituir la fase capital de un procedimiento penal, en España es exactamente lo contrario ante jurisdicciones de excepción, para las que esta audiencia no constituye más que una formalidad llevada deprisa y corriendo y con el más absoluto desprecio por las legítimas peticiones de la defensa —dice el informe del abogado Christian Grobet—. Puede considerarse que la causa estaba vista para sentencia cuando terminaron los interrogatorios de la policía, y que, pasara lo que pasara después, la convicción de los jueces estaba ya creada. Mientras en un procedimiento ordinario en un Estado de Derecho el tribunal no se da por satisfecho con la simple confesión del acusado, sino que exige la prueba material de su culpabilidad, forjándose su propia convicción, en España todo transcurre de otro manera: la causa ha sido ya juzgada de antemano y el acusado, por así decirlo, condenado. Incluso el adagio según el que el acusado puede gozar del beneficio de la duda ha sido ignorado. En definitiva, este tipo de juicios son un verdadero proceso inquisitorial, con todos los abusos que comporta. El proceso solo sirve para confirmar, pero quizá de una forma mucho más vergonzosa, lo que todos sabíamos ya. El abajo firmante no se hacía ilusión ninguna sobre el resultado del proceso, ni se la hace ahora. El presente informe ha sido dactilografiado antes del veredicto».

FALLAMOS que debemos condenar y condenamos al procesado MANUEL ANTONIO BLANCO CHIVITE, como responsable en concepto de autor de un delito de INSULTO DE OBRA A LA FUERZA ARMADA, del nº 308 en relación con el 312, ambos del Código de Justicia Militar, y el artículo 18 de la Ley de 8 de marzo de 1941, concurriendo las circunstancias agravantes de premeditación conocida y de ejecutar los hechos por dos o más personas, a la pena de MUERTE, con las accesorias para caso de indulto de inhabilitación absoluta, decimos, por el tiempo de la condena.

El vocal ponente continuó la lectura de la sentencia. Dos penas de muerte más para Xosé Humberto Baena y Vladimiro Fernández Tovar, y de treinta y veinte años de reclusión, respectivamente, para Pablo Mayoral y Fernando Sierra.

«Sabíamos que tenían la decisión tomada y que el juicio había sido un acto meramente formal —recuerda Mariano Benítez de Lugo, defensor de Mayoral—. Eventualmente podían aceptar alguna matización, pero poco más. Era un esfuerzo baldío. Cuando nos comunicaron que a nuestros defendidos no les condenaban a muerte, Pepe Folguera, defensor de Sierra, y yo nos abrazamos llorando. Fuera de la sala esperaba Fernando Baena, el padre de Xosé, y su hija Flor. No pudieron llegar a tiempo a la primera jornada del juicio, y a esta segunda lo hicieron con una hora de retraso y no les autorizaron a entrar».

«Al llegar al Goloso me negaron la entrada y tuve que permanecer desde las diez de la mañana hasta las cuatro de la tarde a pie firme fuera de los controles —recuerda el padre de Baena en su diario—. A esa hora el abogado me dijo que de los cinco había tres condenados a muerte, mi hijo entre ellos».

Ese día, el general de Artillería de Estado Mayor, Alfonso Armada y Comyn,[51] secretario de Su Alteza Real el príncipe de España, don Juan Carlos de Borbón, firmaba en el Palacio de la Zarzuela una carta dirigida a Fernando Baena en respuesta a la que este había dirigido al futuro rey de España pidiéndole que intercediera por su hijo.

Mi estimado amigo: Su Alteza Real, el PRÍNCIPE DE ESPAÑA, ha recibido el escrito que le ha dirigido y ha encargado a esta Secretaría que lo estudie con el mayor interés, por si existe alguna posibilidad de ayudar a su hijo. Así lo hemos hecho, pero lamentándolo mucho tenemos que comunicarle que la solución al problema que plantea se sale de nuestras atribuciones, por lo que nada podemos hacer para favorecerle. Siento muchísimo no poder darle mejores noticias y quedo suyo atento y afectísimo amigo.

---

[51] Fue condenado a treinta años de prisión por su participación en el golpe de Estado del 23 de febrero de 1981, de los que solo cumplió cinco.

CASA DE S. A. R.
EL PRINCIPE DE ESPAÑA

SECRETARÍA

Palacio de la Zarzuela

MADRID, 12 de Septiembre de 1.975

Señor Don
FERNANDO BAENA FERNANDEZ

VIGO

Mi estimado amigo:

Su Alteza Real el PRINCIPE DE ESPAÑA,
ha recibido el escrito que le ha dirigido y ha encargado a esta
Secretaría que lo estudie con el mayor interés, por si existe alguna posibilidad de ayudar a su hijo.

Así lo hemos hecho, pero lamentándolo mucho tenemos que comunicarle que la solución al problema que plantea, se sale de nuestras atribuciones, por lo que nada podemos hacer para favorecerle.

Siento muchísimo no poder darle mejores noticias y quedo suyo atento y afectísimo amigo,

ALFONSO ARMADA Y COMYN
General de Artillería, DEM

La Casa del Príncipe de España comunica al padre de Baena que no puede hacer nada para evitar su condena a muerte.

16

SEGUNDO CONSEJO DE GUERRA

(17 DE SEPTIEMBRE DE 1975)

«Ve a ver a Gregorio Peces-Barba y dile que vas de mi parte. Tiene el despacho en la calle Xiquena, número 13». María Socorro García, profesora en la Facultad de Biología de la Universidad Complutense de Madrid, se encontraba perdida, sin saber qué hacer ni a quién recurrir, desde que la policía irrumpió en su domicilio y se llevó detenido a su marido, José Fonfría. Si ella no lo había sido también era porque acababa de dar a luz. Su esposo no tenía antecedentes penales, pero sí su hermano gemelo, que hacía un año había pasado tres meses en prisión por su militancia en el FRAP.

«En el partido no había abogados —relata Fonfría—, aunque en alguna ocasión nos dijeron que si teníamos problemas recurriéramos a Pablo Castellanos. A Peces-Barba no le conocíamos de nada, y mi mujer no se habría dirigido a él si no hubiese sido porque se lo sugirió un compañero de facultad». Hacía solo unas semanas que el letrado y profesor había rechazado la defensa del también militante del FRAP Pablo Mayoral, pese a habérselo pedido su amigo Luis Cavanna, y la de Fernando Sierra, y esta nueva propuesta le incomodó. En esta ocasión, sin embargo, decidió que fuese un joven letrado recién incorporado a su despacho, Pedro González Gutiérrez-Barquín, quien se acercase a la prisión de Carabanchel para entrevistarse con él, averiguara los delitos de que le acusaban y valorara si existía alguna posibilidad real de defensa. El 10 de septiembre Fonfría firmaba su designación como abogado y la de Tomás de la Quadra-Salcedo y Fernández del Castillo como suplente. Otro prometedor letrado del despacho de la calle Conde de Xiquena, en su caso con más experiencia.

Victoria Sánchez-Bravo viajó a la capital con su madre tan pronto como tuvo noticias de la detención de su hermano, para buscar a un jurista que aceptara representarlo. «Pregunté cuál era el mejor abogado de Madrid para contratarlo, costara lo que costara, y me remitieron al despacho de Gil-Robles. Nos entrevistamos con él, pero nos dijo que el caso de mi hermano estaba perdido de antemano y que no quería hacerse cargo de su defensa». El viejo líder de la CEDA les recomendó que recurrieran a alguno de esos abogados jóvenes dispuestos a meterse en todos los «charcos», por complicados que fueran. Quizá Fernando Salas, uno de cuyos compañeros, Eduardo Carvajal, había defendido al también militante del FRAP Manuel Blanco Chivite en el consejo de guerra celebrado días antes. Salas aceptó hacerse cargo del caso, aunque situó a su compañera Concha de la Peña como titular y él como suplente.

«Todos los tribunales de Madrid estaban en la calle General Castaños. Había catorce o quince de primera instancia e instrucción, el Tribunal Supremo y el Tribunal de Orden Público (TOP) —cuenta el abogado Juan José Aguirre—.[52] Los abogados nos solíamos encontrar en el bar El Supremo, y los guardias civiles y policías en El Birrete, que estaba al lado. El 16 de septiembre, sobre las dos de la tarde, apareció Concha Infante, que venía de la prisión de Carabanchel de ver a un cliente, y nos dijo que varios chicos que iban a ser juzgados en consejo de guerra no tenían abogado y debían designar a uno en veinticuatro horas. Se montó un debate

---

[52] Todas las manifestaciones de Juan José Aguirre, salvo que se especifique lo contrario, han sido recogidas por el autor en entrevistas personales.

en el que unos éramos partidarios de asumir las defensas y otros no. En la abogacía madrileña había un gran bloque de letrados del PCE, CCOO, el PTE, la ORT y algunos, muy pocos, del PSOE, y una mayoría progresista pero independiente. Gerardo Viada y yo decidimos subir a la cárcel para hacernos cargo de la defensa de Ramón García Sanz, *Pito*. Nos acompañó Gonzalo Martínez Fresneda, aunque nos dijo que no iba a asumir la de ninguno. Recuerdo que paramos en un bar de Aluche a comer medio plato de lentejas y continuamos hasta la prisión para entrevistarnos unos minutos con él y que nos firmara el escrito de designación. No le conocíamos de nada, ni él tenía referencias nuestras. En el locutorio de al lado estaba José Luis Sánchez-Bravo. Hablaron unos minutos entre ellos en el pasillo y Pito aceptó que le representáramos. De Carabanchel nos fuimos corriendo a Capitanía General, en el paseo de Reina Cristina, para entregar el escrito y que nos tuvieran por personados. En ese momento nos citaron a las cinco de la tarde en la prisión para darnos una copia del sumario».

Puntuales, los defensores tuvieron que esperar dos horas, hasta las siete, la llegada del juez instructor, el coronel de Caballería Agustín Puebla Fernández, que además de entregarles una fotocopia de las actuaciones les facilitó la orden de la Capitanía General de la Primera Región Militar que convocaba el consejo de guerra para el día siguiente.

Por haberlo dispuesto así S. E. el Capitán General de esta Región y para ver y fallar la causa instruida por el procedimiento sumarísimo 1/75 por el Juzgado Militar Permanente n° 5 contra los paisanos Ramón García Sanz, Manuel Cañaveras de Gracia, José Fonfría Díaz, José Luis Sánchez-Bravo Solla, Concepción Tristán López y María Jesús Dasca Penelas, procesados por un presunto delito de terrorismo, se reunirán en el acuartelamiento de la Brigada Acorazada nú-

CAPITANIA GENERAL
de la
1ª REGION MILITAR

ESTADO MAYOR

Orden General número 157 correspondiente al día 16 de Septiembre de 1.975

ARTICULO PRIMERO.-

Por haberlo dispuesto así S.E. el Capitán General de esta Región y para ver y fallar la causa instruida por el procedimiento sumarísimo num. 7/75, por el Juzgado Militar Permanente Núm. 5, contra los Paisanos RAMON GARCIA SANZ, MANUEL CAÑAVERAS DE GRACIA, JOSE FONFRIA DIAZ, JOSE LUIS SANCHEZ-BRAVO SOLLAS, CONCEPCION TRISTAN LOPEZ y MARIA JESUS DASCA PENELAS, procesados por un presunto delito de "terrorismo"; se reunirán en el acuartelamiento de la Brigada Acorazada núm XII, sita en el Goloso (Madrid) Km. 16,800 Cª 607 de Colmenar el miércoles, día 17, a partir de las nueve horas, el Consejo de Guerra que a continuación se indica, compuesto por los siguientes señores Jefes y Oficiales:

PRESIDENTE: Sr. Coronel de Caballería
DON RICARDO OÑATE DE PEDRO

VOCAL PONENTE: Sr. Comandante Auditor
DON CARLOS RODRIGUEZ DEVESA

VOCALES: Capitán de Caballería (Rgtº Lig. Acor. Villaviciosa nº 14)
DON JOSE GARCIA GUERRERO
Capitán de Artillería (Grupo Lig. de A.A. Div. Acor. "Brunete" nº1)
DON PEDRO SANCHEZ CASTRO
Capitán de Ingenieros (Rgtº Mixto Ing. 1)
DON JOSE DE MIGUEL DE LA CALLE

SUPLENTES: Capitán de Caballería (Rgtº Lig. Acor. Villaviciosa nº 14)
DON JULIO NIETO GONZALEZ
Capitán de Infantería (Rgtº Infª Mecanizada Wad-Ras 55)
DON FERNANDO REDONDO DIAZ

FISCAL: El Jurídico Militar de la Región

DEFENSORES: Los que designen cada procesado tanto titulares como suplentes y además los suplentes nombrados de oficio que para cada uno se relacionan a continuación:

Para el procesado RAMON GARCIA SANZ
El Comandante de Infª D. JOSE GOMEZ SAUCA del Rgtº Infª Mec. Asturias
Nº 31

Para el procesado MANUEL CAÑAVERAS DE GRACIA
El Comandante de Caballería D. ALFREDO BEAUMONT ORIA DE RUEDA, del Rgtº de Caballería Acorazada Ligera Villaviciosa nº 14

Para el procesado JOSE FONFRIA DIAZ
El Comandante de Artillería D. JUAN LOPEZ MAYORAL del Centro de Instrucción de Reclutas nº 1.

Para el procesado JOSE LUIS SANCHEZ-BRAVO SOLLAS
El Comandante de Ingtº D. PABLO LOPEZ PINTO, del Batallón Mixto de Ingenieros XII, División Acorazada.

Para la procesada CONCEPCION TRISTAN LOPEZ
El Comte. de Infª D. FLORENTINO PRADILLO LOZANO, del Rgtº de Infª Acorazada Alcazar de Toledo 61.

Para la procesada MARIA JESUS DASCA PENELAS
El Comandante de Artº D. JOSE ALFRANCA PUCHADES, del Rgtº Artº Nº 7?

Orden General de la Capitanía General de la 1ª Región Militar dando cuenta de la celebración del consejo de guerra contra Ramón García Sanz, Manuel Cañaveras de Gracia, José Fonfría, José Luis Sánchez-Bravo, Concepción Tristán y María Jesús Dasca el día 17 de septiembre de 1975 en El Goloso.

mero XII, sita en El Goloso (Madrid), kilómetros 16,800 Cª 607 de Colmenar, el miércoles día 17, a partir de las nueve horas, el Consejo de Guerra que a continuación se indica, compuesto por los siguientes señores Jefes y Oficiales.

La orden designaba al coronel de Caballería Ricardo Oñate de Pedro como presidente del tribunal, como vocal ponente al comandante auditor Carlos Rodríguez Devesa, y como vocales a los capitanes José García Guerrero, de Caballería, Pedro Sánchez Castro, de Artillería, y José Miguel de la Calle, de Ingenieros. El escrito nombraba abogados de oficio, al margen de los designados por los procesados, a los comandantes José Gómez Sauca, Alfredo Beaumont Oria de Rueda, Juan López Mayoral, Pablo López Pinto, Florentino Pradillo Lozano y José Alfranca Puchades.

El sumario ordinario 310/75 se había transformado en sumarísimo 1/75 el día anterior, 15 de septiembre, lo que limitaba aún más las escasas posibilidades de defensa. Los defensores disponían de solo cuatro horas, en lugar de diez días, desde que se les daba traslado de la causa para estudiar el expediente, analizar la acusación del fiscal, entrevistarse con sus clientes, presentar el escrito de conclusiones y proponer la práctica de pruebas, que podían ser rechazadas por el instructor sin posibilidad de recurso ante una instancia superior.

«Tras las formalidades pudimos entrevistarnos por segunda vez con Pito —continúa su relato Juan Aguirre—. Estaba machacado a golpes y tenía el convencimiento de que los iban a matar, que la sentencia estaba decidida de antemano. Me aseguró que él no había participado en el atentado y que había firmado lo que la policía le puso delante. Recuerdo que, para mi sorpresa, nos pidió que le diéramos un lápiz para clavárselo al primer policía o funcionario que tuviera ocasión, porque era lo único que podía hacer ya en esta vida».

Tras recoger las copias del sumario, todos los defensores, salvo Pedro González Gutiérrez-Barquín, se trasladaron al despacho de Francisca Sauquillo, en la calle José Ortega y Gasset, para preparar una defensa conjunta. En el debate se sustanciaba si optar por una defensa de connivencia, que suponía reconocer la validez del procedimiento y del tribunal e intentar rebatir las acusaciones del fiscal, o por una defensa conjunta de ruptura para denunciar las irregularidades del proceso y negar cualquier apariencia de legalidad, que fue la que finalmente se acordó. El precursor de este tipo de defensa era el letrado francés Jacques Vergès, que la había puesto en práctica en los procesos contra el Frente de Liberación Nacional (FLN) argelino. La editorial Anagrama había publicado en 1970 su obra *Estrategia judicial en los procesos políticos*, que se había convertido en una guía de actuación en estos casos.

«Acordamos que había que prolongar lo más posible el procedimiento para que la prensa tuviera tiempo de hacerse eco de lo que estaba ocurriendo —cuenta Sauquillo—.[53] Sabíamos que no había posibilidades reales de defensa».

«Cuando estábamos reunidos se presentó Francisco Javier Sauquillo[54] para pedirnos que renunciáramos a la defensa o que adoptásemos una actitud de no enfrentamiento con el tribunal —dice Juan Aguirre—. Nuestra posición no era política, no estábamos de acuerdo con las acciones del FRAP, sino humanitaria. Pensábamos que si el caso no concitaba una respuesta social y política general en todo el mundo el régimen iba a poner en marcha otros procesos de mayor envergadura que tenía paralizados, como el atentado de la calle del Correo o el magnicidio de Carrero Blanco».

A la una de la madrugada del 17 de septiembre, cuando se cumplía el plazo de cuatro horas para presentar los escritos de defensa, los

---

[53] Entrevista con el autor.

[54] Hermano de Francisca Sauquillo, fue asesinado por ultraderechistas el 24 de enero de 1977 en el despacho laboralista de la calle Atocha 55.

letrados se personaron de nuevo en Capitanía General para intentar paralizar el consejo de guerra. «Nos encontramos con Gregorio Peces-Barba y con Gutiérrez-Barquín que, ellos sí, iban a presentar su escrito de defensa —señala Juan Aguirre—. Les dijimos que su actitud legitimaba el consejo y nos dejaba a los demás en una difícil situación. Además, a José Fonfría, su defendido, el fiscal no le pedía pena de muerte, sino treinta años de prisión, y tenían un margen de maniobra mayor. Nos dijeron que ellos iban a defender y no iban a entrar en una estrategia conjunta de ruptura».

El resto de defensores presentaron un escrito recusando a los miembros del tribunal al considerar que el asesinato el domingo 14 en Barcelona del policía armada Juan Ruiz Muñoz por el FRAP hacía imposible que actuaran con imparcialidad. «Otro policía, un miembro de la Policía Armada franco de servicio, asesinado a tiros por la espalda y rematado bestialmente a cuchilladas —decía el editorial del diario *La Vanguardia*—. Como tantos, quisiéramos creer que se trata de un hecho aislado, de un arrebato de locura, de un sórdido acto de gente del hampa. Pero ya son demasiados los atentados de esta dimensión perpetrados en el país, y harto evidentes las pruebas de actividades terroristas para no relacionar la muerte del policía don Juan Ruiz Muñoz con los siniestros designios de unas organizaciones subversivas enemigas del orden, de la moderación, de la convivencia pacífica y partidarias de prácticas absolutamente criminales cuyo objetivo está muy claro: crear en España un indeseable clima de violencia fratricida».

«Es pública y notoria —decían los letrados en el escrito—[55] la situación de tensión que invade nuestro país con motivo de los últimos acontecimientos ocurridos en Barcelona. Esta situación repercute en la creación de un clima pasional que afecta a todos los ciudadanos por igual, toda vez que la influencia de los medios de

---

[55] Documento incorporado al sumario.

comunicación sobre la opinión pública es enorme, y más en el caso que nos ocupa, en que parece existir unanimidad en tales medios para el tratamiento de estos hechos. Por tanto, es evidente que los miembros del consejo de guerra, cuya honorabilidad personal no ponemos en duda, se encuentran inmersos en este clima, y como cualquier ciudadano medio son sujetos de esta situación pasional».

Los abogados presentaron de manera simultánea un escrito de previo pronunciamiento en el que sostenían que, según el propio Código de Justicia Militar, solo podían ser juzgados por el procedimiento sumarísimo «los reos de flagrante delito militar», una circunstancia que no se daba en los acusados. El capitán José Pérez de Bethencourt, secretario del procedimiento, denegó la solicitud de forma inmediata. El militar argumentaba que el Decreto Ley contra el Terrorismo aprobado el 26 de agosto permitía la conversión del sumario ordinario en sumarísimo, pese a que el atentado del que eran acusados se había perpetrado el 16, diez días antes. La norma se aplicaba con carácter retroactivo gracias a una circular de 10 de septiembre de la Fiscalía Togada del Consejo Supremo de Justicia Militar, que lo autorizaba.

En un tercer documento los letrados solicitaron la nulidad de lo actuado desde que les entregó copia del procedimiento, porque los tres últimos folios (280, 281 y 282), los de la calificación del fiscal, no estaban sellados y, en consecuencia, «ignoramos si se corresponden con otros iguales de los autos originales, y si son fiel reflejo de los mismos», recoge el documento incorporado al sumario. Este detalle menor obligó al juez a subsanar el error y demorar el plazo de entrega de los escritos de defensa hasta las nueve de la mañana, la hora en que inicialmente estaba previsto el inicio del consejo de guerra. A esa hora, los letrados volvieron a presentar dos nuevos recursos. En el primero, los suplentes aducían que ni ellos ni los militares designados de oficio habían recibido fotocopia de la causa, «lo que hace imposible que los firmantes podamos instruirnos suficientemente ya que, como es natural, los titulares han precisado utilizar la única fotocopia durante el breve plazo de cuatro horas que la ley concede». En el segundo solicitaban la nulidad de actuaciones porque en la orden de convocatoria del consejo no figuraba ni el destino del presidente, ni del vocal, ni del fiscal, del que tampoco se sabía el nombre, requisitos exigidos por el Código de Justicia Militar. «Tales datos son todos necesarios, pero es especialmente imprescindible mencionar el nombre del fiscal —decía el documento—, pues de lo contrario no se puede saber si está comprendido en algunas de las causas de incompatibilidad, y tal extremo produce total y absoluta indefensión».

Incluso Gutiérrez-Barquín, que se había autoexcluido de la estrategia pactada por sus compañeros, realizó una solicitud disparatada para ganar tiempo: que se oficiara al Ayuntamiento de Madrid solicitando un plano «con el nombre y situación exacta de la calle y lugar donde se produjo la muerte del teniente de la Guardia Civil, señor Pose, y se efectúe una inspección ocular del lugar en el que ocurrieron los hechos en presencia de los procesados». También quería que el resto de acusados reconociera a su cliente en una rueda de presos.

El juez ignoró todos los recursos y a las 12.45 horas zanjaba las maniobras dilatorias de los abogados comunicándoles que el juzgado se trasladaba a El Goloso para iniciar la vista.

«Cuando llegamos al acuartelamiento, el espectáculo paramilitar era impresionante —recuerda Juan Aguirre—. Un soldado cada diez metros, agentes de "la social", grupos de fascistas amigos de la casa. Nos metieron en una sala y a Ventura Pérez Mariño y Juan Lozano les surgió la duda de si, dado que no habíamos conseguido anular el consejo, debían defender a sus clientes, las dos únicas chicas del proceso, Concepción Tristán y María Jesús Dasca, e intentar que no las fusilaran. Pidieron hablar con ellas para que decidiesen qué querían hacer y ambas respondieron que asumían la misma estrategia de defensa que sus compañeros. Al cabo de un rato entró en la sala el juez instructor, el coronel Agustín Puebla, para requerirnos los escritos de defensa. Le dijimos que no podíamos porque aún no se habían resuelto una serie de incidentes que cuestionaban la legalidad del consejo de guerra». La estrategia de los letrados consiguió posponer una vez más el inicio de la vista, aunque por poco tiempo. Después de comer, todos ellos fueron llamados a entrar de manera urgente en la sala, donde ya se hallaba constituido el tribunal. El juicio empezaba sin que se hubiese decidido sobre la recusación del mismo, sin escritos de defensa y, en consecuencia, sin que estas hubiesen propuesto prueba alguna. A las cuatro y media de la tarde, abogados y acusados ocuparon sus puestos. Para entonces habían transcurrido veintiuna horas de intensa batalla legal.

—Procédase por el juez instructor a la lectura del apuntamiento.
—El presidente del tribunal, coronel Ricardo Oñate, abrió formalmente la vista oral.

—Pido la venia, señoría… —La intervención del letrado Juan Aguirre, defensor de Ramón García Sanz, no dio tiempo a que se iniciara la lectura.

—No se concede la venia. Que se proceda a la lectura del apuntamiento —cortó el presidente.

—Con la venia del señor presidente, quiero efectuar algunas alegaciones —insistió el abogado defensor.

—Cuando haga su informe podrá plantear las alegaciones que considere oportunas, pero hasta entonces, no —interrumpió, seco, el coronel—. Le recuerdo al señor letrado que de persistir en su actitud me veré obligado a aplicar lo previsto en el artículo 18 del Decreto Ley sobre Prevención del Terrorismo y relevarle de su misión de defensa, que pasaría al letrado suplente.

—Señor presidente, con el debido respeto —perseveró el abogado, haciendo caso omiso de la advertencia.

—De acuerdo con el artículo 18.3 del decreto ley 10/1975 queda usted expulsado de la sala. Proceda a ocupar su lugar el letrado suplente.

El citado artículo establecía que los abogados defensores que «abierta y gravemente perturbaren el orden de los debates o diligencias» serían relevados por el suplente y, además, quedaban inhabilitados durante un año para intervenir en causas similares.

Uno a uno, los letrados titulares solicitaron de forma sucesiva la venia del presidente para plantear alegaciones, y uno a uno fueron expulsados de la sala, salvo Gutiérrez-Barquín, letrado de José Fonfría, que previamente había decidido desmarcarse de la estrategia de sus compañeros. Los suplentes expusieron su desconocimiento de la causa al no habérseles facilitado una copia, como habían dejado constancia por escrito, y, como sus compañeros, fueron obligados a abandonar la estancia. Paca Sauquillo, que fue la última en hacerlo, aún tuvo tiempo de reclamar al tribunal que, puesto que no había podido consultar el sumario, se procediera a su lectura íntegra. La defensa quedó encomendada desde ese momento a los abogados militares nombrados de oficio que, como los anteriores, no solo desconocían el contenido del sumario, sino que carecían de formación jurídica.

«Aquello fue terrorífico —dice Gerardo Viada,[56] letrado suplente de Juan Aguirre—. Éramos muy jóvenes, yo tenía veinticuatro años, y nos enfrentábamos a peticiones de penas de muerte rodeados de cascos, metralletas, gritos… El presidente del tribunal tenía instrucciones de celebrar la vista y nos fue expulsando uno detrás de otro, según pedíamos la venia. No era nada parecido a un juicio. En la sala se quedaron los defensores militares, que ni sabían derecho, ni se habían leído el sumario y tampoco habían hablado con los procesados. Esto da una idea de cómo fue aquello». Se daba la paradoja de que cinco militares debían defender la inocencia de cinco acusados para los que se pedía pena de muerte ante un tribunal integrado por cinco militares.

---

[56] *Vanguardia Obrera* del 26 de septiembre al 2 de octubre de 1985.

«Cuando abandonamos la sala nos quitamos la toga en un cuarto y nos dijeron que saliéramos del cuartel —recuerda Juan Aguirre—. Íbamos por un camino de arena hacia el control cuando se nos acercaron varias personas de paisano con pistolas en la mano. A mí me pusieron una en el cuello al tiempo que me gritaban "rojo de mierda". Un capitán los apartó y ordenó a varios soldados que nos acompañaran. Recuerdo que, una vez fuera, Pérez Mariño y Miguel Satrústegui lloraban de nervios, de asco y de impotencia. De allí volvimos al despacho de la calle Ortega y Gasset para redactar un informe sobre todo lo ocurrido y enviarlo al príncipe Juan Carlos, a todos los ministros del Gobierno de Franco, capitanías y gobernadores militares, al Colegio de Abogados, embajadas, y a otras personalidades que pensábamos podían tener algún peso para parar aquellos asesinatos».

Mientras, la vista continuaba con el interrogatorio de los acusados por parte del fiscal. Todos reconocieron su militancia en el FRAP negaron ser los autores del asesinato del teniente Pose y denunciaron haber firmado las declaraciones autoinculpatorias para acabar con las torturas. Solo Fonfría rompió el argumentario común de sus compañeros y reconoció que le encargaron robar un coche, pero dijo que no lo hizo y que se enteró de que la operación especial de que le habían hablado consistía en matar a un guardia civil momentos antes del atentado. Cuando lo supo, dijo, se marchó del lugar de los hechos sin intervenir en el crimen. Fonfría evitó dar nombres, hasta que la insistencia del fiscal le hizo reconocer que Manuel Cañaveras de Gracia fue la persona que le contactó para participar en el atentado.

«Hasta la noche anterior al juicio solo había visto a mi abogado en una ocasión —relata José Fonfría—.[57] Me insistió mucho en que me defendiera, que dijera que no conocía a ninguno de los

---

[57] Entrevista con el autor.

acusados y que ya me había marchado cuando ocurrieron los hechos. Llegué a El Goloso bloqueado, y a base de preguntas del fiscal salió lo de Cañaveras. No sé en qué momento dije que me había citado. Se me escapó. No me siento orgulloso de cómo actué, pero las cosas ocurrieron así».

Tras un receso de dos horas, la sesión se reanudó a las siete y media de la tarde con la intervención del fiscal para exponer sus conclusiones definitivas.

—El paisano procesado José Luis Sánchez-Bravo, alias *Hidalgo*, miembro del PCE (m-l) y de la organización FRAP, respondiendo a la línea de violencia y subversión que había iniciado esta con el fin de atentar contra el orden institucional, concibió el plan de dar muerte a un teniente de la Guardia Civil que, por vivir en las proximidades de donde él vivía, había visto llegar varias veces a su casa a la misma hora, así como que su domicilio estaba ubicado de tal suerte que era muy fácil la huida después de ejecutado[58] —comenzó su intervención en tono altisonante—. Que el tal José Luis Sánchez —prosiguió— dio noticia a sus camaradas, asimismo procesados, Manuel Cañaveras de Gracia, alias *Ramiro*, Ramón García Sanz, alias *Pito*, y el aún no detenido ni procesado Fernando Proenza González, alias *Manolo*, los que le manifestaron su conformidad, poniéndose de acuerdo en cuanto a la realización del mismo. En pro de la consecución del plan, Cañaveras de Gracia manifestó a Sánchez-Bravo que tenía una escopeta que podían utilizar, y este le comunicó que sabía de una persona que podía recortarle los cañones para asegurar la efectividad del disparo, tarea que realizó García Sanz (…). Sánchez-Bravo comunicó también el plan a la procesada Concepción Tristán López, alias *Sonia*, a la que pidió autorización para llevarlo a efecto. Esta, a su vez, dio noticia del plan propuesto a la igualmente procesada María Jesús Dasca Penelas, la

---

[58] Escrito de acusación del fiscal incorporado al sumario.

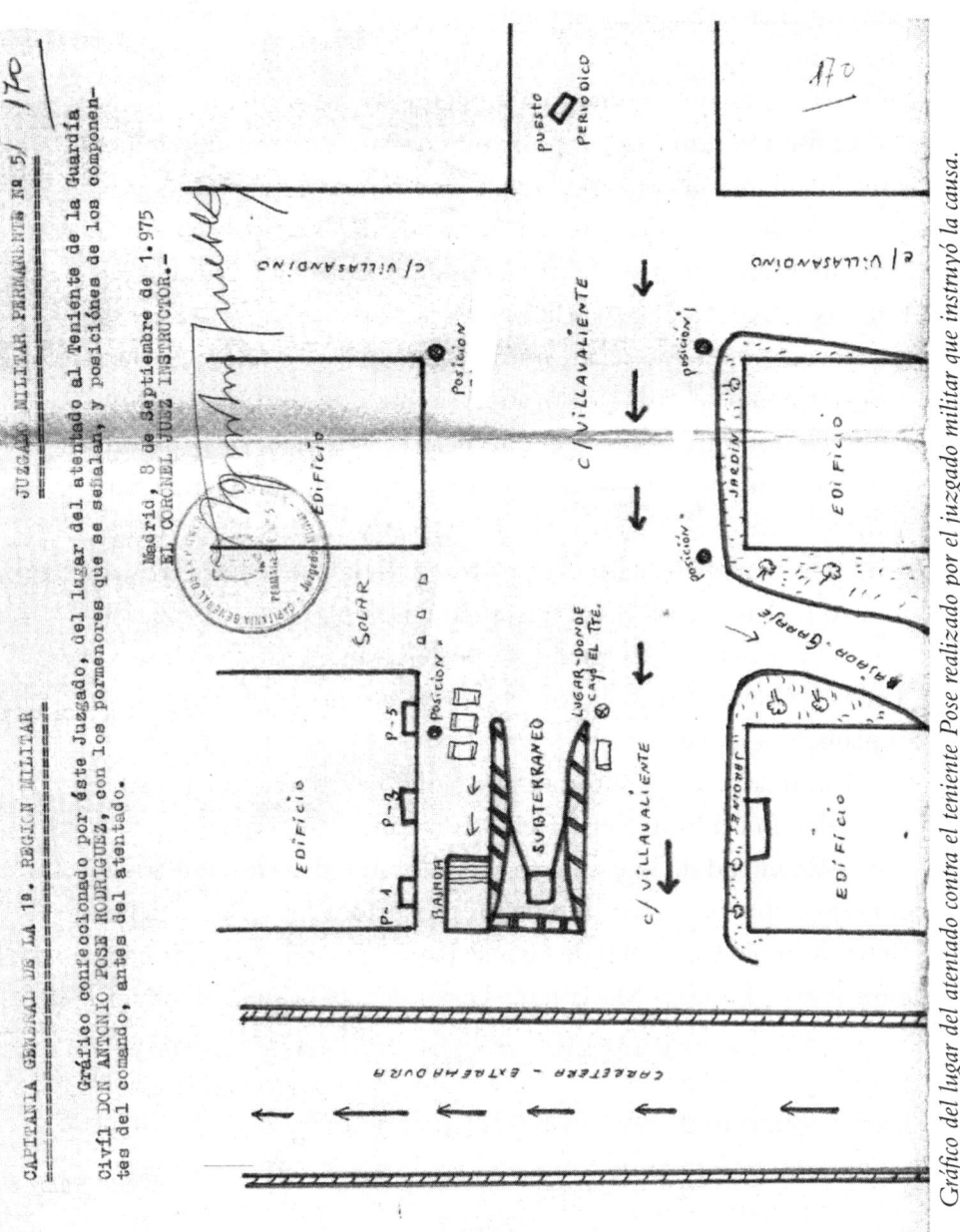

Gráfico del lugar del atentado contra el teniente Pose realizado por el juzgado militar que instruyó la causa.

N 1 415329

que manifestó que debía dar noticia a estamentos superiores de la dirección, lo que llevó a cabo, dando después la orden a Concepción Tristán de que se matara al teniente.

El fiscal continuó su exposición con voz cada vez más tediosa a medida que avanzaba en el relato de hechos.

—Sobre las catorce treinta horas del día referido apareció el automóvil que conducía el teniente de la Guardia Civil don Antonio Pose Rodríguez, y cuando García Sanz oyó «ahí viene» y vio apearse al teniente de su automóvil, salió de detrás del coche aparcado en donde se había colocado y le hizo un disparo a una distancia de dos o tres metros, el que alcanzó al teniente y le produjo la muerte instantánea, huyendo por el subterráneo García Sanz, Cañaveras de Gracia y Provenza González, y Fonfría Díaz, alias *Ricardo*, por la calle inmediata, Villasandino, en la que se hallaba cuando oyó la detonación, y sin ver al teniente huyó hacia la calle Virgen del Rosario, entrevistándose posteriormente todos ellos con Sánchez-Bravo, al que dieron la noticia de que habían ejecutado el plan».

Tras una pausa para tomar aire, volvió al tono alterado con el que había iniciado su alegato para concluir su intervención.

—En virtud de lo expuesto, y en nombre de la ley, solicito del consejo imponga a cada uno de los procesados José Luis Sánchez-Bravo, Manuel Cañaveras de Gracia, Ramón García Sanz, Concepción Tristán López y María Jesús Dasca Penelas la pena de muerte y accesorias legales para caso de indulto, y al procesado José Fonfría Díaz la pena de treinta años de reclusión mayor y accesorias legales. En concepto de responsabilidad civil deberán abonar a los herederos de la víctima millón y medio de pesetas solidaria y subsidiariamente todos los procesados, de acuerdo con lo establecido en el artículo 202 del Código de Justicia Militar. No obstante, el Consejo de Guerra resolverá.

«Al escuchar las peticiones de muerte llamé a mi hermano: "¡Luis!" —cuenta Victoria Sánchez-Bravo—, y, al volverse, uno de los policías que le custodiaban le golpeó. Me puse a gritar "¡asesinos!, ¡criminales!", y me sacaron de la sala. Varios agentes me montaron en un coche para llevarme a la Dirección General de Seguridad, pero detrás de nosotros salió un grupo de periodistas y terminaron llevándome al hostal en el que me alojaba».

Tras la intervención del fiscal, los defensores de oficio, todos ellos comandantes, intentaron minimizar en su turno de palabra la participación de los acusados en los hechos con argumentos dispares. A María Jesús Dasca y Concepción Tristán no se las podía considerar ni autoras ni inductoras, sino transmisoras de órdenes, con las atenuantes añadidas de su juventud y estar ambas embarazadas. «Sus futuras responsabilidades íntimas —remachó el defensor— les permitirán reincorporarse a la sociedad». Sánchez-Bravo, ni era autor material, ni se había probado su intervención en el crimen. Además, su familia tenía antecedentes esquizofrénicos y paranoicos de los que podía considerársele afectado. Manuel Cañaveras no había tenido más intervención que ofrecer una escopeta, sin saber para qué iba a ser utilizada, y en cuanto a Ramón García, se crio en un orfanato, privado de un ambiente familiar, y actuó coaccionado con la atenuante de arrebato u obcecación. En definitiva, todos debían ser absueltos o, alternativamente, condenados a quince años de prisión.

Por último, Gutiérrez-Barquín, el único defensor titular que permanecía en la sala, manifestó con seguridad que no habría asumido la defensa de José Fonfría si no hubiese estado convencido de su inocencia.

—El hecho de no haber seguido las instrucciones de sus compañeros, a los que no conocía, demuestra que no tenía intención de cometer delito —dijo en su alegato final—. No vigiló, porque en la posición que estaba cuando se produjo el hecho no veía el lugar donde se cometió, ni era vista su posible señal. En todo caso, vigilar no es ser autor, sino cómplice. Mi defendido repudió la muerte del teniente cuando supo el plan y se apartó de sus compañeros, como ha quedado probado. Solicito su libre absolución o, subsidiariamente, pena de reclusión por complicidad.

—El consejo queda reunido en sesión secreta para deliberar y dictar sentencia. Se levanta la sesión —puso el punto y final el presidente.

Eran las nueve de la noche.

A la mañana siguiente, el tribunal confirmó las penas de muerte solicitadas por el fiscal, salvo en el caso de Fonfría, al que impuso veinte años de reclusión en lugar de treinta. Comenzaba a contar para los defensores de oficio el plazo de dos horas para presentar sus escritos de alegaciones al capitán general. Todos presentaron textos de un folio de extensión en los que reiteraban los argumentos ya expuestos en la vista, que concluían con la petición de la gracia del indulto. El comandante José Gómez Sauca, que ostentaba la representación de Ramón García Sanz, llegó a escribir, en un intento desesperado por salvar su vida, que, dadas las circunstancias en que de desarrolló su niñez, «mi defendido es actualmente un ser marginal y tarado».

También en poco más de un folio, el capitán general desestimaba las alegaciones de las defensas y ordenaba la remisión de la causa al gobierno.

Esa mañana, el diario *Informaciones* recogía unas declaraciones de Pilar Franco, hermana del dictador, a la revista *Blanco y Negro*. «¿Es tan frío e implacable como dicen y es cierto que no se inmuta por nada?», preguntaba el periodista. «Ni mucho menos, quien diga eso es que no le conoce bien. Mi hermano tiene un corazón enorme y cuando tiene que castigar, castiga, pero con harto sentimiento de su corazón. Desde pequeño ha tenido un gran sentido de la justicia, y cuando se le reñía con razón se quedaba absolutamente conforme y satisfecho. El caudillo no es frío, sino sereno».

17

ONCE PENAS DE MUERTE

Confirmadas las ocho penas de muerte dictadas en los dos consejos de guerra sucesivos contra los miembros del FRAP, el último trámite que restaba para su ejecución inmediata era el «enterado» del Consejo de Ministros. Como todos los viernes, el 19 de septiembre, apenas veinticuatro horas después de pronunciadas las últimas condenas, el gobierno en pleno se reunió a las diez y media de la mañana en el Palacio de El Pardo. A los fallos anteriores se añadían dos penas de muerte más, las de los militantes de ETA José Antonio Garmendia Artola y Ángel Otaegui Etxebarria, juzgados el 28 de agosto anterior. La vista contra un tercer etarra, Juan Paredes Manot, *Txiki*, para quien el fiscal pedía también la pena capital por la muerte de un policía, había comenzado esa misma mañana en el Gobierno Militar de Barcelona. Si la vista se desarrollaba con rapidez y, como era previsible, se confirmaba la petición fiscal, el ejecutivo tendría tiempo de acordar la ejecución de todos ellos en un plazo de doce horas. Cuatro consejos de guerra resueltos en un mismo acto que evitaba el impacto de una sucesión de ajusticiamientos.

Tras algo menos de tres horas de reunión del gobierno en pleno, sin que en ese plazo el consejo de guerra que se celebraba en la ciudad condal hubiese concluido, el Consejo de Ministros hizo pública la referencia oficial de los temas tratados. El vicepresidente primero y ministro de Gobernación, José García Hernández, había informado de la situación de calma en todo lo relativo al orden público que vivía el país, a excepción de la actividad terrorista, y dio cuenta de que un brote de rabia detectado en Málaga estaba controlado. El vicepresidente segundo y titular de Hacienda, Rafael Cabello de Alba, abordó la situación del mercado mundial de divisas y la situación de las reservas del país, y el vicepresidente tercero y ministro de Trabajo, Fernando Suárez González, dejó constancia de la escasa conflictividad laboral registrada durante la última semana y anunció que el índice de desempleo se situaba en el 2,31 por ciento. Por último, Pedro Cortina Mauri, ministro de Asuntos Exteriores, aludió a la inauguración de la Asamblea de las Naciones Unidas y la posición española en los temas a tratar. El gobierno no se pronunciaba sobre las penas de muerte impuestas por los tribunales, lo que garantizaba a los condenados al menos una semana más de vida, hasta la reunión del viernes 26. Horas después se confirmaba la condena a muerte de Txiki por un delito de terrorismo. En total, once penas capitales y siete días para buscar apoyos que obligaran al dictador a conmutarlas.

Como había ocurrido cinco años antes en el Proceso de Burgos, los abogados confiaban en que la movilización nacional e internacional obligaría al régimen a rectificar de nuevo, y remitieron a todas las embajadas un exhaustivo relato con las irregularidades legales en que se había incurrido durante la instrucción de las causas y en las vistas orales, cuatro pantomimas judiciales para justificar unas sentencias que estaban decididas de antemano.

Las reacciones no tardaron en llegar. El día 18 la Comisión Permanente de la Conferencia Episcopal hizo pública una nota en la que decía que se sentía obligada a responder «a los deseos de muchos que esperan de nosotros una palabra de orientación moral» ante las condenas a muerte. «Somos conscientes, a la vez, de nuestro deber de hablar y del riesgo de ser poco comprendidos y mal interpretados». El texto era un juego de equilibrios en el que los obispos criticaban a un tiempo «todo terrorismo empleado como arma política (…), aunque reivindique derechos que se estime justos» y el «empleo legal de la fuerza más allá del necesario (…), porque todo exceso en la fuerza de la represión es también violencia». El documento recordaba al dictador que «una honesta y leal postura de oposición política o de crítica de gobierno, aun realizada asociativamente o por los medios de comunicación social, no puede ser considerada legítimamente como acto delictivo».

La nota de la Conferencia Episcopal concluía apelando a la generosidad y la magnanimidad como «virtudes de los fuertes y no claudicaciones de los débiles (…). El perdón no pone en entredicho la firmeza de una sentencia que sea en sí justa, sino que a veces la subraya. Por eso, cuando los obispos, los sacerdotes o los cristianos en general, en una tradición nunca rota, suplicamos clemencia para los condenados, ni tal petición puede ser interpretada como apoyo moral al terrorismo, ni la concesión correspondiente como signo de debilidad del legítimo poder».[59] La Iglesia de la Cruzada marcaba distancias con el régimen al que había apoyado. La declaración fue seguida de otra similar del papa Pablo VI pidiendo la conmutación de las penas capitales.

Las protestas y solicitudes de indulto fueron unánimes a nivel internacional. Los nueve países de la Comunidad Económica Europea, la Organización de las Naciones Unidas y la Asamblea Parlamentaria de la Alianza Atlántica remitieron telegramas al dictador, que no tuvieron respuesta. Las gestiones al más alto nivel se convirtieron en movilizaciones multitudinarias en las calles. París, Londres, Roma, Lisboa, Bruselas, Estocolmo, La Haya, Ámsterdam, Praga, Copenhague y Moscú, entre otras capitales, fueron escenario de

---

[59] La nota puede consultarse íntegra en la página web de la Conferencia Episcopal: *www.conferenciaepiscopal.es.*

manifestaciones, ataques a legaciones diplomáticas y empresas españolas, y enfrentamientos con la policía.

De manera simultánea, las familias de los condenados pusieron en marcha una intensa labor ante las más altas instancias del Estado. Como había hecho fechas antes, sin éxito, el padre de Xosé Humberto Baena, el abogado Juan Lorenzo Villaplana, defensor de María Jesús Dasca, se dirigió al príncipe don Juan Carlos de Borbón, a quien apelaba por la relación que habían tenido en la Facultad de Derecho.

Alteza. El Consejo Sumarísimo 1/75 celebrado en El Goloso ha dictado sentencia: cinco penas de muerte para los procesados. Al dirigirme a Vos lo hago para solicitaros clemencia y por una doble razón. Por una parte, es de todos conocida vuestra apertura, vuestra conciencia social y acendrado humanismo; la segunda razón que me impele a hacerlo es la confianza que me da el haberos tenido como compañero —permitidme el término— cuando juntos participábamos en las clases sobre Derecho del Trabajo con el profesor Ballón, donde se ahondaba en el concepto de justicia y donde había todo un espíritu en el que la pena de muerte repugnaba una sana conciencia social, sean cualesquiera las circunstancias o los móviles que las produjeran.

Los hechos no son en absoluto defendibles, pero sí lo es el derecho a la vida y, sobre todo, desgajando esa vida es cuando se entiende que solo con infinita comprensión, sin violencia de ningún tipo, se puede salvar al hombre, a todos los hombres, a esa sociedad nuestra tan problematizada. Me entrevistaba con la madre de un condenado, era su hijo único: «Solo quería hacer un mundo mejor... Yo le decía que estaba equivocado, pero él lo creía». Otra procesada, concretamente María Jesús Dasca, tiene apenas veinte años, recién estrenada la vida, sueña y tiene ideales, aunque esté equivocada. El autor material del crimen no conoció a su padre, lo abandonó su madre [se refiere a Ramón García Sanz]. De tipología patológica, no tiene ideología, ni es capaz de pensar. Apenas lleva unos meses en el FRAP y como un robot hace lo que le mandan. «Eran mis únicos amigos…», diría después.

Estos, Señor, también son los hechos. Unos hechos para nada tenidos en cuenta en la sentencia dictada en el consejo sumarísimo. Por otra parte, en la estricta aplicación de la ley ha habido errores de procedimiento, incidentes durante el proceso que dejaron a los procesados en total situación de indefensión, irregularidades que cobran mayor relevancia ante la gravedad de la sentencia pronunciada. Por ello nos hemos visto en la obligación moral y profesional de enviar un informe al Excelentísimo Señor Capitán General de la Primera Región Militar, en el que damos cuenta detallada de las irregularidades procesales habidas; informe del que os envío copia adjunta.

Señor, porque todo hombre tiene derecho a la vida, porque las circunstancias atenuantes que inciden en la tipología de estos muchachos, por la situación de total indefensión en la que se hallaron durante todo el proceso, me permito pediros clemencia para estos procesados en nombre de mis compañeros en la defensa y en el mío propio. Gracia que espero merecer de la reconocida bondad de su Alteza Real, cuya vida guarde Dios muchos años.[60]

La familia de María Jesús Dasca se dirigió, por su parte, a «Su Excelencia el Generalísmo» suplicando que su hija no fuera ajusticiada.

Los familiares de la procesada María Jesús Dasca Penelas, en estos momentos de tanto dolor, se atreven a suplicarle a Vuestra Excelencia que se apiade de ellos, que no se les aplique esta pena capital de forma tan dura. Mi hija tiene veinte años recién cumplidos, no es posible que le hagan cargar con una responsabilidad tan grave. Yo

---

[60] La carta aparece reproducida en *El año que murió Franco*, de Pedro J. Ramírez, Editorial Plaza & Janés, Barcelona, 1985.

asistí junto con mi esposa y mis demás hijos al juicio; hágase cargo del espectáculo de ver a mi hija negando absolutamente todo de lo que se le acusaba, sin defensor a su favor, llorando cuando volvió la cabeza y nos vio allí, viéndose abandonada y sin fuerza.

Excelencia, yo no sé la forma de expresarme mejor, somos una familia trabajadora, siempre adictos a todas sus leyes y mandatos, trabajando y criando a nuestros hijos. Yo tengo cinco hijos y ya cinco nietos. Si un día se llevaron a mi hija pequeña sin saber quiénes y por qué, y le inculcaron otras ideas, yo creo que ni mi hija sabía lo que hacía.

Excelencia, suplico, ruego de la mejor manera posible, nos ayude, se haga eco de nuestro dolor, no hagan que unas familias españolas tengamos que guardar un rencor a nuestros superiores. Mi hija está en estado de gestación; como tal necesita de nuestra ayuda para que nazca un buen español y no mirar esta vida y la de todos sus familiares con una carga que le haría empezar odiando al país que pertenece.

Excelencia, es padre y sabe lo que se siente cuando se está pendiente de que un hijo salga de una gravedad o de un peligro, póngase en nuestro lugar para comprender este inmenso dolor que nos acongoja, de que nuestras propias autoridades le quitan la vida a nuestra hija que nos costó criar y que lo hicimos de la forma que Dios nos dio a entender, que no le quitemos a Dios este poder. Él nos la dio y que Él nos la quite, pero cuando Él quiera, no cuando los humanos, que como tal nunca somos perfectos ni podemos saber que otra persona es merecedora de tal fin. Se la puede condenar, pero nunca quitarle la vida.

Suplico a Vuestra Excelencia que se apiade de estas familias españolas, cristianas y siempre ateniéndose a sus mandatos, que atraviesan en estos momentos los más graves días de sus vidas. Excelencia, apelo a Vuestra Excelencia como máxima autoridad de nuestro país, comparando su máxima autoridad al máximo amor y dolor que se puede sentir en este mundo, el de madre.

Los letrados Francisca Sauquillo y Juan Aguirre buscaban en el embarazo de las dos jóvenes condenadas, Concha Tristán y María Jesús Dasca, un pretexto para conseguir la conmutación de sus condenas. «Fuimos a ver al doctor Ángel Sopeña,[61] que trabajaba como ginecólogo en la prisión de Yeserías, a su consulta privada para que acreditara que las dos chicas estaban embarazadas —cuenta Juan Aguirre—. Cuando llegamos estaba atendiendo un parto y tuvimos que esperar un rato. Nos sentamos en un sofá y nos quedamos dormidos. Yo me había colocado una moneda entre los dedos para que se cayera al suelo si me dormía y despertarme. Al cabo de un rato hablamos con él y nos dijo que era posible que estuvieran embarazadas y así lo había hecho constar en un escrito. Concha Tristán lo estaba realmente, pero María Jesús Dasca no, aunque como no le había bajado la regla pudo argumentar que existía la posibilidad de que estuviera encinta. Designaron una comisión de médicos militares para comprobarlo, pero ante la duda decidieron no llevarle la contraria».

Victoria Sánchez-Bravo acudió a Pilar Franco, hermana del dictador, en busca de ayuda. «Estuve esperándola hasta las seis de la tarde delante de su casa. Cuando llegó me acerqué y le dije quién era y que tenía que hablar con ella —recuerda—. Al principio no quería, pero le pedí que al menos me dejara subir con ella en el ascensor. Fue entonces cuando le rogué que intercediera. Me hizo entrar en su casa y me dijo que precisamente venía de comer con su hermano, que habían comentado el asunto y que no los matarían, que estuviese tranquila. Me invitó a una taza de té y me marché. Eso fue todo. Fui también con una hermana de María Jesús Dasca y un familiar de Vladimiro Fernández a ver al cardenal Tarancón, que se comprometió a hacer todo que estuviera en su mano».

---

[61] Ángel Sopeña militaba entonces en el PCE clandestino.

Desgraciadamente, el entonces presidente de la Conferencia Episcopal Española no era un hombre que gozase del predicamento del dictador, con el que había tenido notables desencuentros, el más grave de ellos un año antes, cuando le amenazó con la excomunión si expulsaba de España al obispo de Bilbao, Antonio Añoveros, a quien el gobierno acusó de atacar la unidad de España por una homilía leída el 24 de febrero de 1974 en la mayoría de las parroquias que defendía la identidad del pueblo vasco. Añoveros y su vicario general, José Ángel Urbieta, fueron arrestados en sus domicilios y el gobierno dispuso un avión para echarlos de España. La intervención de Tarancón para impedirlo exacerbó la animadversión hacia su persona por parte de los sectores más intransigentes del régimen, que ya había quedado meridianamente clara durante el funeral de Luis Carrero Blanco unos meses antes, cuando tuvo que salir por la puerta trasera de la iglesia de San Francisco el Grande para no ser agredido por los apologetas de la dictadura, que gritaban: «Tarancón al paredón».

18

CARTAS DESDE PRISIÓN

Xosé Humberto Baena y José Luis Sánchez-Bravo, los dos jóvenes gallegos cuyas vidas habían transcurrido en paralelo, aprovecharon aquellos interminables días de espera hasta la nueva reunión del Consejo de Ministros para escribir a sus familias. En sus misivas, Baena transmitía la desesperanza ante una muerte que consideraba inevitable.

Carabanchel, 18-IX-75

¡Hola!

Hoy me han dado un bolígrafo y bastante papel. Tan pronto me lo dieron me puse a escribiros porque, aunque no tengo nada nuevo que contaros, el escribir supone un desahogo y lo hago como si estuviera con vosotros, hablándoos.

Esta mañana me dieron permiso para fumar dentro de la celda, siempre que no tuviera la colchoneta. Fumo mucho. No tanto como cuando estaba en la calle, pero sí bastante. Como cada vez que necesito encender un pitillo debo llamar al funcionario porque no tengo cerillas, lo que hago es encenderlos con la colilla del anterior, así tres o cuatro seguidos, y después descanso. Creo que más que el placer de fumar, lo que ayuda es el contacto del cigarro en la mano. Un detalle tan insignificante como un pitillo o un libro suponen una compañía cuando se está tan solo durante horas enteras.

Mi abogado no viene a verme. Sé que está enfermo, porque el domingo me dijo que se encontraba mal, pero también me dijo que mandaría al abogado suplente, señor Larranz creo que se llama. Puede que todavía venga esta noche. Creo que me equivoqué cuando os dije en mi última carta que nuestro caso lo verían en el Consejo de Ministros de este viernes, día 19. Acaban de juzgar a otros tres compañeros y hasta el sábado o el lunes sus abogados no presentarán recurso, tratando de alargarlo lo más posible. Por lo tanto, hasta el próximo viernes, día 26, no decidirán, salvo si celebran una reunión extraordinaria antes. Es de suponer que querrán ver conjuntamente el caso de Garmendia y Otaegui, el nuestro y el de estos últimos (uno de ellos, un tal José Luis Sánchez-Bravo, también es de Vigo), porque no creo que les interese irnos matando a unos pocos cada semana. Preferirán hacerlo el mismo día.

Desde que estoy en la cárcel estoy leyendo mucho. Leí *La llave*, de Sender; *Pabellón de reposo*, de Camilo José Cela; poesías de Blas de Otero y de León Felipe; una autobiografía de un médico sueco, un tal Munthe; *Clarines de miedo*, de Ángel María Lera. Ahora estoy con un libro sobre la pesca en el Índico. Las poesías de Blas de Otero ya las conocía. En esta segunda lectura me impresionó mucho una, que canta Paco Ibáñez, que dice: «Si he perdido la vida... me queda la palabra».

Casi todos estos escritores, de una forma u otra, hablan de la muerte. Dicen que el que va a morir, ya sea de manera natural o violenta, se desespera, grita y se rebela contra su destino. Pero no es cierto. Cuando se comprende la imposibilidad de escapar de su influencia y lo inútil que es luchar contra ella, se espera con resignación y casi se desea su llegada. Estoy nervioso, como cuando vas a conocer algo nuevo, pero no tengo miedo. Cuando llegue el momento puede que llore, pero no gritaré. Si lloro será en silencio, y más que por mí será por vosotros y por todo lo que dejo. En una de tus tres visitas me dijiste que me hiciese a la idea de que tenía una enfermedad muy grave, pero que siempre existía una pequeña esperanza de salvación. Te hice caso. Pero me convencí de que la enfer-

Carabanchel 18-18-75

1

¡Hola!

Hoy me han dado un bolígrafo y bastante papel. Tan pronto me lo dieron me puse a escribiros porque, aunque no tengo nada nuevo que contaros, el escribir supone un desahogo y lo hago como si estuviera con vosotros, hablándoos.

Esta mañana me dieron permiso para fumar dentro de la celda, siempre que no tuviera la colchoneta. Fumo mucho. No tanto como cuando estaba en la calle pero sí bastante. Como cada vez que necesito encender un pitillo debo llamar al funcionario porque no tengo cerillas, lo que hago es encenderlos con la colilla del anterior, así tres o cuatro seguidos, y después descanso durante una hora o más. El tabaco es un buen tranquilizante. Creo que más que el placer de fumar, lo que ayuda es el contacto del cigarro en la mano. Un detalle tan insignificante como un pitillo — o un libro — supone una compañía cuando se está tan solo durante horas enteras.

Mi abogado no viene a verme. Sé que está enfermo, porque el domingo me dijo que se encontraba mal, pero también me dijo que mandaría al abogado suplente — señor Larrauri, creo que se llama —. Puede que todavía venga esta noche.

Creo que me equivoqué cuando os dije en mi última carta que nuestro caso lo verían en el Consejo de Ministros de este viernes, día 19. Acaban de juzgar a estos 3 compañeros. Hasta el sábado o el lunes sus abogados no presentarán recurso, tratando de alargarlo lo más posible. Por lo tanto, hasta el próximo viernes, día 26, no decidirían, salvo si celebran una reunión extraordinaria antes. Es de suponer que querrán ver conjuntamente el caso de Garmendia y Otaegui, el nuestro y el de estos últimos (uno de ellos, un tal José Luis Sánchez Bravo, también es de Vigo) porque no creo que les interese irnos matando a unos pocos cada semana. Preferirán hacerlo el mismo día.

Desde que estoy en la cárcel estoy leyendo mucho. Leí "La

Carta de Baena a su familia desde la prisión de Carabanchel.

medad que tenía era un cáncer, y para el cáncer no existen médicos. De ese convencimiento viene la resignación que tengo ahora.

Carabanchel, 19-IX-75

Ayer por la noche vino a verme el cura de la cárcel. Estuvimos charlando bastante rato. Es un hombre de unos cincuenta y cinco años, con el pelo canoso, y parece buena persona. Creí que los capellanes de la cárcel serían más duros. Me gusta hablar con él, aunque ya supondréis cuál es el tema que saca en nuestra conversación. Pero sería una cobardía que ahora cambiase de opinión sobre la religión. No lo haré. Le escuché con la misma curiosidad con la que a veces entraba en los templos protestantes, por la necesidad de conocer cosas nuevas o de comunicarme con alguien, pero con la seguridad de que no me iba a convencer.

Tampoco vino mi abogado. Me gustaría hablarle para que me cuente cosas, porque aquí no me entero de nada. Estuve hablando con un funcionario, que al leer mis cartas me aconsejó que no os escribiese en estos términos. Me decía que tiene que ser muy duro para vosotros el que os hable así. Lo que me dijo es cierto, tú mismo me lo dijiste en tu primera visita. Os tiene que ser difícil el leer mis cartas, pero es que no puedo escribiros de otra forma. Necesito ser sincero para poder desahogarme. Lo que podemos hacer es que guardéis las cartas sin abrirlas, de momento.

20-IX-75

¡Otro día más!

No tengo nada nuevo que contaros, porque no pasa nada.

Como mamá siempre está preocupada por si como o no como, dile que, aparte de la comida de la cárcel, me tomo todos los días una botella de leche, chocolate y galletas que traen del economato. Que esté tranquila, que me cuidan bien.

Esta mañana vino mi abogado. Pero le debieron de hacer esperar mucho en el locutorio y se marchó sin verme. Cuando me subieron para hablarle ya se había ido. Tenía que haber esperado un poco más. Siempre le dije al abogado, señor Baselga, que no necesitaba un defensor porque el caso estaba perdido; lo que necesitaba era una persona con la que hablar, un amigo, y casi es más necesario ahora que antes del juicio. ¡Qué se le va a hacer!

He acabado el libro *Pesca en el océano Índico*. Era un poco pesado, pero es el que me dieron. Además, aquí sería capaz de leerme, uno a uno, toda la sección de anuncios breves del *ABC* y del *Ya* juntos.

21-IX-75

Es domingo. Lo sé, aparte de por mi contabilidad particular, con la que a veces me equivoco, porque esta mañana nos dieron de desayuno chocolate y no café con leche como los días de semana. Este mediodía nos darán de postre un helado, como cada festivo.

En las celdas de los bajos de la cárcel, mirando las cosas con optimismo, no se está tan mal. ¿Os había contado que, aparte de miembros del FRAP y personas por delitos comunes, también está preso aquí un gato? Sí, no os sorprendáis; un gato, es cierto. El gato me mira con cara de gato y hace «miau» como todos los bichos de su raza y como el nuestro de Castelo, aunque este lo hace de una manera más lastimera, como si se quejase de estar en Carabanchel. Le llaman May. No sé lo que harán cuando la población reclusa de gatos aumente, porque la delincuencia de todo tipo tiende a ser mayor y los animalitos no querrán quedarse atrás. Que yo sepa, no existen todavía cárceles para gatos, aunque quizás algún día tendrán que hacerlas y pondrán como guardianes a perros fieros, que son sus eternos enemigos. Como veis, todavía conservo el buen humor, incluso en los momentos más difíciles.

Me dijisteis que Fernando [su hermano mayor] estaba muy apenado por mi sentencia a muerte, que casi no iba a trabajar y que estaba siempre en el médico. Animadle. Decidle que el trabajo no lo deje bajo ningún concepto. Lo mío estaba previsto ya y él tiene que alimentar a su mujer y a sus dos hijas. Sé que son circunstancias distintas, pero yo estoy orgulloso de no haber perdido ni un solo día de trabajo en Proasa y uno solo, inevitablemente, en Fumensa.

Con frecuencia me acuerdo de Fumensa y de toda mi vida anterior. Me despertabas todas las mañanas a las seis, cuando tú ya te ibas. Me levantaba rápidamente y bajaba corriendo las cuestas de Castelo con la bolsa de deportes siempre en el costado. A veces iba por el camino viejo de la de Fandiño. Otras veces iba por la carretera nueva y, a la altura del seminario, siempre me encontraba con seis o siete mozas de Sárdoma o de Bembrive que esperaban el autobús para ir a trabajar a Dreslok, en Porriño. No solo las miraba yo. También las ventanas de algunos de los pocos curas que quedan en el seminario estaban iluminadas a tan temprana hora de la mañana. Seguía corriendo y, cuando tenía tiempo, entraba en el barrio del Raviso a comprar un pan tan fresco que quemaba, que siempre me despachaba una vieja sorda (¿es pariente de Picho y de Lolita o es una empleada? Mamá lo sabrá).

Antes de entrar en la empresa siempre oía la llamada prolongada del primer toque de la sirena. Parecía el aullido de un lobo, aunque yo solo conozco la voz del lobo por las películas, porque nunca tuve el disgusto de encontrarme con uno, al menos de cuatro patas. La sirena seguía aullando ininterrumpidamente mientras los obreros íbamos entrando uno tras otro por el portalón de la fábrica, como los pececillos diminutos e indefensos penetran sin remedio en las abiertas fauces de una enorme ballena. Al entrar en la empresa teníamos que «picar» —puedes tomar la palabra en los dos sentidos—. Subíamos a los vestuarios y nos poníamos la funda o el mono (¿por qué a los uniformes de los obreros los llamarán monos?), para después marchar con lentitud hacia «nuestra» máquina, «nuestra» carretilla o «nuestra» pala para iniciar la jornada de trabajo.

Durante el trabajo unos cantaban, otros maldecían por lo bajo, otros sonreían con cara triste y melancólica de buey, y otros, como el viejo gruísta, bebían cervezas una tras otra, gastando las 9.000 pesetas de sueldo (ahora, cinco meses más tarde, el precio de las cervezas habría subido. El del salario supongo que no). Siempre estábamos discutiendo por el fútbol o por el convenio, por las mujeres o por el patrón. Pero en el fondo nos llevábamos bien. Conocíamos perfectamente nuestras pequeñas virtudes y nuestros grandes defectos. Pero nos queríamos como una gran familia en la que el único forastero era el amo.

Cuando a las tres de la tarde sonaba la sirena para salir —no parecía la misma— nos precipitábamos todos hacia la salida como si huyéramos de algo. Unos se subían en su 600, otros corrían para llegar con el tiempo justo para coger el autobús de Puxeiros; los que vivíamos relativamente cerca entrábamos en Los Manueles para, con una cerveza fresca, limpiarnos el polvo de la garganta. Después, subía con lentitud, lleno de cansancio y de hambre, las cuestas que había bajado corriendo a las seis y media de la mañana.

Espero que esta no sea la última carta que os escriba. Aunque en realidad pocos días faltan para el viernes 26, que creo será cuando decidan en el Consejo de Ministros. Si os vuelvo a escribir os contaré más cosas de la empresas (qué máquinas usábamos, los accidentes que había) y os describiré a mis compañeros de trabajo, porque hay tipos de lo más interesante y de lo más diverso. También os contaré anécdotas de alguno de ellos que, aunque parezcan increíbles, son ciertas (ya sabéis que yo pocas veces miento) para que podáis reíros —o sonreíros al menos— con alguna de ellas.

Mi abogado sigue sin venir. No lo veo desde el día 14 de mañana. Espero que al menos venga a despedirse, ¿no?

Pues nada más. Me gustaría daros un abrazo muy fuerte a vosotros, a Mary, a Fernando, a las tías, a los niños y a mis amigos. Pero yo soy muy flaco y vosotros muchos para que quepáis en mis brazos. Para librarme del compromiso, os lo mando por carta para que los repartáis como gustéis ¡Ahí van!

Hasta luego, o adiós, como ellos quieren.

Vuestro hijo.

Sánchez-Bravo daba ánimos su hermana Victoria, pero no podía evitar la angustia que le producía la falta de noticias de su mujer, Silvia, embarazada de tres meses, a quien sabía también encarcelada.

Te escribo diciéndote que el abogado mío os informará acerca de
todo lo relacionado con el caso. Quiero que, sobre todo, trates de tranquilizar a mamá y a los demás; no preocupaos tanto por mí, pues no
vale la pena, yo estoy bien y sé que vosotros siempre estáis y estaréis
conmigo. Las cosas quedan y el mundo está en constante cambio. Yo
no tengo miedo y estoy muy tranquilo, sé que si sucede lo inesperado estaremos preparados.

Quiero que me informes de cómo están todos y qué dicen de mí.
Si hay algo que me molesta es la lástima o la compasión; hay que aceptar las cosas y la realidad exterior tal cual es y no dejarse arrastrar por
influencias o depresiones. Aunque yo os parezca fuerte, tengo mis de-
bilidades y limitaciones, y sufro como cualquier ser humano o más que
muchos, ya que mi sensibilidad y la soledad agudizan esa depresión.

Si ves alguna vez a mi mujer entrégale la carta, dile que va con
un beso y que no quiero que sea una mártir, pues sería egoísta por mi
parte, además de irracional; por lo tanto, que trate de rehacer su vida,
ya que desgraciadamente nuestro matrimonio duró poco y no le he
dedicado a ella todo el cariño y afecto que merecía y necesitaba, ya
que me centré en otros aspectos, a pesar de que para mí era ella algo
muy importante, lo sigue y lo seguirá siendo hasta el final de mis días.

Cuando estás aquí y has pasado una serie de experiencias te das
cuenta de tu comportamiento pasado, de tu egoísmo y de que, sobre
todo, no debes nunca juzgar a nadie, ya que no es cosa fácil. Estoy
bien con mis compañeros y camaradas, y mi conciencia es cada vez
más clara y fuerte.

Si por un casual tuviera un hijo me gustaría que llevase mi
nombre y que le contaseis algún día que, como leo en una pared
grabado, «la vida es una gran y larga carrera que hay que ganar».

No te escribo más por hoy. Estoy muy triste por mamá, mi mujer y todos vosotros. Sobre todo no me voy sin Silvia.

Besos y abrazos.

Luis.[62]

El diario *ABC* mostraba su apoyo al gobierno, fuese cual fuese su decisión, en el editorial de su edición del viernes 26, día en el que el Consejo de Ministros iba a deliberar sobre las ejecuciones: «Ha habido víctimas, sí; pero estas son precisamente las sacrificadas por las manos homicidas de los terroristas. No otras (…). La ley española, como tantas otras de países que se tienen por supercivilizados, establece la pena de muerte para delitos gravísimos. Gravísimos han sido los hechos cometidos por los sentenciados en los recientes procesos, y por lo mismo la Justicia no tenía otra alternativa que la de su aplicación congruente (…). La vida sigue, y si la lección está dada con la ejemplaridad de las sentencias, en las páginas de la Historia de los pueblos, de la Historia grande, quedan siempre, escritos con caracteres indelebles, los ejemplos de magnánimo humanitarismo sin desdoro de la Justicia».

---

[62] La carta aparece reproducida en el libro *El año que murió Franco, op. cit.*

SEGUNDA PARTE

ETA

Jon Paredes Manot, *Txiki*,
Ángel Otaegui Etxebarria

19

UN EXTREMEÑO EN ETA

El Palacio de Narros se levanta majestuoso frente al mar, en uno de los extremos del arenal de la playa de Zarauz. El edificio, de estilo renacentista, fue durante años residencia veraniega de la reina Isabel II, cuyas visitas a la localidad guipuzcoana atrajeron a la alta burguesía de finales del siglo XIX y le dieron un aire aristocrático. En aquel mes de agosto de 1974 no quedaba más vestigio de tal abolengo que unos pocos palacetes en la zona próxima al paseo marítimo, algunos de ellos adaptados a otros usos, y algunas familias ilustres fieles a la cita estival. Entre estos egregios turistas estaba la infanta Pilar de Borbón, hermana del entonces príncipe Juan Carlos, y su marido, el empresario Luis Gómez-Acebo, cuya familia era originaria de la villa. También Fabiola de Mora y Aragón, su majestad Fabiola, reina de los belgas, que repartía sus vacaciones entre Zarauz, de donde procedía la familia de su tatarabuelo, y el palacete de la localidad navarra de Elío. Paradojas de la vida, esta había conocido a su marido, el rey Balduino, en una fiesta a la que acudió como acompañante de la infanta Pilar, a quien su padre, don Juan de Borbón, quería casar con el monarca belga que, sin embargo, quedó prendado de la aristócrata madrileña.

Doña Pilar y su marido acudían a la playa acompañados de sus hijos y un séquito de criadas para atenderlos. Muchas mañanas coincidían con tres jóvenes que entretenían su tiempo entre el mar y la arena, atentos sin parecerlo a sus movimientos. Jon Paredes Manot, Eneko Montalvo y Karmele Aguirrezabalaga formaban un grupo de miembros «legales» [no fichados por la policía] de ETA, encargado de controlar a aquella pareja de ademanes distinguidos, propios de quien se sabe importante, que se movía con notable despreocupación y evidentes medidas de seguridad, ajena a que la organización terrorista había desplazado desde Francia a un comando para secuestrar al cabeza de familia y trasladarlo al país vecino para negociar con el gobierno su liberación a cambio de la excarcelación de un grupo de presos. Una operación demasiado atrevida para que fuera siquiera contemplada como hipótesis por los servicios de información policiales. Jesús Zugarramurdi Huici, *Kiskur*, responsable del comando que llevó a cabo el magnicidio de Carrero Blanco, había llegado fechas antes a Zarauz desde el país vecino para ejecutar la acción.

«Mi hermano me contó que tenían que vigilar a Gómez-Acebo y pasar la información al comando que iba a secuestrarlo, pero cuando intentaban robar un coche les descubrieron y tuvieron que escapar», cuenta Mikel Paredes, hermano de Jon, que por entonces también militaba en ETA.[63] «Aquella noche íbamos a por un coche y nos sorprendieron —cuenta Eneko Montalvo—.[64] Yo iba corriendo por delante cuando, de pronto, me encontré con el cañón de una pistola en la sien. Era un guardia civil. Jon pudo escapar y Karmele se escondió en un garaje y huyó después a Euskadi norte (Francia), creo que por mar. Lo curioso es que la Guardia Civil no llegó a sospechar del tinglado en el que estábamos metidos. Me llevaron al cuartelillo. Yo no soltaba prenda, y al hablarme

---

[63] Entrevista con el autor.

[64] Su testimonio figura en el libro *Txiki-Otaegi. El viento y las raíces,* de Javier Sánchez Erauskin, Editorial Lur, San Sebastián, 1978.

de unos robos de coches que había habido aquellos días me di cuenta de que no tenían ni idea. Me pasaron a disposición judicial con la acusación de sustracción de vehículos y quedé en libertad provisional. Días después apareció en el boletín de la provincia una requisitoria contra Jon y Karmele por el mismo delito. Como ellos, yo también me largué a la otra parte».

Días antes, otro incidente inesperado ya había estado a punto de echar por tierra la operación. La embarcación que ETA había comprado para trasladar a Gómez-Acebo a Francia se soltó y quedó a la deriva. «No amarraron bien el yate y la marea se lo llevó. Días más tarde fue localizado por un pesquero que lo trajo a puerto y encontraron en su interior armas y documentaciones falsas —relata el exetarra Ángel Amigo—.[65] La policía pensó que era utilizado para traer armas y pasar a gente y no llegó a enterarse de la finalidad del barco. La zona se infectó de agentes y hubo que disminuir los movimientos. Después ocurrió lo del frustrado intento de robo de un coche por parte de Txiki (...). La campaña militar veraniega fue un desastre y a finales de verano y comienzos de otoño hubo muchas caídas».

Tras escapar de la policía, Txiki estuvo varios días escondido, hasta que pudo pasar a Francia. «Yo me fui a Donosti por precaución —dice su hermano Mikel—. Cuando la Guardia Civil se presentó en casa para detenerlo, ni mi madre ni mis hermanos más pequeños sabían nada. Fue una sorpresa tremenda. A mí me detuvieron días después y me llevaron a Pamplona para interrogarme. Querían saber dónde estaba mi hermano, «el hijoputa extremeño», le llamaban, y yo les contestaba que no lo sabía. En uno de los interrogatorios salieron todos de la habitación y dejaron una pistola en una repisa, supongo que para que intentara escapar y matarme.

---

[65] El relato lo recoge en su libro *Pertur. ETA 71-76*, Editorial Lur, San Sebastián, 1978.

Yo decía: "Mikel, no se te ocurra ni mirarla". Estuve tres o cuatro días en las dependencias policiales y me soltaron sin más».

Mikel es el primogénito de siete hermanos (Jon tenía un año menos que él) y el primero que se fue a vivir con los abuelos maternos a Zarauz cuando tenía ocho años, mientras la familia, natural de la localidad extremeña de Zalamea de la Serena, malvivía en el pueblo con los escasos ingresos que el cabeza de familia ganaba como pastor. «Tres o cuatro años después vinieron mi madre y mis cuatro hermanos (los dos más pequeños nacieron ya en la localidad guipuzcoana). Mi padre se marchó a trabajar a Barcelona y al cabo de dos años se trasladó también a Zarauz con nosotros y se colocó en una fábrica de muebles. Fueros años difíciles, porque mucha gente decía que los que veníamos de fuera les quitábamos el trabajo, y eso que entonces había para todos. Cuando murió a los cuarenta y tres años, Jon y yo nos tuvimos que poner a trabajar. Yo como me-

Jon Paredes Manot, Txiki, *el segundo por la derecha, en una foto con su madre y hermanos. Mikel, el mayor, es el segundo por la izquierda.*

cánico en Elola y él en Plásticos Eizaguirre, primero, y en Muebles Xey, después. Era una época de mucha conflictividad laboral y de compromiso político».

En aquellas fechas se celebró en Burgos un consejo de guerra sumarísimo contra dieciséis militantes de ETA. Seis de los acusados fueron condenados a muerte por el asesinato en 1968 del comisario Melitón Manzanas, jefe de la Brigada de Información Social (BIS) de San Sebastián, en represalia por la muerte del etarra Xabier Etxebarrieta en un tiroteo con la Guardia Civil en el que también murió el agente José Pardines. La movilización social, las protestas internacionales y las presiones diplomáticas forzaron al régimen a conmutar las penas de muerte. Esta victoria política hizo que muchos jóvenes se incorporaran a ETA, que gozaba de un halo romántico, atraídos por la lucha armada. Txiki lo hizo en 1972, tras un periodo de militancia en Euzko Gaztedi Indarra (EGI), las juventudes del PNV, siguiendo la estela de su hermano Mikel. Tenía solo dieciocho años.

«Comencé a relacionarme con él a través de la cuadrilla en 1971 —recuerda Eneko Montalvo, que entonces tenía diecisiete años—. Le gustaba mucho el monte y un grupo empezamos a salir juntos». La afición por la escalada se la había inculcado un compañero de trabajo, Joseba Zubiaurre, que le introdujo en la sociedad de montaña Inda-Mendi de Zumaia. La cuadrilla se reunía después a chiquitear y comer tortilla en El Mondragonés, un bar situado en la plaza de Zarauz. «Además de la sintonía personal simpatizábamos ideológicamente y entramos en la órbita de EGI —continúa Montalvo—. Los más politizados asistíamos a charlas con Mikel Elkoro y José Benito Mújica (ambos militantes de ETA) sobre historia del nacionalismo, guerras carlistas, y algunos comenzamos a militar de manera más comprometida y a hacer algunas acciones. En 1972 nos incorporamos a ETA como miembros legales (…). Creamos dos comandos y empezamos a hacer alguna pequeña operación en la zona de Orio, Guetaria, Zarauz, Zumaia…». Año y medio después, en agosto de 1974, los dos huyeron a Francia tras fracasar el secuestro de Gómez-Acebo. A partir de ese momento Jon fue conocido dentro de la organización como *Txiki* (pequeño) por su baja estatura, 1,52 metros, gracias a lo cual había eludido el servicio militar por «inútil total».

Txiki en una fotografía tomada en una de sus excursiones a la montaña.

«Mi huida a Francia coincidió más o menos con la de Txiki —cuenta José Manuel Bujanda, *Bizar*,[66] exmilitante de ETA—. Acababa de cumplir veintiún años, estudiaba segundo curso de Fí-

---

[66] Entrevista con el autor.

sica en la facultad del OPUS en Donosti y militaba en el Movimiento de Estudiantes Abertzales (IAM). Hubo varias detenciones
y unos compañeros me dijeron que me habían "cantado" en comisaría. Tenía dos opciones, o me presentaba voluntariamente, o daba
un paso adelante y me marchaba al otro lado, que es lo que hice.
Días después me cité con mis padres en San Juan de Luz y les dije
que me había incorporado a ETA. Vivía con otros militantes en un
piso que la organización tenía en Hendaya, donde nos movíamos
sin que la policía francesa nos molestara. Al cabo de varias semanas
me pusieron una cita en las escaleras de la parroquia de San Ignacio, en el barrio de Gros, en San Sebastián, a escasos dos minutos
de la que había sido mi domicilio, con un militante con el que tenía que ir a Pamplona a reconstruir la estructura de la organización,
tras la detención unos meses antes del que hasta entonces había sido su responsable. Fue Txiki quien acudió a la cita».

El hombre al que debían sustituir era Koldo Iztueta, detenido
el 3 de abril de 1974 tras una rocambolesca huida a través de los
tejados de varias viviendas de la capital navarra. En uno de los sal-

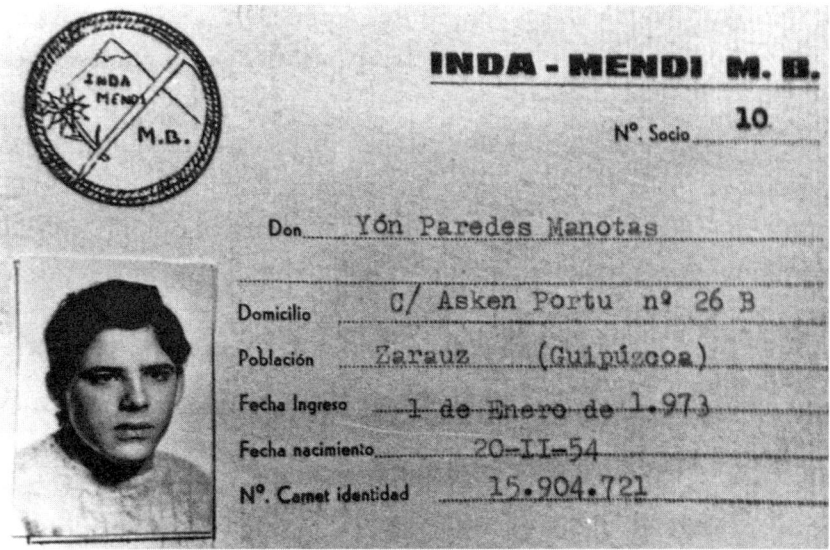

Carné del club de montaña Inda-Mendi de Txiki.

tos se precipitó a un patio interior desde un cuarto piso, con tanta fortuna que las cuerdas de tender la ropa amortiguaron la caída y le salvaron de una muerte segura, aunque resultó herido grave. La policía le acusó de formar parte de un comando que había pasado recientemente la frontera para asesinar a una alta personalidad de la sociedad navarra, y le implicó en varios robos y en la colocación de dos artefactos explosivos. El mismo día de su captura, un comando de ETA asesinaba en San Sebastián al jefe del Servicio de Información de la Guardia Civil en la localidad guipuzcoana de Azpeitia, Gregorio Posadas Zurrón.

«El cura de Gorriti nos había conseguido un domicilio en Pamplona para escondernos, pero se trataba del domicilio de un matrimonio joven con hijos y no quisimos comprometerlos —continúa su relato José Manuel Bujanda—. En un bar vimos el anuncio de alquiler de un piso próximo a la catedral y nos acercamos hasta allí. Resultó que los dueños eran un matrimonio muy mayor, sin hijos, que nos cedió una habitación con dos camas. Les dijimos que éramos técnicos de mantenimiento de empresas de la zona, que nuestro trabajo nos obligaba a movernos mucho y que no teníamos un horario fijo. Muchos días cenábamos con ellos y creo que nos cogieron cariño. Eran muy de derechas y cuando hacían comentarios políticos les dábamos la razón».

La primera tarea de Txiki y Bizar en Navarra era retomar los contactos que la organización tenía en la comarca de La Barranca, entre Alsasua e Irurzun, que no habían caído en manos de la policía. «Txiki era más proclive a la acción directa —dice Bujanda—. Yo le decía que antes teníamos que introducirnos en el entorno, crear nueva infraestructura, pero él no lo veía así y se cabreaba. Creo que el hecho de que no fuera euskaldún le hacía ser más impulsivo, más radical».

Para entonces, sin que ellos lo supieran, la policía ya estaba tras sus pasos. Los servicios de información habían desmantelado una parte de la infraestructura de ETA en la zona y dejado sin tocar otra, convencidos de que pasado un tiempo la organización la retomaría creyendo que no había sido descubierta, como así fue. Los agentes que los vigilaban desconocían su identidad y los apodaron *Tip* y *Coll*, por la diferencia de estatura entre ellos. Bizar era alto y fuerte, y Txiki apenas superaba el metro y medio. Decidieron darles «carrete» a la espera de que les condujeran a otros militantes antes de detenerlos a todos.

«Pasamos a Francia en enero de 1975 y allí nos separamos. Yo regresé de nuevo a Pamplona y él se incorporó a los comandos Bereziak (especiales) que acababan de constituirse. El 28 de febrero me detuvieron cuando acudía a una cita con una militante en el bar Leire, en la calle del mismo nombre. Entré al local y, como no estaba, al darme la vuelta para marcharme se abalanzaron sobre mí varios policías que esperaban mi llegada como si fuesen clientes. Me tenían controlado».

20

LOS COMANDOS BEREZIAK

«Conocí a Txiki a principios de 1975, después de la escisión entre milis y poli-milis, junto a otros militantes que se vinieron conmigo a crear los comandos Bereziak», relata Pedro Ignacio Pérez Beotegui, *Wilson*,[67] responsable de los mismos. La ruptura en ETA se venía fraguando desde principios de 1974, pero no se concretó hasta octubre de ese año, tras el atentado contra la cafetería Rolando, en la madrileña calle del Correo, en el que fallecieron trece personas. Las dos facciones de la organización terrorista defendían la lucha armada, pero discrepaban sobre la estructura organizativa. Los poli-milis apostaban por una organización armada y otra política bajo una dirección conjunta, y los milis por una organización estrictamente armada para evitar que las «caídas» de comandos arrastraran tras de sí al entramado político, como venía ocurriendo. Ganaron los primeros, que consiguieron el respaldo de la mayor parte de la militancia. ETA-pm creó los comandos Bereziak y ETA-m se sumió en una travesía del desierto, tras la que irrumpiría con fuerza meses después, coincidiendo con las numerosas detenciones de militantes de los poli-milis a lo largo de 1975.

---

[67] Pedro Ignacio Pérez Beotegui, *Wilson*, falleció en 2008. Su testimonio está tomado del documental *Haizea eta sustraiak* (*El viento y las raíces*), 2008.

Tras pasar a Francia, Txiki se instaló junto a otros compañeros en un caserío de la localidad de Bidatxe, para recibir charlas de formación política y hacer prácticas de tiro antes de pasar a España como integrante de un comando. De su actividad en los *berezi* entre enero y julio de 1975, cuando fue detenido en la ciudad condal, no hay más referencias que la información policial de la época, que le acusa de haber intervenido en varios atracos en el País Vasco y en Barcelona, y en el asesinato del subinspector de policía José Luis Díaz Linares, el 29 de marzo en San Sebastián. Los autores robaron una furgoneta de reparto de productos de pastelería, maniataron al propietario, lo metieron en la parte de atrás y se dirigieron al barrio de Intxaurrondo, donde sabían que vivía la víctima. Cuando el agente salía de su domicilio para coger su vehículo lo acribillaron a tiros. Al día siguiente la policía identificó a Antonio Campillo, *Andoni*, Francisco Javier Celaya Echave, Pedro Ignacio Pérez Beotegui, *Wilson*, y al propio Txiki como autores del crimen.

Su hermano Mikel aporta algunos datos más sobre sus movimientos. «Me llamaba de vez en cuando para que le llevara de un sitio a otro en mi coche. Debía de haberse integrado en un comando, porque llevaba un pistolón enorme. En una ocasión nos detuvieron en un control y temí lo peor. Nos pidieron el carné de identidad, y al ver que éramos extremeños nos dejaron marchar. Alguna vez llevé a mi madre a verlo a Hendaya, a Donosti, al Alto de Miracruz. Se presentaba con gafas y bien vestido, para no levantar sospechas, estaba un rato con nosotros, nos preguntaba por la familia y los amigos y se marchaba. La última vez que estuve con él fue a finales de junio de 1975, un mes antes de que lo detuvieran en Barcelona. Lo llevé de Tolosa a Alsasua, a un bar pequeño situado en el cruce con la carretera que lleva a Pamplona, donde supongo que tendría una cita. Me dijo que iba a pasar a Perpignan y que no nos veríamos en un tiempo, pero que cuando volviera me llamaría. Ya no volvimos a encontrarnos hasta la víspera de que lo fusilaran».

El 25 de abril el gobierno decretó el estado de excepción en Guipúzcoa y Vizcaya durante tres meses, tras el asesinato tres días antes en Getxo del inspector José Ramón Morán y la detención la fecha previa del dirigente etarra Juan Manuel Goiburu, *Goierri*, tras un tiroteo en el que murió su compañero Mikel Gardoki. Una medida que el régimen no adoptaba desde 1971 y de la que se deducía la preocupación por la creciente actividad de ETA. León Herrera Esteban, ministro de Información y Turismo, informó del acuerdo del Consejo de Ministros en una rueda de prensa posterior a su celebración en el palacio de El Pardo, con la advertencia de que la noticia quedaba embargada hasta las 24.00 horas. El motivo era que el Ministerio de Gobernación iba a poner en marcha esa medianoche una amplia operación policial.

«Quiero anticiparles un acuerdo que, por su propia naturaleza y para salvaguardar los efectos que la propia medida lleva en sí implícitos, se la comunico *off the record* y con embargo hasta las doce de la noche de hoy —dijo con solemnidad el portavoz gubernamental—. Atendidas las circunstancias existentes en las provincias de Guipúzcoa y Vizcaya, y en consonancia con las recientes manifestaciones del ministro de la Gobernación, en las que ha puesto de manifiesto con toda claridad y energía el propósito de luchar contra el terrorismo, propósito con el que el gobierno se siente enteramente solidario, ha aprobado un decreto-ley sobre la declaración del estado de excepción en las provincias de Guipúzcoa y Vizcaya. Repito que esta información que les anticipo con mucho gusto, dentro del juego limpio que tenemos ustedes y yo, queda embargada hasta las doce de la noche. Puedo anticiparles también que el decreto correspondiente se publicará en el Boletín Oficial del Estado de mañana».[68]

---

[68] Trascripción del texto taquigráfico de la intervención del ministro recogido por el diario *ABC* en su edición del sábado 26 de abril de 1975.

El estado de excepción suspendía varios artículos del Fuero de los Españoles para permitir a la policía entrar en domicilios particulares sin previa autorización judicial, suprimía el plazo máximo de detención de setenta y dos horas y se eliminaban los derechos de reunión, expresión y a la libre circulación. La decisión se acompañó de actos de apoyo a los integrantes de las fuerzas del orden, a las que ETA había señalado como objetivo preferente. El capitán general de Burgos, Mateo Prada Canillas, visitó los acuartelamientos de la Policía Armada y de la Guardia Civil en Bilbao, para arengar a sus miembros instándoles a mantenerse firmes. Su alocución contenía una crítica explícita a quienes ya por entonces defendían una apertura del régimen. «Ahora que tanto se habla de reconciliación, las Fuerzas del Orden Público no necesitan reconciliarse con nadie porque desde siempre han actuado sin odio ni rencor —dijo—.[69] Aunque la misión del Ejército no es mantener el orden público, quiero hacerles constar que detrás de ustedes estamos nosotros. Yo sé que están atravesando ahora tiempos difíciles, pero el cumplimiento del deber es siempre difícil, y a veces exige el sacrificio de la propia vida».

Las nuevas medidas represivas no impidieron que ETA mantuviera su actividad y en una semana, entre el 7 y el 14 de mayo, los «milis» iniciaron su particular ofensiva con los asesinatos de los guardias civiles Andrés Segovia y Domingo Sánchez, y del inspector Fernando Llorente Roig. Para evitar que la situación que se vivía en el País Vasco trascendiera a la opinión pública, el gobierno fue un paso más allá en su política represiva y prohibió a los periódicos informar sobre lo que allí ocurría. Un comunicado facilitado a la prensa justificaba la medida en la necesidad de no interferir la labor policial en su lucha contra el terrorismo, en vir-

---

[69] Diario *ABC* del 25 de mayo de 1975.

tud de la Ley de Prensa e Imprenta de 1966 y la de Secretos Oficiales de 1968.

Al no afectar a la totalidad del territorio nacional la citada suspensión [la de los artículos del Fuero de los Españoles por el estado de excepción], ha dado lugar a que se produzcan informaciones respecto a la actuación de las Fuerzas de Orden Público, con menoscabo de la eficacia de servicios, y rumores carentes de justificación con incidencia en la paz pública (…). Comunico a V. E., para su conocimiento y efectos, que este Ministerio de la Gobernación ha declarado materia reservada por el mismo periodo en que se mantenga el estado de excepción en las provincias afectadas todas las informaciones y comentarios relativos a las investigaciones en desarrollo en materia de orden público y cuantos asuntos se refieran a la acción terrorista, así como aquellos que puedan interferir o perturbar la acción y cometido atribuido, de acuerdo con la normativa legal vigente, a las Fuerzas de Orden Público y en general las relacionadas con el citado estado de excepción.

Con la censura comenzó a circular un boletín clandestino titulado *Noticias del País Vasco durante el estado de excepción* que, como su nombre indica, iba a dar cumplida cuenta de lo que acontecía. En su primer número, fechado el 28 de mayo, anticipaba sus intenciones:

El presente boletín pretende subsanar, aunque sea solo parcialmente, este problema de falta de información y de deformación de la misma. Su objetivo es exclusivamente el de transmitir noticias veraces y confirmadas, con todo el rigor posible. Las dificultades son grandes, por lo que se espera la colaboración de todos los sectores para lograr la mayor difusión posible. Cada persona que reciba este boletín ha de procurar hacer la mayor cantidad de copias que le sea posible y extenderlo. Solo de este modo se podrá dar algo de luz sobre el sombrío presente del País Vasco.[70]

En este contexto ETA perpetró el 6 de junio un atraco en la oficina que el Banco de Santander tenía en el número 70 de la calle Caspe de Barcelona, que tendría fatales consecuencias para Txiki. Comenzaba la cuenta atrás.

---

[70] Los ejemplares de esta publicación consultados pertenecen a la Biblioteca de Comunicació i Hemeroteca General de la Universidad Autónoma de Barcelona.

21

ATRACO AL BANCO DE SANTANDER

El viernes 6 de junio era una jornada más de tantas en la sucursal número 3 del Banco de Santander, situada en el número 70 de la calle Caspe de Barcelona. Alberto Sancha, su director, había acudido al despacho de un cliente en la vecina calle de Gerona, para cerrar una operación. El ayudante de caja José Luis Fernández Zapico atendía diligente en ventanilla las disposiciones de efectivo y los ingresos, y Ricardo García Zapater, vigilante jurado de la entidad, paseaba su figura disuasoria por el patio de operaciones con su revólver Astra, calibre 347 Magnum, colgado del cinturón. El resto del personal cumplía, aplicado, su trabajo. Nada que desentonara de un día cualquiera. A las diez horas y quince minutos varios jóvenes entraron en la entidad pistola en mano y a cara descubierta.[71]

—Esto es un atraco político, entrega el dinero y no pasará nada. Solo los billetes —conminó uno de los asaltantes al ayudante de cajero, que cogió diligente la bolsa que le daba y obedeció sin

---

[71] La reconstrucción del atraco se ha realizado con el contenido del sumario 100-IV-75 instruido por la jurisdicción militar, al que ha tenido acceso el autor en el Tribunal Militar Territorial Tercero de Barcelona.

rechistar. Introdujo los billetes que tenía en su ventanilla, y cuando le ordenó que hiciera lo mismo con los de la ventanilla de al lado lo hizo sin demora. Algo menos de medio millón de pesetas, exactamente 425.000 pesetas.

—¿Dónde está el dinero que han traído esta mañana dos furgones blindados? —La pregunta revelaba que llevaban algún tiempo vigilando la actividad de la entidad.

—En la caja fuerte.

—¿Quién es el encargado de abrirla?

—Yo.

La voz trémula del interventor, cuya mesa tenía una ubicación que le permitía controlar visualmente la oficina, llamó la atención del atracador y el ayudante de cajero sintió alivio al ver que dejaba de encañonarle. Se sintió seguro, y en un acto instintivo pulsó el botón de alarma que comunicaba con la sala del 091 de la Jefatura Superior de Policía. Probablemente pensó que acababa de protagonizar un acto de heroísmo.

—¡Ábrala!

Mientras el que llevaba la voz cantante se dirigía con el rehén a la cámara acorazada, dos asaltantes reunían al resto de empleados en un extremo y un cuarto vigilaba el acceso a la sucursal.

—¿Quién es el vigilante jurado? —se dirigió al grupo uno de ellos, sin que nadie contestara. Insistió.

El interventor, que se había identificado para evitar el mal trago de que lo hiciera el cajero, lo señaló con el dedo para evitar males mayores, y uno de los atracadores le arrebató el arma que intentaba ocultar. En la declaración que prestó posteriormente ante los funcionarios de la Brigada de Investigación Criminal manifestó que solo pudo ver bien a uno de ellos, parece obvio pensar que al que le sustrajo el revólver, al que calculó entre veintisiete y veintinueve años «pelo rubio castaño, boca delgada, cara chupada, ojos hundidos, de 1,70 a 1,75 metros de estatura, que vestía sahariana corta de color beis abierta y camisa de cuadros. Todos hablaban castellano, aunque puedo asegurar, casi con certeza, que tenían acento vasco».

El coche patrulla con distintivo Z-6, al mando del cabo primero Ovidio Díaz López, que había sido alertado por radio, se personó en el lugar de los hechos en apenas unos minutos. Sin hacer sonar la sirena para no llamar la atención de los atracadores, estacionó en doble fila, frente a la entidad. Los cuatro integrantes de la dotación descendieron del automóvil y se apostaron en las inmediaciones. No hubo tiempo de más, o esa fue la impresión de quienes vivieron los hechos. El atracador que vigilaba junto a la puerta se percató de la presencia policial y alertó a sus compañeros, entablándose un tiroteo. El cabo Ovidio López recibió un impacto en el pecho y quedó tendido en la calzada. Lo que ocurrió a partir de ese momento está recogido en las actas que levantó la Policía en base al testimonio de los testigos.

«Nos dispararon una ráfaga de subfusil que alcanzó nuestro coche —relató Tomás Morena, uno de los agentes de la dotación—. Abrí fuego varias veces contra el primer atracador que salió del banco, y al ver que no le había alcanzado esperé protegido en una furgoneta a que saliera otro. Cuando lo hizo disparé contra él y tengo la seguridad de que le alcancé, porque cayó al suelo, soltó las dos armas que llevaba y se llevó una mano al costado. Hice intención de ir hacia él para detenerlo, pero otro individuo que empuñaba una metralleta me disparó una ráfaga que impactó en los cristales de la furgoneta. Instantes después esta persona se puso a mi altura, a una distancia que no podría decir, pero a la que podía haberle hecho blanco fácilmente. Justo en ese momento se interpusieron dos personas de avanzada edad y se dio a la fuga por la calle Caspe, adelantando al que yo había herido. Cuando iba a iniciar la persecución me llamaron mis compañeros diciéndome que el cabo estaba herido y fui a auxiliarlo. Tenía el pecho ensangrentado». Su declaración no incluye ningún dato identificativo de los agresores.

Un segundo coche patrulla llegó en auxilio de sus compañeros cuando el vehículo de estos arrancaba camino del Hospital Clínico, donde el agente herido ingresó cadáver. «Dimos una batida por los alrededores, por si podíamos localizar a alguno de los atracadores, pero no había rastro de ellos y regresamos al lugar de los hechos —recoge la declaración del cabo primero Diego Villena—. Recogimos un revólver Astra calibre 347 y una pistola VZOR-70, un zapato (que perdió uno de los atracadores en la fuga), una gorra a cuadros escoceses y unas gafas».

Esteban Rodríguez Suárez y Amando Rodríguez García, agentes de la Brigada Regional de Investigación Social (BRIS), estaban en un bar situado frente a la entidad «realizando un servicio de vigilancia» y pudieron ver lo ocurrido. Según su testimonio, se percataron de la llegada de un coche patrulla que aparcó en doble fila «y cómo el jefe de la dotación se dirigía con el subfusil en la mano hacia la puerta del banco, retrocediendo inmediatamente. En ese momento sonaron varios disparos y salimos a la calle empuñando las armas». El primero de ellos permaneció en la puerta del bar y su compañero un poco más abajo, «para buscar ángulo de tiro, pues tenía delante al cabo primero del coche policial, al que habían disparado una ráfaga de subfusil a través de la ventana del banco, por la que salieron tres de los atracadores». Entonces abrió fuego contra dos de ellos cuando escapaban por la calle de Gerona. Curiosamente, ambos policías prestaron declaración de manera conjunta, y tampoco ninguno de ellos aportó en ese momento rasgo identificativo alguno de los asaltantes.

Quien sí los vio con nitidez fue Isabel Fortuny, que ese día había ido a Barcelona a hacer unas compras. Cuando circulaba por la calle Bailén, dos jóvenes armados la obligaron a detener su Seat 600 y se subieron en la parte trasera del automóvil. «Uno estaba herido a la altura del estómago y sangraba mucho. Me preguntó varias veces si conocía un buen médico, porque tenía miedo de desangrarse. Le propuse llevarlo al Hospital Clínico, pero su compañero lo rechazó y me preguntó si conocía la clínica Sanllehy. Le dije que no y me pidieron que bajara hasta la ronda de San Pedro, y de esta hasta la de San Antoni, donde me detuve para que el que no estaba herido se bajara a comprar unos zapatos para su compañero, que iba descalzo de un pie. Me dijeron que si no decía nada no tenía nada que temer, porque pertenecían a un grupo político. Entre ellos hablaban de que tal vez sus compañeros no hubiesen podido huir. Continuamos la marcha por la calle Tamarit hasta la avenida de Mistral, y a la altura de la confluencia con Marqués de Duero se bajaron y cogieron un taxi».

Fulgencio Rodríguez, jefe de la dotación de otro radiopatrulla, localizó minutos después el automóvil con su conductora dentro. «Presentaba una fuerte excitación, la llevé a un dispensario para que fuera asistida y después la trasladé hasta Jefatura, para que prestara declaración». Isabel dijo a los agentes que el herido aparentaba veintiocho años, medía 1,75 metros, aproximadamente, tenía el pelo negro algo rizado, ligeras entradas y un bigote perfectamente recortado. Su compañero tenía más o menos la misma edad y estatura, el pelo negro abundante algo rizado, y también bigote. «Creo que podría reconocerlos si los viera de nuevo». Doña Isabel respondió, a preguntas de los agentes, que sus secuestradores hablaban un castellano perfecto y que desde luego ella no había apreciado ningún «acento regional».

Ninguno de todos estos testigos reconoció a los autores en las fotografías que les mostraron en comisaría y el 14 de julio se ratificaron ante el juez en sus declaraciones. La policía localizó varias huellas dactilares en el coche de Isabel Fortuny y en la furgoneta tras la que los atracadores se parapetaron durante el tiroteo al salir del banco, pero ninguna pudo ser identificada. El caso fue archivado a la espera de nuevas pruebas que permitieran su reapertura.

Sin más pistas que las descritas, el diario *ABC* publicó dos días después una información de la agencia Pyresa que, citando fuentes policiales, descartaba que los autores del asalto fueran miembros de ETA.

La forma de actuar y las armas utilizadas no demuestran, en ningún momento, la posible relación de los atracadores con este grupo separatista vasco. Asimismo, se ha publicado en algún periódico de Barcelona que el hecho de haber declarado los atracadores que aquello era un atraco político y que alguno de ellos tuviera acento vasco no son suficientes elementos como para componer una teoría en la que se relacione a estos individuos con el grupo ETA. Por otra parte, parece que alguno de los atracadores tiene un cierto aspecto marroquí, lo que definitivamente echa por tierra esta tesis.

El ministro de Información y Turismo, León Herrera, pronunció un breve discurso en el funeral de la víctima, en el que tampoco aludió a la organización terrorista. «A mi emoción como español, como miembro de las Fuerzas Armadas y como ministro del Gobierno, he de añadir la particular de quien hasta hace siete meses fue subsecretario de Gobernación, tuvo contacto íntimo con las fuerzas de la policía y pudo conocer desde dentro el sentido de disciplina y entrega que la policía española pone en defender ese tesoro, que casi se ha convertido en patrimonio exclusivo de los españoles, que es la paz conquistada con la sangre de un millón de muertos. Hoy puedo deciros que, dolido y amargado, el gobierno está aquí, junto al féretro de Ovidio Díaz López, y hace profesión de fe de defender esos mismos derechos por los que ha muerto este policía».

El que nadie aludiera a la organización terrorista no significa que la policía no sospechara de ella, e incluso que pudiera tener la certeza de su autoría, pero prefiriese ocultarlo para no generar más alarma en un momento en el que ETA estaba en plena ofensiva terrorista. Pero esto es solo una hipótesis.

22

TRAICIONADOS

La última vez que se tiene constancia de que Txiki cruzó la frontera con España fue el 7 de julio de 1975, acompañado de Gregorio Garitaonaindía Arrillaga, *Borda*, y Mikel Legarza, *Lobo*, un joven vizcaíno al que los servicios de información de Presidencia del Gobierno (SECED) habían conseguido infiltrar en ETA. La organización había ampliado su radio de acción fuera del País Vasco, en parte como estrategia y en parte para eludir la presión policial, y disponían de una incipiente infraestructura en Madrid y Barcelona, donde contaba con la cobertura del Front d'Alliberament de Catalunya (FAC), que intentaban ampliar a Galicia con la ayuda de Unión do Pobo Galego (UPG). El grupo viajó en tren desde San Juan de Luz a Perpignan, donde dos *mugalaris*[72] les ayudaron a cruzar la frontera por el monte hasta Puigcerdá. El último tramo hasta Barcelona lo hicieron en ferrocarril confundidos entre excursionistas. Una ruta un tanto alambicada, pero necesaria para eludir posibles controles policiales.

En la estación de Francia de la ciudad condal les esperaban Javier Celaya Echave, *Marqués*, y Ana Pérez Martí, una administrativa

---

[72] Especialistas en el paso clandestino de fronteras.

de CCOO que trabajaba en Telefónica, colaboraba con la organización facilitando alojamiento a los militantes que llegaban a la ciudad y aspiraba a ser admitida como una militante más. Los tres durmieron esa noche en su domicilio de la calle Suspiros, número 36. La joven no debió de parecerles excesivamente discreta y Txiki y Borda se trasladaron al día siguiente a casa de Jordi Roca Gual, a quien una compañera de la Facultad de Medicina había preguntado si podía alojar a unos amigos. «Al principio cada cual hacía su vida, pero pronto empezamos a cenar juntos y a discutir de política. Un día Fermín (como se hacía llamar Txiki) me dijo que militaba en ETA, y al ver mi sorpresa me dijo que buscaría otra vivienda. Estuve varias semanas sin verlo, hasta que me llamó de nuevo y me comentó que necesitaba volver a casa unos días. Le dije que sí y le advertí de que pasaría esa noche fuera».[73]

El Lobo, por su parte, viajó a Madrid tras la primera noche en Barcelona. En su caso tenía la orden de montar una infraestructura de pisos francos para alojar a los militantes que viajaran a la capital. Una circunstancia de la que había informado a sus superiores en el SECED, que se frotaban las manos ante la posibilidad de asestar un golpe importante a la organización. Pedro Ignacio Pérez Beotegui, *Wilson* y Félix Eguía, *Papi*, número dos de los *berezi*, le habían dado una semana de plazo para alquilar varias viviendas. Tiempo de sobra, porque los domicilios ya los habían arrendado los servicios secretos. El día 13 de julio acudió a la cita con sus responsables en la cafetería Hontanares de la calle Sevilla, próxima a la de Alcalá, para dar cuenta de sus gestiones. Para su sorpresa, Wilson y Papi le desvelaron que los pisos iban a ser utilizados por un grupo de mi-

---

[73] Declaraciones de Jordi Roca a *El Periódico de Catalunya* el 24 de septiembre de 1995.

litantes que iban a llegar a Madrid en unos días para participar en la fuga de cincuenta y dos presos de la cárcel de Segovia, en la conocida como «Operación Pontxo». La evasión estaba prevista para el día 30 de julio, y la planificación era tal que dos de los etarras que se iban a evadir habían salido en tres ocasiones del penal para estudiar sobre el terreno los últimos detalles.[74]

«El aparato legal del interior estaba seriamente dañado por las grandes caídas del estado de excepción, y la detención o el exilio de muchos cuadros estaban afectando a la marcha de la organización —dice Ángel Amigo, uno de los presos de ETA que iba a participar en la evasión—.[75] Sin embargo, el aparato militar de los comandos especiales estaba intacto y se mantenía a la expectativa de los acontecimientos políticos». Papi se quedó en la capital como responsable de la operación y Wilson regresó a Barcelona, donde la organización había perpetrado varios atracos y preparaba otros para recaudar fondos.

«Estaba la fuga de Segovia de por medio y hacía falta dinero —relata el propio Wilson—.[76] Dividimos a la gente y nos pusimos a buscar sucursales que fueran fáciles de atracar. Cuando vigilaba con Txiki una de ellas (la oficina era la que el Banco de Bilbao tenía en la plaza Llucmajor) apareció un coche de policía, se bajaron varios agentes y comenzaron a dispararnos». Wilson fue alcanzado por un disparo que le rozó la cabeza y perdió el conocimiento, y Txiki fue detenido tras una breve persecución. La captura de ambos llevó a los investigadores hasta Jordi Roca, en cuya casa habían dormido la noche anterior. «Al ir a abrir la puerta la llave no gira-

---

[74] Entrevista de Giovanni Giacopucci con Txutxo Abrisketa recogida en *ETA pm: el otro camino*, Editorial Txalaparta, Bilbao, 1997.

[75] Ángel Amigo recogió su experiencia en el libro *Las fugas de Segovia*, Editorial Lur, San Sebastián, 1978.

[76] Su testimonio está tomado del documental *Haizea eta sustraiak* (*El viento y las raíces*).

ba —recuerda Roca—. Pensé que tal vez se habían dejado la llave puesta del otro lado y llamé. Abrió un policía, que me cogió del pelo y me tiró al suelo mientras me decía "ya te tenemos hijo de puta" (…). Cinco días después nos llevaron a la cárcel Modelo. Wilson no presentaba señales de haber sido maltratado, pero Txiki sí. Yo estaba espantado por mi propia suerte».

La Jefatura Superior de Barcelona informó a la prensa de la detención de dos delincuentes comunes, apodados *el Lele* y *el Pirómano*, para no alertar a los etarras, a los que los servicios de información vigilaban en Madrid desde que llegaron de Francia. La estrategia dio resultado y horas después la policía abatía a tiros en la capital a Josu Múgica, *Kepa*, hería de gravedad a Félix Eguía, *Papi*, que quedó paralítico a consecuencia de los disparos, y detuvo a José María Lara, *Txepe*. Ambas operaciones se mantuvieron en secreto hasta el 4 de agosto para «rentabilizar» policialmente las declaraciones de los detenidos. Ese día la Dirección General de Seguridad (DGS) distribuyó una extensa nota informativa en la que destacaba por encima de todas las detenciones la de Wilson, a quien acusaba, entre otros muchos delitos, del asesinato el mes de marzo anterior del subinspector José Díaz Linares y del atraco al Banco de Santander en el que resultó muerto el policía Ovidio Díaz López. La policía implicaba a Txiki en ambos atentados y le atribuía, además, un «historial sangriento» en el que figuraban tres atracos más: a una oficina del Banco Guipuzcoano en San Sebastián, también con Wilson, a una sucursal del Banco de Vasconia en Vitoria y, por último, el asalto a un cobrador de la empresa Electromecánica de Legazpia. Los investigadores estaban también al tanto de su participación en el intento de secuestro de Luis Gómez-Acebo en agosto de 1974, «no pudiendo llevar a efecto su propósito por falta de puntualidad de los individuos de la ETA que tenían que ayudarle», según consta en el auto de procesamiento.

La «guinda» de la redada era la fuga frustrada de la cárcel de Segovia. «El proyecto, muy adelantado, ofrecía muchas probabilida-

De izquierda a derecha: Félix Eguía Inchaurraga, Juan Paredes Nanot, Marcos Pérez González (que resultó muerto y cuyo verdadero nombre era Jesús Mugica Ayestarán), Francisco Bofill Suris, Jorge Roca Gual, Milagros Arzoia Ladrón de Guevara y José María Lara Fernández, todos ellos detenidos por la Policía.

MADRID, MARTES
5 DE AGOSTO
DE 1975 - NUM. 21.635
OCHO PESETAS

ABC

DIRECTOR: JOSE LUIS
CEBRIAN BONE
DEPOSITO LEGAL:
M - 13 1958 - 88 PAGS.

NOTA OFICIAL DE LA DIRECCION GENERAL DE SEGURIDAD

SE CONFIRMA LA DETENCION DE PEDRO IGNACIO PEREZ BEOTEGUI, ALIAS «WILSON»

Entre otras operaciones, proyectaba la liberación de cuarenta miembros de E. T. A. que cumplen condena en el penal de Segovia

La Dirección General de Seguridad hizo pública anoche la siguiente nota informativa:

«Cuatro peligrosos terroristas de la organización E. T. A.-V Asamblea han sido capturados y otro resultó muerto, como resultado de dos eficaces acciones policíacas llevadas a cabo en Barcelona y Madrid el pasado día 30 de julio. Uno de los detenidos es el conocido terrorista Pedro Ignacio Pérez Beotegui, alias «Wilson» que cuenta con un dilatado historial en la organización.

Asimismo han sido detenidas varias personas que actuaron en relación o como encubridores de los citados terroristas: descubiertos varios pisos francos. Se ha capturado diverso armamento que los delincuentes utilizaban para perpetrar sus crímenes y atentados.

En Barcelona, hacia las once horas del pasado día 30 de julio, la dotación de un coche radio patrulla del Departamento de Orden Público de la Jefatura Superior, trató de identificar a dos elementos sospechosos que merodeaban alrededor de la sucursal del Banco de Bilbao. Los individuos en cuestión empuñaron sendas pistolas y se enfrentaron con la Fuerza Pública, cruzándose numerosos disparos. A consecuencia de los mismos resultaron heridos leves dos miembros de la Policía Armada y uno de los agresores, que fue detenido juntamente con su acompañante.

«WILSON» IDENTIFICADO

Después de ser atendido el herido en el establecimiento sanitario de Perecamps. los dos delincuentes fueron trasladados a la Brigada Regional de Investigación Social de la Jefatura Superior de Policía. Si bien en un primer momento no pudieron ser identificados debido a que llevaban documentación falsa, sometidos a un primer interrogatorio, pudo comprobarse que uno de ellos era el conocido terrorista de E. T. A.-V Asamblea Pedro Ignacio Pérez Beotegui, alias «Wilson». El otro es Juan Paredes Manot, alias «Txiqui», miembro de los «comandos especiales» y con un amplio historial delictivo en la organización terrorista.

En el interrogatorio a que ha sido sometido «Wilson» ha quedado claramente reflejada la importancia capital que su acción tiene y ha tenido en el desarrollo de E. T. A.-V Asamblea. Se puede afirmar que en la actualidad, es el elemento más importante de la misma. Es miembro del Comité ejecutivo de esta V Asamblea y responsable, en unión de Féliz Eguía Inchaurraga, de los «comandos especiales»

Pedro Ignacio Pérez Beotegui inició su

Pedro Ignacio Pérez Beotegui, alias "Wilson".

carrera criminal en el año 1965, fue detenido y puesto a disposición judicial como autor de tres robos de pequeña importancia; en el mismo año se trasladó a Londres y allí organizó diversas campañas contra el Régimen español. El 7 de enero de 1970 fue detenido por la Policía inglesa en unión de Juan Manuel Echevarría Elorza, como autor de la colocación de un explosivo en la Embajada española de Londres. Este mismo año se integró en E. T. A.-V Asamblea, en la que llegó a ser responsable político del interior. En 29 de agosto de 1972, es identificado como uno de los asesinos de un policía municipal en Galdácano, y, en los meses que precedieron al asesinato del almirante Carrero Blanco, participó activamente en la vigilancia de éste y en la preparación del atentado que costó la vida al presidente del Gobierno.

ACCIONES DELICTIVAS

Entre las acciones delictivas más importantes que ha llevado a cabo están los contactos mantenidos con otras organiza-

(PASA A LA PAG. 63 DE ULTIMA HORA)

MARTIN INMOBILIARIA, S. A.

MARTINSA

Menéndez Pelayo, 83 - Madrid-7

Golpe a ETA con numerosas detenciones en Madrid y Barcelona. El segundo por la izquierda es Jon Paredes Manot, Txiki.

des de éxito —decía la nota oficial—. Por funcionarios de la Jefatura Superior de Policía se hizo una visita a la prisión y se descubrió la embocadura de un colector de servicios por el que se puede comunicar con el recinto penitenciario. Iniciada la revisión del mismo, se halló una galería que partía de la sección de duchas, por la que estaba proyectada la evasión, que conducía al colector general».

A partir de ese momento los acontecimientos se precipitaron trágicamente. El Juzgado Militar Permanente número 3 abrió la causa 141-IV-75 contra Txiki y Wilson por todos los delitos de los que les acusaba la policía y, de modo sorprendente, fechas después desglosó las declaraciones autoinculpatorias del primero por el atraco al Banco de Santander y las incorporó al sumario que se instruía por este caso, el 100-UV-75, que estaba paralizado por falta de autores conocidos. Con su solo testimonio el juez, comandante de Infantería Vicente Gil de Sola Caballero, lo procesó como autor de los disparos que acabaron con la vida del policía Ovidio Díaz. Poco importó que días después de su primera declaración se retractara de todo lo dicho y asegurase que el día de los hechos se encontraba en Perpignan.

M 8697 13

Capitanía General de la 4.ª Región Militar

AUDITORIA DE GUERRA
DE LA 4.ª REGION MILITAR
Número de entrada   3/37
ENTRADA   15   976
SALIDA   18   976

Juzgado Militar   PERMANENTE Nº 3

PROCEDIMIENTO SUMARISIMO   Nº 100-IV-75

1ᵉʳ ROLLO

AUDITORIA DE GUERRA
DE LA 4.ª REGION MILITAR
Número de entrada   198
ENTRADA   17 FEB. 1976   4
SALIDA   20 FEB. 1976
CONTRA   JUAN PAREDES MANOTAS (a) "TXIKI"

DELITO.-   De terrorismo, previsto en el artículo 294 bis, 1º del Código de Justicia Militar.

OCURRIERON LOS HECHOS.-   El día 6 de Junio de 1.975.

DIERON COMIENZO LAS ACTUACIONES.-   El día 6 de Junio de 1.975.

JUEZ INSTRUCTOR   **SECRETARIO**

VICENTE GIL DE SOLA CABALLERO   JORGE ESPAULELLA GENE

COMANDANTE DE INFANTERIA   SOLDADO DE INFANTERIA

Portada del sumario instruido contra Juan Paredes Manot, Txiki.

23

TRES ABOGADOS CATALANES

Marc Palmés y Magda Oranich, un joven matrimonio de abogados catalanes que había colaborado un año antes en la defensa del anarquista Salvador Puig Antich, ajusticiado a garrote vil, asumió la representación de Txiki a petición de Juan María Bandrés, uno de los defensores habituales de miembros de ETA, con quien solían coincidir en reuniones de abogados antifranquistas. Dos letrados combativos que habían pasado por prisión por su compromiso político como miembros de la Asamblea de Cataluña, un organismo unitario de la oposición creado en 1971 para reivindicar las libertades democráticas, la amnistía general y el estatuto de autonomía,

«Estaba de vacaciones en Dinamarca cuando Bandrés telefoneó al despacho para hablar conmigo —recuerda Magda Oranich—.[77] Yo llamaba de vez en cuando para saber cómo iba todo, y entonces me lo dijeron. Le llamé y me pidió que nos hiciéramos cargo de la defensa de Txiki. Cuando regresé a Barcelona aún continuaba incomunicado y no pude entrevistarme con él hasta el 21 de agosto. Ese día nos comunicaron el auto de procesamiento en

---

[77] Todos sus testimonios están recogidos en entrevista con el autor.

una causa que habían desglosado de otra incoada contra un grupo de militantes de ETA por varios atracos. Este nuevo sumario lo dirigían exclusivamente contra él y desde el primer momento me dio muy mala espina, porque la forma de actuar del tribunal me recordaba la de meses atrás con Puig Antich».

Palmés y Oranich presentaron ante el juez instructor un primer escrito en el que restaban valor a las declaraciones autoinculpatorias del etarra, porque se habían obtenido tras un prolongado periodo de incomunicación que le había afectado psicológicamente. «Aunque sus declaraciones equivalgan a una confesión carecen totalmente de valor —decía el texto—. La legislación procesal es plenamente consciente de que las declaraciones de los presuntos reos pueden ser prestadas en circunstancias anímicas y físicas que no sean las idóneas para concederles el crédito que pudieran merecer en otras circunstancias distintas (…). La situación anímica de mi patrocinado se halla terriblemente alterada en estos momentos a consecuencia de su detención y del largo periodo de incomunicación que viene sufriendo desde aquella. Es por ello que nuestra Ley de Enjuiciamiento Criminal y una reiterada jurisprudencia del Tribunal Supremo establecen que el atestado policial tiene única y exclusivamente el valor de una mera denuncia, sin que posea en sí efectos probatorios».

El recurso reclamaba que la causa fuese instruida por un tribunal ordinario y no uno militar. Si era la policía la que combatía el terrorismo, no tenía sentido que lo enjuiciara la Justicia Militar, que los letrados calificaban de jurisdicción de castigo. «No es misión del Ejército —recoge el escrito—, ni puede confundirse con ninguno de los fines que le están asignados, el cuidado y mantenimiento del orden público interno de la nación, que compete a la autoridad y está encomendado a la acción de los tribunales ordinarios». Los letrados preguntaban al juez las razones por las que había desglosado el atraco del Banco de Santander del resto de acusaciones contra su cliente y otros etarras, y dirigía el procedimiento exclusivamente contra él. «¿Cuál es la base para este desglose parcial? Lo ignoramos y no lo comprendemos realmente, ya que carece de base legal dicha separación de causas. ¿Acaso los demás sucesos son conexos y este no? ¿Por qué? Realmente incomprensible». El documento concluía solicitando la revocación del auto de procedimiento y el levantamiento de la incomunicación para que Txiki pudiera recibir la visita de su familia. Todas las peticiones fueron denegadas en apenas veinticuatro horas.

«Marc y yo asumimos la defensa de Txiki por el atraco al Banco de Santander y Jordi Oliveras, que compartía despacho con nosotros, y Oriol Arau se hicieron cargo de la causa general de la que habían desglosado la nuestra —sigue su relato Magda Oranich—. De esta manera, nos turnábamos y podíamos ir a verlo todos los días».

«El sumario del que nos hicimos cargo Oriol y yo se paralizó y, en cambio, el otro pasó a instruirse a toda velocidad —rememora Jordi Oliveras—.[78] Teníamos el despacho en el paseo de San Juan, muy cerca de la cárcel Modelo, y fui a visitarle muchas veces, tal vez el que más porque congeniamos bastante. Estaba asustado pero muy sereno. Hablábamos de los pormenores del proceso, de las pruebas, y de temas personales. Asumía lo que estaba pasando y estaba absolutamente convencido de su militancia. Me impresionó que alguien que había nacido en Extremadura y no hablaba una palabra de euskera tuviera tal nivel de compromiso con el País Vasco. En alguna ocasión me preguntó cómo funcionaba el garrote vil, que estaba convencido iban a emplear con él, y yo le contestaba que si seguía haciéndome esas preguntas se me iban a quitar las ganas de ir a verlo».

El 12 de septiembre el juez Vicente Gil de Sola se desplazó a la cárcel para celebrar una rueda de reconocimiento con algunos

---

[78] Todos sus testimonios están recogidos en entrevista con el autor.

de los testigos del atraco, sin informar a la defensa. El ayudante de caja José Luis Fernández Zapico, el vigilante jurado Ricardo García Zapater y los policías Jesús Vázquez y Manuel Carbonell reconocieron «sin duda alguna» a Txiki como uno de los atracadores. No fue citada, en cambio, Isabel Fortuny, la única testigo que el día de los hechos dijo que podía reconocer a los dos atracadores que la secuestraron en su coche si los veía de nuevo. Suficientes pruebas para el juez, que aplicó el Decreto Ley sobre Prevención del Terrorismo aprobado por el gobierno el 26 de agosto y convirtió el que hasta entonces era un sumario ordinario en sumarísimo. La misma decisión que, curiosamente, adoptó ese mismo día otro juez militar en Madrid contra cinco militantes del FRAP acusados del asesinato de un guardia civil. La resolución daba el sumario por concluso sin que la defensa pudiese solicitar la práctica de pruebas hasta el día en que se celebrara el consejo de guerra. Desde ese momento el fiscal disponía de cuatro horas para presentar su escrito de acusación, tras lo cual se daba traslado de la causa a la defensa, que tenía el mismo plazo para entregar el suyo.

«El 15 de septiembre por la noche el juez instructor nos llamó a casa por teléfono para decirnos que nos iban a llevar una notificación urgente —cuenta Magda Oranich—. Se presentó un grupo de militares, nos entregaron la petición de pena de muerte que había hecho el fiscal y nos dieron cuatro horas para presentar el escrito de defensa. En ese momento nos comunicaron también que designaban al capitán de Infantería Joaquín Coronado Casillas como abogado defensor de oficio». Este nombramiento, obligatorio en los procesos militares, tenía por objeto impedir maniobras dilatorias de la defensa alegando, por ejemplo, enfermedad. Si los titulares no podían atender a su cliente, era el de oficio el que lo hacía.

Oranich y Palmés presentaron tres recursos para que se resolvieran de manera previa a la entrega del escrito de defensa. En el primero plantearon un «incidente de nulidad de actuaciones», aduciendo que en el sumario no figuraban las declaraciones íntegras de Txiki, sino un brevísimo extracto de las que había prestado ante la policía y el juez en otra causa distinta, que el fiscal había convertido en la principal prueba de cargo. «El conocimiento de tales declaraciones es totalmente imprescindible para que los defensores puedan plantear dignamente su defensa», decían. Los letrados argüían también que se había aplicado un decreto ley aprobado por el gobierno en agosto, cuando el atraco que se enjuiciaba se había perpetrado en junio. «Los principios jurídicos más elementales impiden la aplicación retroactiva de todas aquellas leyes y disposiciones que vayan en perjuicio del reo», sostenía el recurso. Los abogados descubrieron también un error aparentemente intrascendente, pero difícil de rebatir: el interrogatorio del juez en prisión se había realizado bajo juramento de decir la verdad, una fórmula que solo se podía aplicar a los testigos, que si mienten pueden ser acusados de falso testimonio, pero no a los acusados, según establecía el artículo 602 del Código Castrense. Esta irregularidad obligaba a retrotraer la causa al momento en que se incurrió en la infracción y a tomar declaración al acusado de nuevo.

Palmés y Oranich se quejaban, por último, del escaso tiempo de que habían dispuesto. «Haciendo abstracción de las cuestiones generales ya expuestas, hablando en términos de defensa, hay que elevar la más enérgica aunque respetuosa protesta por la forma como se han efectuado las diligencias de entrega de la causa y calificación por parte de los suscritos, que nos ha obligado a redactar el escrito de defensa en las peores condiciones materiales, no solo privados del tiempo necesario para un atento y sereno estudio, sino a altas horas de la madrugada, cuando el cuerpo y, sobre todo, la mente reclaman el descanso para su eficaz utilización».

El despliegue de recursos consiguió una victoria, aunque pírrica. El auditor de guerra aceptó el relativo a la forma en que se había llevado a cabo el interrogatorio en prisión y obligó al instructor a repetirlo el día 16 de septiembre. El trámite quedó incorporado al sumario así:

—¿Se afirma y ratifica en la declaración que le leo y le muestro, y reconoce la firma que la autoriza? Le recuerdo que está relevado de juramento.

—Cuando se produjo el atraco me encontraba en la localidad francesa de Perpignan y no entré a España hasta días después —reiteró Txiki lo que ya había dicho en su anterior comparecencia.

—¿En dónde se alojaba en Francia en aquella fecha? —también el juez repetía las preguntas que le formuló semanas atrás.

—No recuerdo el domicilio, pero sí que estaba al lado de un supermercado grande que se llama Epagne.

—¿Cuánto tiempo estuvo en Perpignan?

—Solamente una semana, pero no recuerdo los días del mes que eran.

—¿Tiene algo más que manifestar?

—No.

El resto de alegaciones fueron desestimadas con extrema dureza por el auditor, que trasladó a su auto el fastidio que le había provocado el «bombardeo» de escritos al que le habían sometido.

En primer término, debe indicarse a los defensores que no entra dentro de los límites de su misión definir lo que es la Jurisdicción Militar, y que resulta al menos incorrecto tratar de llamarla «una jurisdicción de castigo». Tampoco, ni muchos menos, es misión de la defensa definir la que compete al Ejército (…). Resultan totalmente inexactas las gratuitas afirmaciones de que a la competencia de la jurisdicción castrense solamente corresponde aquellas infracciones que impliquen un alzamiento colectivo, armado o violento contra las instituciones fundamentales, coincidiendo así con la definición del delito de rebelión militar. Desde luego, tiene que ser en términos vulgarizantes y no técnico-jurídicos en que debe expresarse una defensa letrada para poder asegurar que la Jurisdicción Militar debe entrar en juego cuando para sofocar la lucha, guerra, guerrilla o alzamiento sea necesaria la intervención del Ejército. El delito de terrorismo es un delito militar.

En un otrosí bajo su firma, el general trasladaba a los defensores que si ellos habían sido capaces de obligar a repetir la declaración indagatoria del acusado, él también era lo suficientemente perspicaz para darse cuenta de que habían imitado una firma en uno de los escritos y podían ser acusados de un delito de falsedad.

Se observa que el escrito al que nos venimos refiriendo [el que pedía la incompetencia de jurisdicción], si bien figura encabezado por los letrados D. Marcos Palmés Giró y Dª Magdalena Oranich Solagrán y el capitán D. Joaquín Coronado Casillas [el defensor de oficio nombrado por la autoridad militar], las firmas estampadas al final corresponden a los dos letrados mencionados y la tercera, según fácil cotejo, no es la del capitán Coronado, sino la del propio procesado, produciéndose así una incongruencia que pudiera ser constitutiva de falsedad, sobre la que en su momento se dictaminará lo pertinente.

El fiscal jurídico militar despachó el día 17 su petición de pena de muerte para Txiki en dos escuetos folios en los que le consideraba autor de la muerte de Ovidio Díaz, con un relato de hechos idéntico al que figuraba en las diligencias policiales. A la una de la madrugada del día 18, Palmés y Oranich presentaron su escrito de defensa «en forma esquemática, dada la vertiginosa premura de tiempo, con reserva del derecho a modificarlo y ampliarlo verbalmente en el acto del consejo de guerra». Los abogados insistían en que su defendido no había participado en el atraco del que era acusado y solicitaban su absolución. Como prueba pericial pedían que se practicara la autopsia al cadáver del policía, que le fue entregado a la familia sin este trámite, se le extrajeran las balas que le habían causado la muerte, se realizara un informe para determinar el arma con el que fueron disparadas, y se cotejaran las huellas del acusado con las encontradas en las pistolas que los atracadores abandonaron en su huida y con las halladas en la furgoneta tras la que se parapetaron durante el tiroteo y en el Seat 600 en el que se dieron a la fuga. El tribunal aceptó la totalidad de las pruebas solicitadas por el fiscal y rechazó la mayor parte de las de la defensa, porque «dadas las características del hecho perseguido no han de contribuir al esclarecimiento de los hechos y sí ocasionar en cambio dilaciones en el proceso».

«Cuando lo visité en prisión estaba agitado porque le habían cambiado a la celda en la que estuvo Puig Antich. Le dije que era una simple casualidad y no tenía que preocuparse por ese detalle —continúa Magda Oranich—. Estábamos en contacto permanente con los abogados de Madrid que defendían a los militantes del FRAP para saber cómo evolucionaban sus causas». Para entonces, dos militantes de ETA y tres del FRAP ya habían sido condenados a muerte, y ese mismo día 17 lo serían otros cinco más.

La Orden General de la Región convocaba el consejo de guerra contra Txiki para el viernes 19, a las nueve de la mañana, en el Salón de Actos del Gobierno Militar de Barcelona, presidido por el coronel de Artillería Antonio Verger Garau. El resto del tribunal lo integraban el comandante auditor Francisco Muro Jiménez como vocal ponente, y los capitanes Javier Moure Rey, Bernardo Nadal Moya y Antonio Baeza Navarro como vocales. El fiscal designado fue el teniente coronel Domingo Pereda Salvador. En un intento de aplazar la vista, Palmés y Oranich los recusaron a todos ellos. Con el Código Castrense en la mano, los abogados decían que la orden que nombraba al tribunal obligaba a identificar a sus miembros por su nombre, empleo y destino, datos que no figuraban en el caso del fiscal jurídico militar, lo que le impedía saber si incurría en alguna causa de incompatibilidad. La respuesta fue inmediata: «La recusación que se pretende es totalmente inadmisible, pues el propio Código de Justicia Militar prohíbe expresa y tajantemente la posibilidad de recusación de los fiscales».

María Paredes, la madre de Txiki, viajó a Barcelona para asistir al consejo de guerra. Se alojó en el domicilio del matrimonio Juan Pons y María Elena Llobet, cuyo hijo, José Luis Pons Llobet,[79] de dieciocho años, había sido condenado a cincuenta y uno de prisión por su implicación en varios atracos del Movimiento Ibérico de Liberación (MIL) con Puig Antich. «Los Pons Llobet era una familia de derechas, pero la detención de su hijo y la ejecución de su amigo Puig Antich hizo que se volcaran con la madre de Txiki —cuenta Jordi Oliveras—. Recuerdo que aquellos días la acompañé a algunas gestiones y nos entrevistamos con el decano del Colegio de Abogados, Casals de Carreras, para que intercediera ante las autoridades. Para una madre, digerir todo lo que estaba pasando esos días era muy difícil».

---

[79] José Luis Pons Llobet participó junto a otros veintiocho presos, la mayoría de ETA, en la fuga de la cárcel de Segovia el 5 de abril de 1976. Un año antes había fracasado un primer intento.

24

LOS ERRORES SE PAGAN

La celebración del juicio contra Txiki y las condenas a muerte fechas antes de dos militantes de ETA y ocho del FRAP decidió a los dirigentes de los Bereziak a enviar a Madrid y Barcelona a dos comandos para responder al régimen, a pesar del duro revés policial que había sufrido en ambas capitales el 30 de julio. La organización terrorista sospechaba de la existencia de un infiltrado policial que había facilitado las detenciones de las semanas previas, y Mikel Legarza Lobo, que había salido indemne de las redadas, era el principal sospechoso. Pese a ello, la organización asumió el riesgo y un grupo de destacados militantes cruzó la frontera.

«Me acuerdo de que cuando pasamos por los Pirineos me dio la impresión de que estábamos controlados. No sé, pensaba "me estoy haciendo mayor, será una cuestión de nervios" —relató José Ignacio Múgica Aguirre, *Ezkerra*, años después—.[80] En fin, la cosa se quedó ahí (…). Además, la presión del tiempo y las condenas a muerte impusieron prioridades. Teníamos diversos objetivos que

---

[80] Entrevista de Giovanni Giacopuzzi con Ezkerra que figura en su libro *ETA pm. El otro camino*, op. cit.

no estaban todavía decididos porque esperábamos estar en los lugares y ver qué tipo de acciones se podían llevar a cabo, bien para tratar de impedir las ejecuciones, bien para responder a estas. Quizás con mayor madurez habríamos dicho que no podíamos iniciar una acción de este nivel antes de aclarar las dudas. Cuando llegamos a Madrid, me acuerdo perfectamente que estábamos en un bar *Montxo* (José Ramón Martínez Antía) y yo con Lobo cuando entraron dos personas que se nos quedaron mirando y que me parecieron policías. Lo comenté y Lobo dijo "qué va, tranquilo", pero para mí que lo eran».

«El Lobo había levantado sospechas a sus compañeros, que llegaron a tratar su caso, pero se perdieron en medio de la psicosis de infiltraciones en que estaban todos metidos y entre fuertes tensiones y discusiones —escribe el exetarra Ángel Amigo—. En cualquier caso, cuando pasó para Madrid los que le acompañaban lo mantenían sometido a una estrecha vigilancia». Tanto que Ezkerra y Montxo decidieron ponerle a prueba. «Cuando le comunicamos nuestras dudas fue muy fuerte, porque era un compañero al que dijimos que creíamos que era un infiltrado y había provocado las detenciones y muertes de otros militantes —sigue su relato Ezkerra—. La verdad es que reaccionó muy bien. Fue capaz de presentarse como muy amargado, diciendo que cómo era posible que pensáramos eso, e ingenuamente tragamos. Pese a ello, esa misma noche le comenté a Montxo de largarnos del piso porque él también estaba muy nervioso y había visto cosas raras. Cuando nos pilló la policía lo tuvimos claro, pero ya era tarde».

El 18 de septiembre, víspera del consejo de guerra contra Txiki, la policía entró en las viviendas que ocupaban en Madrid, mató a tiros a Montxo y detuvo a Ezkerra, Juan Cruz, *Jon*, Pablo Gabikagogeaskoa, *Antón*, y Mariano Ibarguren. En Barcelona los agentes detuvieron a José Ramón Martínez de la Fuente y a Antonio González Terrón, *Gaizka*, abatieron a tiros a Andoni Campillo, y Francisco Javier Ruiz de Apodaca, *Apolonio*, resultó herido grave. Fue el último «servicio» de Mikel Legarza Lobo. Semanas después ETA puso precio a su cabeza.

El gobierno podía alardear de otro importante golpe a ETA transcurrido solo mes y medio desde el anterior. Como entonces, los detenidos o muertos eran destacados militantes de la organización terrorista y se había evitado que esta se instalara en la ciudad condal y en la capital. La prensa celebraba los éxitos policiales y calificaba 1975 de año decisivo en la lucha contra el terrorismo. La organización terrorista respondía con un comunicado en el que anunciaba su decisión de «golpear al Estado fascista en su aparato de represión y en sus cabezas políticas. Golpearemos también a la oligarquía y a la gran burguesía, protegidas por el franquismo, que en su nombre ahoga en sangre al pueblo de Euskadi y todos los pueblos bajo su dominación. El camino que nosotros hemos tomado se nos ha impuesto: la lucha armada es nuestro solo recurso frente a la violencia y el terrorismo fascista».

25

TERCER CONSEJO DE GUERRA

(19 DE SEPTIEMBRE DE 1975)

A las 09.10 horas el coronel Antonio Verger declaró constituido el consejo de guerra y ordenó al juez instructor que leyera el apuntamiento, un resumen de la instrucción elaborada por él mismo en el que reiteraba los motivos por los que consideraba al acusado autor de los hechos que le imputaba. Una sinopsis que el fiscal ampliaba después con la lectura de aquellos folios de la causa que, en su opinión, corroboraban todos los cargos, tras la cual era el letrado defensor el que solicitaba la de aquellas otras páginas en las que iba a sustentar parte de su alegato, fundamentalmente aquellas que podían sembrar dudas sobre las pruebas de cargo.[81]

«Decidimos hacer una defensa técnica, sin ningún tipo de obediencia política —cuenta Jordi Oliveras, que aunque no participó en la vista sí colaboró en la preparación de la vista—. En uno de los consejos de guerra que se habían celebrado en Madrid contra militantes del FRAP el tribunal había expulsado a todos los letrados defensores, que ya no podían estar con los condenados en capilla, y nosotros, que estábamos seguros de que a Txiki también lo

---

[81] La reconstrucción narrativa del consejo de guerra se sustenta en el acta del mismo que figura en el sumario y el testimonio de los letrados.

iban a condenar, queríamos estar con él hasta el último momento. No podíamos plantear un juicio de ruptura, de enfrentamiento, sino defenderlo con argumentos».

El trámite procesal discurrió sin sobresaltos hasta que fue el turno de la defensa.

—Con la venia de su señoría, antes de que se dé lectura a las páginas propuestas por este letrado quisiera saber si se han tomado las medidas necesarias para que los testigos que van a ser citados a declarar no se comuniquen entre sí.

Marc Palmés se dirigía al presidente. Era una medida cautelar para que quienes en unos momentos comparecerían ante el tribunal no intercambiaran impresiones y se pusieran de acuerdo sobre lo que iban a manifestar. El coronel Verger dirigió su atención hacia el instructor.

—¿Se han adoptado?

—Todos los testigos están fuera, señor presidente.

—¿Pero existe alguna comunicación entre ellos?

El instructor no supo qué decir, y su silencio fue interpretado como una respuesta negativa.

—Tome las medidas oportunas —ordenó el presidente.

Al cabo de unos minutos, el instructor regresó a la sala.

—Señor presidente, se ha proveído lo necesario para dar cumplimiento a su disposición.

—Bien, en ese caso, señor letrado de la defensa, ¿interesa la lectura de algún folio del procedimiento?

—Sí, señor presidente. —Marc Palmés pidió que se leyeran íntegras las declaraciones de algunos testigos en las que estos habían facilitado datos imprecisos, cuando no contradictorios, sobre las características físicas de los atracadores. El tono de voz del instructor perdía fuerza, hasta hacerse casi inaudible tras dos horas de lectura prácticamente ininterrumpida. Concluida su intervención, el presidente dio la palabra al fiscal para que interrogara al acusado, cuyo testimonio precedía al de los testigos.

El teniente coronel Domingo Pereda, un hombre de porte rígido y gesto agrio, se giró hacia Txiki.

—¿Cómo se llama?

—Jon Paredes Manot.

—¿Dónde nació?

—En Zalamea de la Serena, provincia de Badajoz.

—¿Cuál es el nombre de sus padres?

—Pedro y Antonia.

—¿Qué estudios tiene?

—Hasta sexto de básica.

—¿Cuándo salió de su localidad por primera vez?

—A los diez años.

—¿Vivió en algún otro lugar de España?

—En Zarauz.

Preguntas y respuestas se sucedían de forma escueta.

—Disculpe el fiscal que le interrumpa en su turno de palabra —intervino el presidente—, pero el ruido de las obras de la calle no permiten escuchar con claridad sus preguntas y las respuestas del acusado. Vamos a interrumpir brevemente la vista para que por miembros de la Policía Militar se ordene que paren.

Tras unos minutos, el estrépito que entraba por las ventanas cesó.

—Le preguntaba si vivió en algún otro lugar de España —el fiscal reanudó el interrogatorio.

—He vivido en Zarauz y de manera esporádica en el País Vasco francés. Desde allí vine a Barcelona.

—Disculpen de nuevo. —Visiblemente molesto por la reanudación de las obras el presidente ordenó a la Policía Militar presente en la sala que acallaran el estruendo, que lejos de haber disminuido crecía en intensidad—. Se suspende la sesión durante cinco minutos.

Tras unos minutos de espera, el ruido cesó de nuevo.

—Prosiga el interrogatorio —el presidente se dirigió al fiscal.

—¿Ha tenido contactos con la organización terrorista ETA en Francia?

—ETA es una organización revolucionaria en la que milito desde hace dos años.

—A una de mis preguntas ha dicho que vino a Barcelona desde Francia. ¿Dónde se alojó?

—En una casa que creo estaba en el paseo de Maragall, pero no conozco la ciudad ni las calles. No sé si era en esa dirección o es un nombre que se me ha quedado grabado.

Txiki ignoró la vivienda de la calle Suspiros en la que había pasado la primera noche, aunque desconocía si estaba «quemada». Tampoco sabía que Wilson había desvelado a la policía parte de la infraestructura de la organización en la ciudad condal y facilitado con ello la detención de Jorge Roca, en cuyo domicilio se habían alojado la noche anterior a su captura, y de cuatro monjas seglares que en alguna ocasión anterior habían puesto a disposición de ETA un piso en el número 41 de la calle Massens. Tres de ellas estaban detenidas y la cuarta había conseguido escapar porque estaba ausente cuando fueron a buscarla.

—Ha declarado ante la policía y el juez instructor que participó en el atraco al Banco de Santander de la calle Caspe, de resultas del cual resultó muerto el policía D. Ovidio Díaz López, ¿no es así?

—No tengo nada que ver con ese atraco, ni siquiera estaba en Barcelona cuando se llevó a cabo. —La voz de Txiki sonaba imperturbable.

—¿Puede contar a este tribunal las circunstancias de su detención? —El fiscal no incidió en la negativa.

—Dos policías nos sorprendieron a Wilson y a mí en la plaza de Llucmajor, cerca de una sucursal del Banco de Bilbao.

—¿Sabe disparar un arma? —El representante del Ministerio Público tampoco inquirió si se disponían a asaltarla.

—Sé lo indispensable para disparar un arma porque he sido instruido para ello en Francia.

—Ninguna pregunta más —concluyó para sorpresa de los presentes por lo escueto de su intervención, desprovista de toda emoción.

El fiscal eludió entrar en más detalles, fiado a la certeza de que la acusación había quedado sobradamente probada durante la instrucción, lo que convertía la vista en un trámite formal que había que despachar en el menor tiempo posible.

—Tiene la palabra el defensor.

Marc Palmés comenzó su interrogatorio con las mismas preguntas de filiación que había hecho el fiscal con la intención de prorrogar la vista todo lo que fuese posible. A esa hora estaba reunido el Consejo de Ministros que debía dar el «enterado» del gobierno a las sentencias de muerte dictadas días antes contra ocho militantes del FRAP y dos de ETA, y quería evitar que si también Txiki era condenado a la pena capital su caso fuese abordado en la misma sesión. Si conseguía prolongar el consejo de guerra hasta que el gobierno se hubiese pronunciado sobre las condenas ya impuestas, parecía poco probable que si decidía ejecutar a los condenados fuese a tomar la misma decisión en el siguiente Consejo de Ministros. Demasiadas muertes. Era solo una posibilidad, pero no convenía descartarla.

Txiki volvió a repetir que había nacido en Zalamea de la Serena, que se marchó de allí a los diez años para irse a vivir a Zarauz, que en 1972 entró en contacto con miembros de ETA que le captaron para la organización, y que en Francia se había limitado a confeccionar propaganda que luego introducía en España.

—¿En qué circunstancias firmó usted las declaraciones en que se autoinculpó del atraco al Banco de Santander? —le inquirió Palmés.

—Cuando declaré por primera vez ante la policía les dije que no tenía nada que ver con el atraco, pero fui torturado, llevaba días incomunicado y habría firmado mil veces lo que me hubiesen puesto delante. Me dijeron que tenía que ratificar las declaraciones ante el juez porque si no lo hacía me volverían a llevar a jefatura y no iba a salir vivo de allí, y así lo hice. Días después, cuando el juez volvió a la cárcel a tomarme declaración le dije la verdad, que el día del atraco estaba en Perpignan, en una dirección que no recuerdo, pero que estaba al lado de un supermercado grande. Mi única actividad en ETA ha sido de propaganda. —La concisión que había empleado para responder al fiscal se tornó en explicaciones más prolijas.

—¿Cómo se enteró del atraco?

—Me enteré por el periódico *Mundo Diario*, pero pensé que no había sido ETA. De hecho, lo comenté con otros jóvenes españoles exilados en Perpignan.

—No hay más preguntas, señoría.

Instantánea de Txiki fechas antes de ser fusilado.

Para Palmés lo relevante no era el testimonio de Txiki. Bastaba que dejara claro que no tenía nada que ver con el atraco de que le acusaban. Lo realmente importante era que su testimonio se viera refrendado por las dudas de los testigos.

—Vamos a dar comienzo a la toma de declaración de los testigos propuestos por el Ministerio Fiscal —anunció el presidente—. Que pase Alberto Sánchez Trueba.

El director de la sucursal juró decir la verdad y comenzó un relato fantasioso plagado de actos de heroísmo con los que había puesto en riesgo su propia vida, preocupado tan solo por la suerte de sus empleados aquella trágica mañana. «Estaba en el despacho de un cliente, muy cerca de la oficina, cuando escuché disparos. Crucé la calle en medio de los proyectiles, entré en la sucursal y pregunté si había algún empleado herido. Cuando comprobé que ninguno de mis subordinados lo estaba salí a la calle y ayudé a subir a un coche al cabo de la Policía Armada herido, que se encontraba a unos diez metros de la puerta. El tiroteo fue espantoso». Más allá de su abnegada intervención no vio nada. Bueno, sí, a unos policías correr tras los asaltantes. «No puede hacer acepción de personas, ni por tanto identificar a ninguno de los atracadores, habiendo comprobado, eso sí, la existencia de una bolsa en la que se encontraba el dinero robado y una pistola», recoge el acta del consejo de guerra.

José Luis Fernández Dopico, ayudante de caja, fue el siguiente en pasar a la sala. Como ya había manifestado a la policía y al juez, estaba trabajando cuando un individuo le encañonó con una pistola y le dijo que aquello era un atraco político, que no se pusiera nervioso y no le ocurriría nada. Después metió en una bolsa roja el dinero que había en ventanilla, y cuando el asaltante le preguntó dónde estaban las sacas que un furgón blindado había descargado esa mañana, le contestó que eso era cuestión del interventor, tras lo cual se fueron con él a abrir la caja fuerte. Él contó cinco asaltantes, y no tenía la menor duda de que el joven que se sentaba frente al tribunal era uno de ellos.

—Usted ha reconocido aquí al procesado como uno de los atracadores, ¿ya lo había hecho antes? —inquirió Marc Palmés.

—En el mes de julio, en una rueda de reconocimiento a la que me llamaron de la Jefatura Superior de Policía. Antes me habían enseñado fotografías, pero no encontré ningún rostro conocido.

—Acaba de reconocer al acusado como uno de los atracadores. Por favor, sin mirarlo, describa cómo era la persona a la que vio.

—Tenía el pelo algo rizado y bigote.

—¿Y cuánto cree que medía?

—Calculo que como un metro setenta y siete. —Frunció el ceño, como quien hace un cálculo matemático de memoria que requiere concentración.

Palmés se dirigió al presidente para que autorizara que su cliente se pusiera en pie. El coronel Verger asintió.

—¿Quiere usted mirar al acusado? —Esperó un momento a que el testigo se girase—. ¿No es cierto que tiene el pelo liso y que su estatura es muy inferior a la acaba de decir?

—Bueno, ahora no puedo acordarme bien, pero cuando declaré el día del atraco tenía muy vivos los detalles y, además, como le he dicho, después lo reconocí en comisaría.

—Si tenía tan vivos los detalles, ¿cómo es que en la declaración ante la policía que tengo delante de mí no dio detalles concretos de los atracadores? —Palmés exhibió en la mano los folios que recogían su comparecencia—. ¿No pretenderá hacernos creer que no se los preguntaron? —Elevó el tono de voz, convencido de que el testigo había pasado de la certeza a la duda—. Explíqueme, por favor, eso de que lo reconoció en comisaría.

—En comisaría me enseñaron fotografías y no reconocí a nadie, pero luego, en julio, volví y me lo mostraron con otras personas y ahí sí dije que era él.

—Señor presidente, ese reconocimiento en rueda al que alude el testigo no reúne garantías. No figura en el sumario y este letrado no tiene conocimiento de su celebración —se dirigió al tribunal, molesto por una prueba que le habían hurtado.

—Se ruega al señor letrado que reserve las alegaciones para el momento de su informe.

El vigilante jurado Ricardo García Zapater se cruzó con su compañero cuando abandonaba la sala demudado. Tras reiterar con desigual acierto su declaración a la policía, manifestó que recordaba lo ocurrido con nitidez y reconocía «casi con toda seguridad» al procesado como uno de los atracadores.

Palmés volvió a la carga.

—El testigo dice que recuerda los hechos igual que el día que tuvieron lugar. Entonces declaró que el único asaltante al que pudo ver bien medía entre 1,65 y 1,70 de estatura y que tenía el pelo rubio castaño, cuando mi defendido tiene el pelo negro y mide 1,52 metros. ¿No le parece contradictorio?

—Lo que dije en comisaría es que lo reconocía como uno de los atracadores a los que no había visto bien.

Tomás Morera, uno de los agentes del coche patrulla que se enfrentó a los atracadores, reiteró que él vio cómo su compañero era alcanzado en el pecho y caía al suelo, pero no pudo apreciar con claridad a los autores, aunque recordaba que casi todos llevaban bigote. Ninguna otra certeza.

El inspector Esteban Rodríguez, que se encontraba con un compañero en un bar situado enfrente de la sucursal bancaria, aseguró que reconocía al procesado «como uno de los atracadores que salió haciendo fuego por la ventana».

—¿Podría describírnoslo con detalle? —le interpeló Palmés.

—Perfectamente —respondió en tono retador.

—¿Por qué no lo hizo en el atestado policial o cuando declaró ante el juez? Entonces no facilitó ni un solo dato identificativo. Usted es policía y sabe que tiene obligación de hacerlo.

—Seguramente di lo datos a mis superiores y estos no consideraron necesario que figuraran en mi declaración.

La vista no se desarrollaba mal para la defensa. Las imprecisas y contradictorias declaraciones de los testigos suscitaban dudas razonables sobre la participación del acusado en el atraco. Sin embargo, el fiscal se guardaba dos ases en la manga, los policías Manuel Carbonell y Jesús Vázquez, que desde el estrado reconocieron a Txiki, sin ningún género de dudas, como el asaltante que disparó a la víctima. Los dos formaban parte de la dotación del radiopatrulla con el cabo Ovidio Díaz y, de manera inexplicable, ninguno había declarado durante la instrucción de la causa, como sí había hecho su compañero Tomás Morera, que dijo no poder reconocer a ninguno de los asaltantes.

—Protesto, señor presidente, ninguno de estos dos testigos figuran en el atestado levantado por la policía, ni han declarado a lo largo del sumario. ¿Cómo se ha conocido ahora su existencia? ¿De dónde los ha sacado el fiscal? ¿Por qué se han ocultado a la defensa? Son testigos fantasma. Si no existían cuando se confeccionó el atestado, ni tampoco al instruirse el sumario, este abogado no puede ahora creer en su existencia. Que conste en acta mi más enérgica protesta por esta circunstancia —Palmés hablaba irritado ante la aparición inesperada de dos testigos inexistentes hasta ese momento, que con sus manifestaciones disipaban la incertidumbre sembrada por los titubeos de quienes les habían precedido.

El coronel Verger asintió con la cabeza, más como un gesto mecánico que como quien acepta de buena fe las puntualizaciones de quien le habla. Algo así como un «no me haga usted perder más tiempo, señor letrado».

La última en comparecer fue Isabel Fortuny, la mujer a la que dos atracadores obligaron a que les ayudara a escapar en su coche.

—Eran unos chicos de unos veinticinco años, pero ninguno de ellos es la persona que está en la sala. —La única testigo que en su declaración había dicho que podía reconocer a quienes la secuestraron si volviera a verlos no reconoció a Txiki.

El presidente del tribunal miró su reloj. Eran las 14.45 horas. Comentó en voz baja algo con el vocal ponente y decidió suspen-

123

ACTA DE CELEBRACION DE CONSEJO DE GUERRA.-

En la Plaza de Barcelona, a diecinueve de Septiembre de mil novecientos setenta y cinco.
       Se extiende la presente en cumplimiento de lo pre-
ceptuado en el art. 932, en relación con el 785, del Código Castrense, para hacer constar:
       Que en dicha fecha, y siendo las nueve y diez horas
se reunió en el Gobierno Militar de esta Plaza, el Consejo
de Guerra Ordinario, para Ver y Fallar, por los trámites
del Procedimiento Sumarísimo, la Causa nº 100-IV-75, ins--
truida contra el procesado JUAN PAREDES MANOTAS, (a) "TXIKI
por el presunto delito de terrorismo; componen el Consejo-
como Presidente, el Coronel de Artillería, D. ANTONIO VER-
GER GARAU, Director del Parque y Maestranza de Artillería,
y como vocales, los capitanes de Artillería, D. JAVIER MOU-
RE REY , también del Parque y Maestranza de Artillería; de
Infantería, D. ANTONIO BAEZA NAVARRO, del Regimiento de Infantería, Jaén nº 25; y de Artillería, D. BERNARDO NADAL -
MOYA, del Parque y Maestranza de Artillería; actuan como vo
cales suplentes, los Capitanes de Artillería, D. LUIS PARA-
REDA VALCARCEL, del Regimiento Mixto de Artillería nº 7, y
de Ingenieros, D. PASCUAL ALONSO VALLES, del Regimiento Mix
to de Ingenieros nº 4; actua como Vocal Ponente, el Comandante Auditor, D. FRANCISCO MURO JIMENEZ. Asiste el Ilmo.-
Sr. Fiscal Jurídico Militar de la 4ª Región, D. DOMINGO PE-
REDA SALVADOR, Teniente Coronel Auditor, que ejerce las --
funciones propias del Ministerio Fiscal, asumiendo la De--
fensa, el letrado D. MARCOS PALMES GIRO, como titular; la
letrado Da. MAGDALENA ORANICH SOLAGRAN, como suplente, asis
tiendo también junto a los antedichos, como defensor suplen
te, nombrado de Oficio, el Capitán de Infantería, D. JOA---
QUIN CORONADO CASILLAS, del Regimiento de Infantería, Jaén
nº 25.
       El Sr. Presidente declara reunido el Consejo de --
Guerra, en Audiencia Pública, abriendo seguidamente la sesión.
       A continuación, concede la palabra al Juez Instruc
tor, quien con la venia del Presidente procede a dar lectura al Apuntamiento.
       Concedida la palabra por el Sr. Presidente al Ilmo
Sr. Fiscal, para que en su caso, solicitara la lectura de
algún folio del Sumario, el representante de la Ley, pidió
se leyesen los folios 14yv., 15, y siguientes, 45, 45 v.,-
46, 47, 57, 58 y 92. A continuación se procedió por el Secretario a la lectura de los folios susodichos.
       Concedida la palabra al Sr. letrado defensor, para
que a su vez solicitara, en su caso, la lectura de folios,

*Acta del consejo de guerra celebrado el 19 de septiembre en Barcelona contra
Jon Paredes Manot, Txiki.*

der la vista hasta las 18.00 horas para que el fiscal y la defensa tuvieran tiempo de ordenar sus notas antes de elevar sus conclusiones a definitivas.

—En esta vista ha quedado demostrado que el acusado pertenece a una organización terrorista y que como tal participó en los hechos enjuiciados en esta sala —el fiscal arrancó su intervención con la convicción de un iluminado—. La incongruencia de sus declaraciones y la prueba testifical practicada, que ha dado por resultado su plena identificación, corroboran el relato de hechos de esta acusación. El delito cometido es militar, porque se atentó contra un miembro de la fuerza armada, competiendo juzgar los mismos a los tribunales militares por ley orgánica, por su ley constitutiva y por el Decreto Ley de Prevención del Terrorismo. Estamos ante un grave delito de terrorismo por el que solicito la pena de muerte. Queda a la soberanía del consejo, apreciando racionalmente y en conciencia las pruebas, resolver en justicia.

Palmés ordenó sus documentos antes de iniciar su exposición. A su lado, Magda Oranich le recordaba en voz baja los detalles en los que debía incidir.

—Quiero hacer constar en primer lugar que lo precipitado de los acontecimientos ha dificultado notoriamente el papel de la defensa. Mi defendido fue golpeado por la policía y sometido a coacciones físicas y psicólogas que le llevaron a firmar una declaración autoinculpatoria y a ratificarla ante el juez, hechos en los que incidió el largo periodo de incomunicación hasta que pudo comunicarse con sus abogados defensores, retractándose posteriormente de todo lo manifestado. Como ya he puesto de manifiesto en mis escritos, no se han incorporado a la causa las declaraciones íntegras de mi cliente, que sí constan en otro procedimiento diferente. Se le aplica con carácter retroactivo el Decreto Ley de Prevención del Terrorismo, cuando es sabido que los actos procesales se deben tramitar por el procedimiento vigente en el momento de iniciarse la causa, que no es otro que el ordinario. La retroactividad, en caso de duda, nunca puede perjudicar al reo, sino al contrario, solo se le debe aplicar si le beneficia. Se ha incurrido en numerosos vicios procesales que deberían conducir necesariamente a la nulidad de actuaciones, como son las ruedas de reconocimiento practicadas en dependencias policiales sin presencia de la defensa, o la comparecencia en esta sala de testigos que no han declarado en la causa, testigos fantasma de los que no resulta desproporcionado afirmar que les mueve el ánimo de vengar la muerte de un compañero. Se han negado pruebas tan trascendentales como el cotejo de huellas del acusado con las halladas en las armas que los atracadores abandonaron en su huida o en la furgoneta tras la que se parapetaron durante el tiroteo con las fuerzas del orden.

Palmés continuó desgranando durante media hora más las arbitrariedades acumuladas durante la instrucción de la causa, hasta concluir que no cabía otro fallo que no fuese la absolución.

Finalizadas las exposiciones, el coronel presidente formuló al procesado la pregunta final.

—¿Tiene algo que alegar?

—Quiero reiterar que no he participado en los hechos de que me acusan. En este consejo de guerra no solo se me ha juzgado a mí, se ha juzgado también al País Vasco y a todos los pueblos de España. Nada más.

«En el momento en que Txiki hacía uso de su derecho a la última palabra se escuchó un "sí, señor" dándole la razón —recuerda Oranich—. Era el abogado Enrique Ruiz Capillas, que estaba entre el público. La policía se lo llevó detenido y tuve que interceder ante el capitán San Agustín, que era el responsable de la seguridad en la sala, a quien conocía porque habíamos estudiado Periodismo juntos. Le soltaron, pero fechas después recibió una citación para ir a declarar y no acudió». Los diarios de la época daban cuenta días después de la imposición de una multa de 100.000 pesetas por el altercado.

Resuelto el incidente, el presidente dio por concluido el consejo y el tribunal se retiró a deliberar. Pasaban unos minutos de las ocho de la tarde.

«El consejo de guerra fue terrible —continúa Magda Oranich—. No solo por la manera en que se desarrolló, sino porque teníamos la sensación de que la sentencia condenatoria estaba dictada de antemano. Cuando el presidente ordenó desalojar la sala me dirigí a él para decirle que la madre de Txiki estaba allí y no había podido abrazar a su hijo, y le pedí que le permitiera hacerlo. Les autorizó a estar juntos unos minutos en uno de los patios interiores del Gobierno Militar. Fue uno de los momentos más duros. Me aparté de donde estaban para que hablaran. La madre no dejaba de llorar y yo tuve que hacer un esfuerzo para no hacerlo. Al final me llamó y escuché cómo se despedían: "Hijo, te van a matar", y él le contestó: "Aunque me maten no te quedas sin hijo, porque todos los vascos son tus hijos"».

El tribunal decía en la sentencia que había valorado en conciencia las pruebas obrantes en la causa y las practicadas en el acto de la vista, y no tenía ninguna duda sobre la presencia del procesado en el atraco, siendo él quien había efectuado los disparos que acabaron con la vida del policía armada. Los miembros del consejo citaban en la resolución el artículo 192 del Código Marcial, que les atribuía la potestad de dictar sentencia en el uso de su «libre arbitrio», y, «habida cuenta de la perversidad del procesado», escribían, le condenaban a muerte.

FALLAMOS que debemos condenar y condenamos al procesado JUAN PAREDES MANOT (a) «TXIKI» a la pena de MUERTE como responsable del apreciado delito de terrorismo, que en caso de conmutación llevará la accesoria de inhabilitación absoluta, debiendo indemnizar a los herederos del Cabo 1.º de la Policía Armada D. Ovidio Díaz López con la suma de QUINIENTAS MIL pesetas, y decretamos el comiso de las armas ocupadas y municiones.

SENTENCIA

En la Plaza de Barcelona a diecinueve de Septiembre de mil novecientos setenta y cinco:

Reunido el Consejo de Guerra Sumarísimo designado para ver y fallar la Causa Sumarísima nº 100-IV-75 instruída por un supuesto delito de terrorismo por el Juzgado Militar Permanente nº 3 contra el procesado paisano JUAN PAREDES MANOTAS (a) "TXIKI" de 21 años de edad, natural de Zalamea de la Serena (Badajoz) hijo de Pedro y de Antonia Maria, soltero, de profesión montador, con instrucción y sin antecedentes penales, encontrándose en situación de prisión preventiva por esta Causa.

Dada cuenta de los autos en audiencia pública, oidos el apuntamiento del Sr. Juez Instructor, las declaraciones del propio procesado, la de los testigos que han comparecido en el acto de la vista a petición del Fiscal y del Defensor Letrado, los informes con la acusación del Ilmo.Sr. Fiscal Jurídico Militar de la Región y de la Defensa del Letrado designado por aquél y la última manifestación del procesado, siendo Vocal Ponente del Tribunal Militar, el Comandante Auditor Don Francisco Muro Jiménez Y.

RESULTANDO PRIMERO que a las 10,15 horas del día 6 de Junio de 1.975 el procesado JUAN PAREDES MANOTAS (a) "TXIKI" formando parte de un comando especial de la organización terrorista, ilegal y subversiva "E.T.A.", compuesto además por otros cinco individuos más no identificados plenamente, siguiendo sus propósitos de atentar contra la unidad de la Patria, la integridad de sus territorios y el orden institucional, armados todos ellos con pistolas excepto uno que llevaba una metralleta, penetraron de improviso en la sucursal nº 3 del Banco de Santander sita en la calle Caspe nº 70 de la ciudad de Barcelona, entrando en primer lugar tres de ellos, siendo uno de los mismos el procesado JUAN PAREDES MANOTAS (a) "TXIKI", y luego los otros tres, distribuyéndose por el establecimiento, procediendo a intimidar con las armas a los empleados y personas que estaban en dicha sucursal bancaria, arrebatando uno de los miembros del comando el arma que portaba el Vigilante Jurado D.Ricardo Garcia Zapater, apoderándose de una cantidad de billetes que estaban en las dos cajas destinadas a atender inmediatamente al público por un importe de 425.000,- pesetas que hicieron introducir en una bolsa al ayudante de caja D.Jose Luis Fernandez Zapico, habiendo manifestado anteriormente que se trataba de un atraco político y que tenian que entregar el dinero que hubiese en billetes, y cuando preguntaban por la posible existencia de otras cantidades proce-

... .../...

Sentencia del consejo de guerra contra Txiki.

Así, por esta nuestra sentencia, fallando en justicia, lo pronunciamos y firmamos.

«Nos comunicaron el fallo hacia las cinco de la madrugada —señala Magda Oranich—. A partir de ese momento teníamos dos horas para alegar. Algunos militares me dijeron que dos de los cinco miembros del consejo de guerra, entre ellos el presidente, habían votado en contra de la pena de muerte, pero la sentencia no alude a este extremo y es imposible verificarlo. Lo que sí supimos fue que se había desplazado a Barcelona uno de los dos verdugos que aún había en España, y eso era señal de que lo iban a ajusticiar a garrote vil. Entonces, Miguel Castells redactó un escrito, que firmamos también Palmés, Jordi Oliveras, Oriol Arau y yo, en el que pedía que le fusilaran como a un *gudari*. Si no le mataron a garrote fue porque también habían condenado a muerte a varios militantes del FRAP en Madrid y a otro de ETA en Burgos y no había verdugos suficientes para desplazar uno a cada plaza. Solo por eso».

A las siete de la mañana del día 26, Marc Palmés presentó el escrito de alegaciones, el postrer intento por salvar la vida a Txiki, en el que reiteraba las irregularidades que ya había denunciado durante la celebración del consejo de guerra: la aplicación retroactiva del decreto ley antiterrorista, la ausencia de la autopsia de la víctima, la incompetencia de la jurisdicción militar para enjuiciar el caso, la denegación de la práctica totalidad de las pruebas solicitadas… Todo en vano. El general auditor desestimó las alegaciones y propuso al capitán general de la Cuarta Región Militar, Salvador Bañuls Navarro, que diera firmeza a la sentencia e informara al ministro del Ejército de «la procedencia moral, social y jurídica del cumplimiento de la pena capital impuesta» para que el gobierno diera el «enterado» antes de ser ejecutada.

26

EL ASESINATO DEL CABO POSADAS

Doce años son pocos años. Demasiado pocos para presenciar un asesinato. Pero es lo que le ocurrió el 3 de abril de 1974 al niño Jesús Arana. El cabo primero de la Guardia Civil Gregorio Posadas Zurrón, jefe del Grupo de Información del puesto de Azpeitia, acababa de abandonar el acuartelamiento para realizar gestiones en unos caseríos próximos y circulaba a escasa velocidad por la calle Juan XXIII debido a las obras. Tan despacio que el chico, que caminaba por la acera, se situó a su altura justo cuando una vespa ocupada por dos jóvenes se cruzó delante del vehículo y el que iba de «paquete» abrió fuego contra el parabrisas con un subfusil Marietta, un arma que ETA comenzaba a utilizar por su reducido tamaño y escaso peso, que permitían ocultarla bajo la ropa. El vehículo de la víctima continuó la marcha por inercia hasta montar las ruedas delanteras en la acera antes de detenerse. Sobre el asfalto quedaron quince casquillos de bala de fabricación checa.

Jesús Arana permaneció paralizado hasta que algunos de los clientes de un bar próximo salieron a la calle al escuchar el tableteo de los disparos y lo introdujeron en el local. Le dieron un vaso de agua, como si así le ayudaran a digerir lo que acababa de ver, y le preguntaron dónde vivía para avisar a sus padres y que vinieran a recogerlo. Al cabo de un rato, ya más tranquilo, el muchacho contó a los agentes que le preguntaron lo que había visto que el autor de los disparos vestía una zamarra marrón y tenía bigote. Pocos datos, pero tampoco aportaron más quienes se asomaron alertados por el estampido de tiros, si acaso algún detalle de la moto en la que viajaban los agresores, que fue localizada horas después en Azkoitia.

«El cabo Posadas era natural de Villaferrueña (Zamora) y tenía treinta y tres años. Deja mujer y dos hijas. Ingresó en el Cuerpo el año 62. En el año 68 fue destinado a la Comandancia de San Sebastián, donde trabajó como jefe del Servicio de Información de Azpeitia. Por el momento se desconoce la identidad de los autores de este hecho, que se dieron a la fuga en una motocicleta vespa», decía la sucinta crónica de *La Voz de España*. Por si alguien alimentaba dudas sobre la autoría, ETA reivindicó el atentado con un comunicado en el que acusaba a la víctima de torturador.

El día del funeral córpore insepulto el diario *ABC* aprovechó la ocasión para dedicar un panegírico a la Guardia Civil. «Fiel a su tradición, firme en sus nobles propósitos —decía el diario—, prosigue su arduo camino en defensa de España y de la unidad y bienestar de todos los españoles. Eso sí, en los rostros de los hombres de la Benemérita y de cuantos como ellos llevan sobre sus hombros la pesada carga de imponer el respeto a la ley y defender a nuestra justicia, se refleja el dolor que la cobarde muerte sufrida por uno de sus compañeros les ha producido. Pero, repetimos, siguen firmes y sin titubeos, y más unidos que nunca».

Pese a las escasas pistas aportadas por los testigos del atentado, los investigadores identificaron a los autores del crimen en menos de una semana, gracias a los datos recabados en «hoteles, bares, gasolineras, etcétera» de las inmediaciones, según queda constancia en un informe elaborado por la 551 Comandancia de San Sebastián, remitido al capitán general de la Sexta Región Militar. El primer testimonio recogido era el de la mujer del cabo Posadas, «aunque no se debe dar mucho crédito por escasez de vista».

Doña Carmen García Aries manifiesta que sobre las 10.30 horas del día que se llevaron a cabo los hechos observó en las proximidades del cuartel, a unos cien metros del lugar donde fue agredido el cabo Posadas, a dos individuos, portando uno de ellos un maletín o cartera negra. Al serle mostrado a dicha señora el álbum fotográfico de elementos de la organización terrorista ETA existente en esta Jefatura señaló una fotografía del mismo relacionándolo con uno de los individuos que ella había visto, la cual correspondía al miembro de dicha organización Francisco Javier Aya Zulaica «Trepa» y «Luis».

Un maquinista de Ferrocarriles del Urola que trabajaba en las inmediaciones manifestó a los agentes que escuchó los disparos y vio a dos personas que corrían hacia el coche-máquina en el que estaba. «Al aproximarse me di cuenta de que uno llevaba una metralleta en la mano. Tenía la tez morena, enfermiza, cara afilada, era alto y vestía un pantalón y un jersey oscuro». Cuando le exhibieron un álbum con fotos de etarras le pareció que uno de ellos podía ser José Miguel Beñarán Ordeñana, *Argala*, aunque en la instantánea, dijo, parecía más joven. Su acompañante tenía bigote, el pelo castaño o rubio, era más bajo y más fuerte, y se movía con torpeza. Vestía una chaqueta de ante marrón y llevaba en la mano una cartera de cuero marrón clara que intentaba cerrar. «Al llegar a su coche, con objeto de no rodear el resto de las unidades que arrastraba la máquina y continuar su camino en línea recta, se montaron en el mismo por la puerta trasera de la izquierda y salieron por la derecha, continuando la huida por las escalerillas de salida de las vías hacia la carretera, momento este en que el primero de los descritos manipulaba su arma, posiblemente con objeto de plegarla o desarmarla».

Las pesquisas se ampliaron hasta el barrio de Loyola. En el restaurante Echaniz habían comido dos jóvenes cuya descripción coincidía con la que había hecho el maquinista. Uno tenía bigote y el pelo castaño tirando a rubio, y por las fotos que le enseñaron la dueña reconoció a Aya Zulaica, aunque no pudo ver a su acompañante porque estaba sentado de espaldas. A una de las camareras la cara del etarra le resultó familiar, aunque no pudo precisar cuándo le había visto. También le pareció que Argala había estado en el local en alguna ocasión acompañado de otra persona. El informe concluía advirtiendo de la necesidad de mantener en secreto la identidad de los informadores para evitar que ETA pudiera tomar represalias contra ellos.

El atentado contra el cabo Gregorio Posadas era el primero que ETA perpetraba en 1974, y también el primero desde el magnicidio de Luis Carrero Blanco en diciembre de 1973. Su sucesor en la Presidencia del Gobierno, Carlos Arias Navarro, había anunciado hacía poco más de un mes en las Cortes un tímido proceso de apertura política, el conocido como «espíritu del 12 de febrero», que recibió los ataques de los sectores más inmovilistas del régimen. El exministro de Trabajo y procurador en Cortes José Antonio Girón de Velasco escribió contra el mismo un manifiesto en el diario *Arriba* que fue recibido con alborozo por la ultraderecha:

> Lo que se pretende, en nombre de no sé qué extraña libertad, es olvidar el compromiso sagrado que contrajimos con el pueblo español quienes un día nos vimos en el deber inexcusable de empuñar las armas y vimos morir a nuestros mejores camaradas para que España siguiese viviendo (…). Proclamamos el derecho de esgrimir frente a las banderas rojas las banderas de esperanzas y realidades que izamos el 18 de julio de 1936, aunque a ello se opongan los falsos liberales o quienes, infiltrados en la Administración o en las esferas del poder, sueñan con que suene vergonzante la campanilla para la liquidación en almoneda del Régimen de Francisco Franco (…), quienes sin adoptar la gallarda posición del adversario en campo abierto se infiltran a favor de la noche y de las sombras en la estructura del Régimen para socavarlo al amparo de la traición.

DIRECCION GENERAL DE LA GUARDIA CIVIL	551 COMANDANCIA JEFATURA

S/Rf.º	Núm.	Fecha	N/Rf.º PALL/arr	Núm. 2056

ASUNTO. Gestiones realizadas sobre el asesinato del Cabo 1º GREGORIO POSADA ZURRO

Excmo. Señor:

Como consecuencia de las contínuas gestiones que por fuer zas de esta Comandancia se vienen realizando en las inmediaciones al lugar del atentado, para la localización y detención de los autores del asesinato del Cabo 1º GREGORIO POSADA ZURRON, acerca de Hoteles, Bares, Gasolineras, etc., y todas cuantas pistas puedan llevar a con seguir el fin perseguido, las mismas han dado como resultado cuanto sigue:

Aunque no se debe dar mucho crédito, por escasez de vista, la esposa del Subteniente Comandante de Puesto de Azpeitia, doña CAR MEN GARCIA ARIES, manifiesta que sobre las 10'30 horas del día que se llevaron a cabo los hechos, observó en las proximidades del Cuartel y a unos cien metros del lugar donde fué agredido el Cabo POSADA, dos individuos, portando uno de ellos un maletín o cartera negra. Al serle mostrado a dicha señora el album fotográfico de elementos de la organi zación terrorista E.T.A., existente en esta Jefatura, señaló una foto grafía del mismo relacionandolo con uno de los individuos que ella habia visto, la cual correspondía al miembro de dicha organización FRANCISCO JAVIER AYA ZULAICA (a) "Trepa" y "Luis".

Posteriormente se logró conseguir la localización de un individuo, maquinista de la Compañia explotadora de Ferrocarriles del Urola, llamado   , vecino de Azpeitia, el cual ha manifestado que al estar maniobrando en un coche-máquina del citado ferrocarril oyó los disparos que causaron la muerte del Cabo, viendo como inmediatamente dos individuos corrian hacia su vagón, ob servando cuando se aproximaban que uno portaba en una mano una metra lleta, siendo éste de tez morena enfermiza, cara afilada, alto y vis tiendo pantalón y jersey oscuro, creyendole reconocer por la fotogra fía del album fotográfico de miembros de la organización E.T.A. que fué mostrado a JOSE MIGUEL BEÑARAN ORDEÑANA (a) "Argala", que en dich foto le parece que está mas joven que el individuo por él visto; el segundo de dichos individuos, de pelo castaño o rubio, tenia bigote, era algo mas bajo que el otro y mas fuerte, torpe de movimientos, llevaba una chaqueta de ante marrón y portaba en la mano una cartera de cuero marrón clara con la que forcejeaba para cerrarla, no logran dolo.

Al llegar a su coche con objeto de no rodear el resto de las unidades que arrastraba la máquina y continuar su camino en linea recta, se montaron al mismo por la puerta trasera de la izquierda, saliendo por la derecha, continuando la huida por las escalerillas d salida de las vías hacia la carretera, momento éste en que el primer de los descritos iba ya manipulando en su arma, posiblemente con obje to de plegarla o desarmarla.

Tambien han sido localizadas la propietaria y una camarer del Restaurante "Echaniz", de Loyola (Azpeitia), la primera de las cuales recuerda que el día de los hechos comieron en su Restaurante

Informe de la Guardia Civil sobre el asesinato del cabo primero Gregorio Posadas.

En realidad el búnker no tenía nada que temer, como se encargarían de demostrar los hechos. El 2 de marzo era ajusticiado a garrote vil el militante anarquista Salvador Puig Antich, acusado de la muerte de un policía durante su detención. Un método medieval que no se utilizaba desde 1963 con los también anarquistas Joaquín Delgado y Francisco Granados por la comisión de varios atentados que no cometieron.[82] A la inquietud política de los ultrafranquistas se añadía la creciente preocupación del gobierno por los asesinatos de ETA y un desolador panorama internacional para el régimen. El 25 de abril la Revolución de los Claveles en Portugal deponía la dictadura de Antonio de Oliveira Salazar, ahora encabezada por Marcelo Caetano, la más longeva de Europa junto a la de Franco, y en julio era derrocada en Grecia la dictadura de los coroneles. Entre ambas fechas, el príncipe Juan Carlos tuvo que asumir de forma interina la Jefatura del Estado al agravarse la salud del dictador. Demasiados síntomas de que no todo estaba atado y bien atado

---

[82] La historia de ambos está recogida en *Garrote vil para dos inocentes. El caso Delgado-Granados*, de Carlos Fonseca, Editorial Temas de Hoy, Madrid, 1998.

27

UN TIRO EN LA CABEZA

La cada vez más intensa actividad de ETA obligaba a la organización terrorista a perpetrar atracos para obtener fondos con los que mantener a sus «liberados» [miembros fichados por la policía], financiar su infraestructura y comprar armas en el mercado negro. No siempre con éxito. El 28 de agosto de 1974, dos de sus militantes, José Antonio Garmendia Artola, *Tupa*, y José María Arruabarrena Esnaola, *Tanke*, resultaron heridos muy graves en un tiroteo con la policía tras sustraer 220.000 pesetas en una sucursal bancaria de San Sebastián. Un golpe sencillo si no hubiera sido porque la policía les dio el alto en uno de los controles montados en la ciudad tras el asalto. En lugar de detenerse aceleraron la marcha, realizaron varios disparos intimidatorios y escaparon en dirección a Hernani, donde abandonaron el coche y se adentraron en el monte con intención de cruzar la frontera. La Guardia Civil los localizó antes de que lograran su objetivo y en la refriega Garmendia resultó herido muy grave por un disparo que le atravesó la cabeza. Trasladado a la Residencia Sanitaria de San Sebastián, fue operado a vida o muerte, y aunque los médicos consiguieron estabilizarlo, quedó en estado de coma. Tres días después del enfrentamiento su hermana María Cruz, en nombre de sus padres y de sus otros dos hermanos, Dolores y Santos, remitió un escrito a los ministros de Gobernación, Justicia y Ejército, y al fiscal de la Audiencia Provincial de San Sebastián para que les autorizaran a visitarle en el centro médico.[83] El escrito decía así:

> Que la compareciente es hermana de D. José Antonio Garmendia Artola, joven que ha sido herido y detenido por las fuerzas dependientes de la autoridad del Gobierno Civil de Guipúzcoa el día 28 de los corrientes.
>
> Que su indicado hermano se encuentra en la actualidad hospitalizado en la Residencia del Seguro Obligatorio de Enfermedad de San Sebastián, Nuestra Señora de Aránzazu.
>
> Que según noticias no obtenidas oficialmente su hermano ha sido intervenido quirúrgicamente de gravísimas lesiones de cabeza, hallándose en estado de coma y en situación de extrema gravedad.
>
> Que las mismas noticias no oficiales afirman que el herido, pese a su estado, no está atendido en la Unidad de Cuidados Intensivos.
>
> Que en las reiteradas ocasiones en que la suscribiente, sus padres y hermanos han intentado visitar a su familiar en la residencia les ha sido impedido el acceso por miembros de la policía gubernativa y agentes de la Policía Armada.
>
> Que es elemental, y no precisa razonamiento, el derecho fundamental de los padres y hermanos a comunicarse y visitar a su hijo y hermano en trance de muerte. Es igualmente fundamental el derecho del herido a recibir todas las atenciones que la ciencia pueda prestarle, incluida su asistencia en la Unidad de Cuidados Intensivos.
>
> De los daños que puedan derivarse de la negación de ambos derechos es en su caso responsable quien ha adoptado las decisiones correspondientes.
>
> Por todo lo expuesto,

---

[83] Se guarda en el Euskomedia-Kultura Topaguena, Fundación de la Sociedad de Estudios Vascos.

SOLICITA A V. E.: que teniendo por presentado este escrito y por causadas las manifestaciones que en el mismo se contienen, se sirva adoptar las disposiciones necesarias para que se autorice la visita y comunicación de José Antonio Garmendia Artola con sus padres y hermanos, y queden en suspenso, si es que existen, las órdenes que impiden que el indicado herido sea asistido en la Unidad de Cuidados Intensivos de la residencia.

El herido fue trasladado un mes después al Hospital General Penitenciario de Carabanchel (Madrid), donde permaneció incomunicado hasta el 27 de diciembre. En ese ínterin, y pese a su delicado estado de salud, fue interrogado por el juez José Lasanta Martínez el 22 de septiembre y por la policía el 2 de noviembre. En ambas ocasiones reconoció haber asesinado al cabo Gregorio Posadas junto a su compañero Aya Zulaica. Sin embargo, ninguna de las dos declaraciones tiene su firma, sino su huella dactilar impresa con tinta. «Cuando lo vi por primera vez en Carabanchel parecía en sus andares, en sus gestos y en sus declaraciones un hombre de ochenta años, y era un chico joven —cuenta el abogado Juan María Bandrés, que se hizo cargo de su defensa—.[84] No sé si en la declaración que hizo cuando recobró el conocimiento mínimamente facilitó datos, porque tenía una especie de torpeza para todo».

Garmendia había sido vinculado con el asesinato meses antes por el etarra Juan María Labordeta Vergara, *Lezo*, tras su detención cuando intentaba pasar a Francia por el monte después de perpetrar un atraco en la Compañía Auxiliar de Ferrocarriles (CAF) de Beasain, de la que los asaltantes se llevaron catorce millones de pesetas. El detenido implicó en el «golpe» a los etarras José Manuel

---

[84] Juan María Bandrés falleció en 2011. Su testimonio está tomado del libro *Juan María Bandrés. Memorias para la paz*, de Raimundo Castro, Editorial Hijos de Muley Rubio, Madrid, 1998.

Pagoaga Gallastegui, *Peixoto*, y Francisco Javier Aya Zulaica, *Trepa*, e identificó a este último y a Garmendia como autores del atentado contra el cabo Posadas. Labordeta dijo que este dato se lo había revelado el propio Aya Zulaica, aunque en una declaración posterior se retractó de la acusación.

Cuando los periódicos informaron de la detención de José Antonio Garmendia y de su implicación en el asesinato, Ángel Otaegui decidió marcharse de casa por miedo a ser delatado. Él había alquilado el piso en el que se alojaron los miembros del comando y habría identificado a la víctima. Durante varias semanas se es-

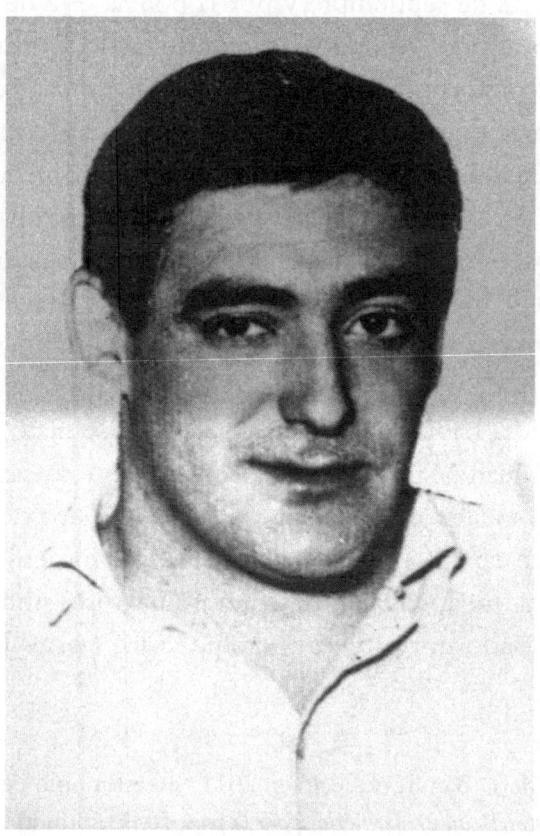

Ángel Otaegui.

condió en Hernani, hasta que creyó que la policía no lo relacionaba con el atentado y regresó a su domicilio. Sin embargo, el 18 de noviembre de 1974, casi ocho meses después del crimen, fueron a buscarlo. «A la una de la mañana llamaron a la puerta. Su madre se asomó a la ventana y vio a varias personas con linternas. Le dijo que no abriera, que podían ser ladrones, pero no le hizo caso —cuenta su tía Mercedes—.[85] Entraron en casa, la registraron de arriba abajo y se lo llevaron a la comisaría de San Sebastián, donde estuvo tres días, y de allí a la cárcel de Martutene. Fue entonces cuando nos enteramos de que militaba en ETA».

Otaegui era hijo único de madre soltera. Había nacido en enero de 1942 en Nuarbe, un pequeño barrio de Azpeitia, situado en el corte profundo de los montes Izarraitz y Hernio. Su madre trabajaba en el Hotel Correo de San Sebastián y durante la semana le

Ángel Otaegui, segundo por la izquierda, con unos amigos.

---

[85] Entrevista con el autor.

dejaba al cuidado de sus abuelos y de su tía Mercedes. Estudió en las Escuelas Cristianas de Zestoa y en el instituto de Azpeitia, y a los quince años se puso a trabajar. Primero en la empresa Irimo de Zumárraga y después en la metalúrgica Sprin, que dejó para embarcarse en un pesquero de Orio que hacía la costera de la anchoa y el bonito. Después de tres temporadas en el mar se colocó como tornero en Glual, donde trabajaba cuando fue detenido. Había militado en EGI, las juventudes del PNV, hasta su ingreso en el frente obrero de ETA, primero, y en el militar después, encargado de buscar alojamiento a los «liberados» que actuaban en la zona. «Yo creo que él quería hacer un comando, pero la gente de su edad estaba en otra onda y él no era capaz de entrar con otros», dice un amigo de aquella época.

«En la prisión de Martutene podíamos verle los miércoles, los viernes y los fines de semana —recuerda su tía Mercedes—. Me turnaba con su madre, porque solo podían visitarle los familiares directos. Nos preguntaba por la familia, por la gente, por lo que decían sus amigos. En principio se hizo cargo de su defensa Juan María Bandrés».

«En aquel momento había mucha gente en la cárcel de Martutene. Le fue a visitar otro abogado y él le dijo que quería hablar conmigo —recuerda Bandrés—.[86] Otaegui se había quedado en su casa pensando que lo suyo no era nada, y meses después lo detuvieron. En un principio no pensé que su caso fuese especialmente grave. Le dije que estaba muy ocupado y que quizás no podría asistirlo demasiado bien, pero él insistió mucho. Esa fue la primera conversación que tuve con él (…). Yo llevaba ya la defensa de Garmendia y permanentemente me pedía que me ocupara de él, que le salvara la vida, aunque en ocasiones le surgían dudas y me decía:

---

[86] El testimonio ha sido recogido de *Txiki-Otaegi. El viento y las raíces, op. cit.*

«Estos no serán tan brutos de pedirme a mí la pena de muerte, ¿no?».Yo entonces lo solía tranquilizar, porque lo cierto es que no se me pasó por la cabeza la enorme barbaridad que poco más tarde se iba a producir».

El 27 de abril de 1975, un día después de que el gobierno declarara el estado de excepción en Guipúzcoa y Vizcaya durante tres meses, Carlos Granados Mezquita, jefe de la Fiscalía Militar de la Capitanía de Burgos, solicitó para Otaegui y Garmendia la pena de muerte. Mezquita era un fiscal sobradamente conocido por sus vehementes intervenciones en los consejos de guerra, en los que, con ligeras variaciones, vertía la misma soflama. «A los separatistas habría que recluirlos en una isla desértica y volcánica —decía—, para que allí, como perros rabiosos, se desgarren los miembros arañando la roca en busca de un alimento al que no tienen derecho por su ingratitud con la madre patria». Intervenciones por las que había sido recusado en algunos procesos.

El PNV empezó entonces a recabar apoyos internacionales desde el exilio. Su dirigente Manuel Irujo, que había sido ministro de la Segunda República y residía en París, escribió al periodista Pedro Beitia, que formaba parte de la delegación del gobierno vasco en Washington, pidiéndole ayuda. Beitia tenía magníficas relaciones políticas y periodísticas en la capital norteamericana, en la que desplegaba con notable eficacia una intensa actividad propagandística para difundir los postulados del ejecutivo vasco. De su buen hacer daban fe los apoyos que había conseguido en 1970 con motivo del Proceso de Burgos. Entonces, el senador Paul Laxalt, el secretario de Estado de Idaho, Pete Cenarrusa,[87] y el senador Frank

---

[87] Pete Cenarrusa fue secretario de Estado de Idaho entre 1967 y 2003. En 2002 promovió la Declaración por la Paz en el País Vasco en la que expresaba su apoyo al derecho de los vascos a la autodeterminación y pedía el cese de la violencia.

Church elevaron al Congreso de Estados Unidos una moción de condena del mismo.

> Amigo Beitia:
>
> José Antonio Garmendia y Ángel Otaegui Echeverría van a ser juzgados en un Tribunal de Guerra en Donostia, en el sumario 74/74. El defensor es Bandrés. Pero Bandrés, que teme por su vida, se ha escapado, está en Madrid y no puede regresar a su pueblo mientras la Policía no le asegure que va a tratar de impedir que le peguen cuatro tiros en una esquina. Se la tienen jurada. Pero el sumario sigue adelante. El fiscal ha pedido pena de muerte para ambos. Es probable que sea esa la pena dictada por el Tribunal Militar y que, además, tenga ejecución inmediata. Hemos telegrafiado a todos aquellos que pueden tratar de intervenir para que no se consumen esas ejecuciones. Pero no hemos hecho nada ahí. Porque ahí está usted. Y usted hará todo lo que pueda hacerse. Manos a la obra. Con la Comisión de Derechos del Hombre de las Naciones Unidas, con el arzobispo, con Church, con quien usted crea que puede hacer algo para impedir la ejecución. Esperamos noticias. Manuel Irujo.[88]

Otaegui fue trasladado el 15 de mayo de la prisión de Martutene a la de Burgos, donde las condiciones de vida eran más estrictas. A Garmendia, que llevaba en el hospital penitenciario de Carabanchel desde el mes de octubre anterior, le recluyeron cuando mejoró en la tercera galería, destinada a presos comunes, y el 11 de junio le condujeron al penal de Burgos como a su compañero, lo que auguraba que la celebración del consejo de guerra estaba próxima.

---

[88] La carta forma parte de los fondos de Euskomedia-Kultura Topaguena. Fundación de la Sociedad de Estudios Vascos.

NOTICIAS del PAIS VASCO
durante el estado de excepción

BOLETIN INFORMATIVO Nº 2   31 de Mayo de 1.975

ANTE EL INMINENTE CONSEJO MILITAR CONTRA GARMENDIA Y OTAEGUI:.
DECLARACION DE LOS COMPAÑEROS DE GARMENDIA,
PRESOS POLITICOS EN EL HOSPITAL PENITENCIARIO DE CARABANCHEL.

"A través de la prensa, los presos políticos internos en el hospital
general penitenciario de Carabanchel (Madrid), hemos tenido conocimiento de la petición fiscal de dos penas de muerte, la una para José Antonio Artola, hasta hoy interno en este hospital, y la otra para
Angel Otaegui, interno en el penal de Burgos, en proceso militar que
se sigue contra ellos.

Conocemos perfectamente el grave estado en que quedó Garmendia después
de que una bala le atravesase los dos lóbulos parietales del cerebro.
Llegó a este hospital en estado comatoso, incluso según testimonios
de los funcionarios y personal clínico que le atendió. Después de unas
semanas salió del coma, pero quedaron gravemente disminuídas sus facultades, tanto físicas como mentales. No puede establecer la coordinación de sus movimientos y no sostiene una conversación seguida, quedándose callado con la vista fija en el interlocutor.

Durante el estado de coma y en este estado lamentable que aún dura,
han sido obtenidas las declaraciones que la guardia civil, la Brigada
Político Social y los jueces militares presentan como suyas. Hoy se lo
han llevado de este hospital, donde sin ser sometido a ningún tratamiento de recuperación, podía, por lo menos, tener un mínimo de aten-
ciones asistenciales.

Afirmamos que no estuvo ni está en condiciones de hacer declaraciones
con valor jurídico ni de asistir con responsabilidad ante un consejo
de guerra. Creemos que las inculpaciones al otro procesado (Otaegui),
basadas en supuestas declaraciones de Garmendia, por la misma razón,
tampoco tienen valor jurídico.

Por todos estos puntos, hacemos pública nuestra más enérgica protesta
y nuestra decidida voluntad de emprender UNA HUELGA DE HAMBRE EN OPO-
SICION A LA CELEBRACION DE DICHO CONSEJO DE GUERRA. Esta huelga comen-
zará en el día en que sepamos la fecha del comienzo del mismo. E invi-
tamos, por un lado a todos los presos políticos del Estado Español y,
por otro, a los diferentes pueblos de este mismo Estado, a sumarse a
nuestro gesto de condena en la medida y modo que crean conveniente".

                              28 de mayo de 1975.

BAQUIO: UNA JOVEN DETENIDA COMO REHEN POR LA GUARDIA CIVIL.

La semana pasada la guardia civil de Munguía detuvo a una j
dereño" (profesora de vascuence) del pueblo de Baquio (Vizca
joven pertenecía a un grupo de personas muy allegadas al sac
sé María Madariaga, de cuarenteiún años, a quien, a parecer, se inten-

Boletín clandestino Noticias del País Vasco durante el estado de excepción,
del 31 de mayo de 1975.

«Le visité en Burgos [a Otaegui] cuando supe que el fiscal pedía también la pena de muerte para él —continúa su relato Bandrés—. Intenté tranquilizarlo diciéndole que el pueblo haría todo lo que estuviese en su mano para evitarlo, que tuviese confianza. Le comenté que teníamos que elegir, que no podía defender a dos personas a las que se pedía la pena de muerte, y me dijo que defendiera a Garmendia, que era el que más peligro corría, y que a él le designara a un abogado de mi confianza. Le dije: "bueno, probablemente no pueda hablar más a solas contigo, quizás sea esta la última vez que nos veamos así, pero, en fin, ya nos veremos en libertad", y él, hombre de pocas palabras, me contestó algo así como "pase lo que pase, ya sabes que en mí tendrás para siempre un gran amigo". Se le nublaron un poco los ojos y a mí también, cogí los papeles y me marché del locutorio, pero me di cuenta de que me había olvidado el bolígrafo y la pluma, y al volver le encontré llorando. Yo también tuve un momento de debilidad. Nos volvimos a despedir, y esa fue la última vez que hablé con él a solas. A partir de ese momento el proceso se instrumentó en decir que Garmendia era quien efectuó el disparo que mató al guardia civil y Otaegui la persona que facilitó los datos de la víctima, el colaborador». Bandrés eligió para sustituirle al abogado donostiarra Pedro Ruiz Balerdi, que, como él, había intervenido como letrado defensor en el Proceso de Burgos.

El número 2 del boletín clandestino *Noticias del País Vasco*, fechado el 31 de mayo, publicaba una declaración de los presos de ETA en la que anunciaban el inicio de una huelga de hambre tan pronto como se fijara la fecha de la vista.

A través de la prensa, los presos políticos internos en el Hospital General Penitenciario de Carabanchel hemos tenido conocimiento de la petición fiscal de dos penas de muerte, la una para José Antonio Artola, hasta hoy interno en este hospital, y la otra para Ángel Otaegui, interno en el penal de Burgos, en proceso militar que se sigue contra ellos. Conocemos perfectamente el grave estado en que quedó Garmendia después de que una bala le atravesase los dos lóbulos parietales del cerebro. Llegó a este hospital en estado comatoso, según testimonios de los funcionarios y personal clínico que le atendió. Después de unas semanas salió del coma, pero sus facultades físicas y mentales quedaron gravemente disminuidas. No coordina sus movimientos y no sostiene una conversación seguida, quedándose callado con la vista fija en su interlocutor.

El juez instructor citó a los dos abogados defensores el 23 de mayo para facilitarles una fotocopia del sumario. A partir de ese momento disponían de cinco días para presentar el escrito de conclusiones provisionales y solicitar la práctica de pruebas. El día 24 Bandrés entregó un escrito de súplica en el que pedía el archivo de la causa contra Garmendia por su incapacidad mental. El letrado mantenía que había que aplicarle el artículo 568 del Código de Justicia Militar, según el cual «si la demencia sobreviniera después de cometido el delito, concluso que sea el sumario se elevará a la autoridad judicial para que sea suspendido y archivado, acordando previamente lo que proceda sobre la situación ulterior del procesado». Como prueba del estado mental del etarra acompañaba el informe médico del doctor Mariano Arrazola, jefe del Servicio de Neurocirugía de la Residencia Sanitaria de San Sebastián, que le salvó la vida al extirparle un gran hematoma fronto-parietal izquierdo que le había producido importantes lesiones en ambos lóbulos, y del equipo médico que le trató en el Hospital General Penitenciario de Madrid. El padre de Garmendia había iniciado, por su parte, un expediente de incapacidad civil en el Juzgado de Primera Instancia de Tolosa, que de ser aprobado obligaba al nombramiento de un consejo de familia y a designar un tutor.

El juzgado militar rechazó el recurso y conminó a los defensores a que presentaran sus conclusiones provisionales. Bandrés lo hizo el 2 de junio. En su escrito reiteraba las alegaciones que ya había realizado sobre la situación mental en que había quedado su cliente. «El procesado presenta trastornos motores, desorientación temporo-espacial, afasia, apraxia e importantes trastornos ideomotores —dice literalmente el escrito—. Al haber sufrido una leucotomía traumática padece la pérdida del comportamiento categorial y su estado es de absoluta deficiencia mental». Un estado que se había agravado por los tres meses de incomunicación a que fue sometido, en los que no pudo comunicarse con nadie, ni siquiera con su abogado, y durante los que tampoco le entregaron las cartas que su familia le escribió. El defensor narraba que la única persona con la que se relacionó con él en Carabanchel fue una monja que le facilitó por toda lectura un ejemplar de *Camino*, de José María Escrivá de Balaguer, fundador del Opus Dei.

El letrado aludía en su escrito a las conclusiones de los estudios sobre el aislamiento sensorial realizados por los doctores Gross y Svab, investigadores del Deutsch Forschungsgemeinschaff, según las cuales la persona sometida a él era fácilmente manipulable:

> Para los psicólogos son suficientes veinticuatro horas de este procedimiento para hacer del individuo un ser totalmente maleable, mientras que en los casos más difíciles bastan tan solo seis días para destruir totalmente la personalidad humana y obtener la más estrecha colaboración del hombre objeto de la experiencia, llegando a extremos en que este se culpabiliza de hechos desconocidos y ajenos a él. En el caso que nos ocupa, en las indicadas condiciones objetivas de aislamiento, que incidían, además, sobre una personalidad profundamente deteriorada, José Antonio Garmendia llevó a efecto las declaraciones, primeramente ante el juzgado de instrucción y luego ante miembros de la Comisaría del Cuerpo General de Policía, por cierto que no firma, sobre las que se sustenta la acusación del fiscal jurídico militar.

Bandrés destacaba que, tras las dos declaraciones autoinculpatorias, su cliente había prestado otra el 12 de marzo de 1975 en la que negó haber participado en el asesinato del cabo Posadas y dijo que el día del atentado estaba en Francia. En consecuencia, solicitaba la suspensión y archivo de la causa, o que se acordara su libre absolución si la vista llegaba a celebrarse.

Pedro Ruiz Balerdi centró su escrito de defensa en que Otaegui se había limitado a buscar alojamiento a los miembros del comando que perpetraron el crimen, porque se lo pidió un amigo, pero ni los conocía ni sabía que preparaban un asesinato. El etarra reconocía que días después de alquilar la vivienda estaba en la sociedad Arauntza de Azpeitia y que le preguntaron si sabía qué coche utilizaba el cabo Posadas, y dio la casualidad de que pasaba en ese momento frente a ellos. «Ese es», les dijo, y no volvió a saber más.

Los trámites previos a la convocatoria del consejo de guerra coincidieron con el viaje del presidente Arias Navarro a Helsinki (Finlandia) para participar en la tercera fase de la Conferencia para la Seguridad y la Cooperación en Europa (CSCE), que se celebraba el 30 de julio y el 1 de agosto. Tres días antes, el 27 de julio, se había levantado el estado de excepción en Vizcaya y Guipúzcoa al cumplirse los tres meses de plazo decretados en su declaración. Se trataba de la primera ocasión desde el final de la Guerra Civil que un presidente del Gobierno español tenía la oportunidad de dirigirse a los principales jefes de Estado para trasladarles la supuesta vocación aperturista del régimen. Su sola presencia en el foro suponía un espaldarazo para la dictadura, que vivía momentos de gran inestabilidad interna, y una oportunidad para romper el aislamiento internacional. El acta final de la Conferencia recoge la no intervención en los asuntos internos de cada país que, sobre el papel, daba «manga ancha» a la dictadura en su política represiva. «Los estados participantes —dice literalmente el documento— se abstendrán de cualquier intervención directa o indirecta, individual o colectiva, en los asuntos internos o externos propios de la jurisdicción interna de otro estado participante» y, en consecuencia, «se abstendrán, entre otras cosas, de prestar asistencia directa o indirecta a las actividades terroristas, o a las actividades subversivas o de otro tipo encaminadas a derrocar por la violencia el régimen de otro estado participante».

Claro, que el acuerdo recogía también la obligación de respetar los derechos humanos y las libertades, y el compromiso de fomentar «el ejercicio efectivo de los derechos y libertades civiles, políticos, económicos, sociales, culturales (…), inherentes a la persona humana y esenciales para su libre y pleno desarrollo». Libertades que el régimen no solo no aplicaba, sino que perseguía.

28

CUARTO CONSEJO DE GUERRA

(28 DE AGOSTO DE 1975)

Mateo Prada Canillas, capitán general de la Sexta Región Militar, anunció el 23 de agosto que el consejo de guerra contra José Antonio Garmendia y Ángel Otaegui se celebraría el día 28, a las ocho de la mañana, en el Regimiento de Artillería número 63. El acuartelamiento elegido había sido inaugurado hacía pocas semanas y estaba situado en lo alto de una colina, en mitad de un despoblado, a 11 kilómetros de Burgos. La fecha, en plenas vacaciones de verano, y el lugar, en un emplazamiento alejado de la ciudad, garantizaba la discreción necesaria para que la vista pasara lo más desapercibida posible, sobre todo cuando lo que se ventilaban eran dos penas de muerte. Para garantizar aún más la reserva, la Auditoría Militar comunicó el día 25 que permitiría asistir a la vista a once abogados, que redujo después a seis: uno del Colegio de Bilbao, otro del de San Sebastián y cuatro del Colegio de Burgos. Las restricciones afectaban también a la prensa. Solo cuatro periodistas de otras tantas agencias extranjeras acreditadas en Madrid (France Press, Reuters, Associated Press y United Press International), cuatro de agencias nacionales (Cifra, Pyresa, Europa Press y Logos) y dos representantes de periódicos de Burgos (*La Voz de Castilla* y el *Diario de Burgos*) recibieron autorización para presenciar el consejo de guerra. Los permisos solicitados por representantes de varias organizaciones internacionales de derechos humanos fueron denegados.

«Llegamos a las proximidades del cuartel a las seis de la mañana —relata uno de los letrados que asistió al juicio—.[89] Preguntamos a la Policía Militar dónde debíamos dirigirnos como abogados togados o como público, y nos indicaron que esperáramos fuera del recinto militar. A las 7.30 nos dijeron —estaríamos unas ochenta personas— que fuéramos pasando de uno en uno con el DNI en la mano. Entramos veinticuatro y al resto les comunicaron que no cabía nadie más. Un miembro de la COE (Compañía de Operaciones Especiales, los conocidos como "boinas verdes") nos acompañó hasta el cuerpo de guardia. Nos hicieron pasar a cada uno a una habitación para someternos a un minucioso registro personal y de pertenencias, y nos dieron una tarjeta de autorización para acceder al pabellón en el que se iba a celebrar el consejo (…). Cuando a las 8.30 horas entramos en la sala ya estaba constituido el tribunal. Entonces nos enteramos de que a los familiares de Garmendia y de Otaegui no les habían permitido acceder alegando que no había sitio para ellos».

«Su madre lo visitó por última vez el día 24 en un vis a vis y no quiso ir al juicio —cuenta Mercedes, la tía de Otaegui—. Asistí yo con algunos primos. Cuando llegamos al cuartel, a la hermana de Garmendia y a mí nos metieron en un cuarto y nos dijeron que esperásemos. Allí nos tuvieron sin decirnos nada. Nos ofrecieron un bocadillo, pero ¡cómo íbamos a comer nada en esa situación!».

La sala de vista estaba ocupada por los medios de prensa y abogados ya citados y una veintena más de policías, además de los que

---

[89] El testimonio, anónimo, está recogido en el libro *Consejos de Guerra en España*, de Pierre Celhay, Editorial Ruedo Ibérico, París, 1976.

custodiaban a los acusados.[90] Presidía el tribunal el coronel José Urtubia Ramírez, jefe del Regimiento de Artillería de Campaña número 46 de Logroño.

Como en todos los procedimientos de este tipo, la vista se inició con la lectura del apuntamiento por el juez instructor, José Lasanta Martínez, que durante media hora hizo un resumen de la causa, haciendo especial hincapié en las pruebas incriminatorias contra los acusados.

—Solicitamos al señor presidente que les sean retiradas las esposas a nuestros defendidos —pidió Bandrés.

El presidente se dirigió al teniente de la Policía Armada encargado de las medidas de seguridad de los procesados y le preguntó si podía acceder a lo solicitado.

—Señoría, lo único que puedo hacer es cambiar las esposas de lugar. —Ambos estaban esposados a la espalda.

Tras el trámite inicial, el fiscal Carlos Granados Mezquita solicitó que se diera lectura a las declaraciones que ambos etarras habían prestado ante la policía y el juez, y de los dueños del piso en el que se había alojado el comando. Bandrés pidió en su turno de

---

[90] La causa contra Garmendia y Otaegui está «desaparecida». A la petición de consulta del autor, el Tribunal Militar Territorial Cuarto de A Coruña, al que se remitieron las causas juzgadas en Burgos, contestó el 4 de junio de 2014 lo siguiente: «En relación con la solicitud a favor de D. Ángel Otaegui Echebarría, se comunica que en contacto con los Archivos Judiciales de diversas provincias que se encuentran depositadas en el Archivo Intermedio Militar Noroeste de Ferrol (A Coruña), no obra en los mismos expediente alguno a favor del mencionado. Por todo ello no se puede acceder a lo solicitado. No obstante, si revisando algún expediente apareciera algún dato, este Tribunal Militar se pondría de nuevo en contacto con usted». La información sobre el consejo se ha obtenido del boletín clandestino *Noticias del País Vasco* nº 18, de fecha 2 de septiembre de 1975, y reseñas bibliográficas y periodísticas.

palabra la lectura de la declaración del doctor Arrazola, que intervino a Garmendia, y los escritos que él mismo había presentado ante el instructor mientras duró la incomunicación de su cliente. A las once menos veinte el presidente concedió un receso de treinta minutos antes de dar paso al interrogatorio de los acusados.

Reanudada la vista, y para sorpresa de los presentes, el fiscal renunció a tomarles declaración. «No es necesario, señor presidente. Los testimonios que se han leído en la sala son suficientemente amplios y hacen innecesario el trámite». Bandrés, que mantenía una línea de defensa sustentada en la incapacidad mental de Garmendia, renunció también a interrogar a su cliente. «Mi defendido se encuentra incapacitado psíquica y mentalmente para poder estar presente responsablemente ante un tribunal». Balerdi, cuya labor de defensa tenía que ser, por fuerza, radicalmente distinta, tomó la palabra. En su caso debía demostrar que el papel de Otaegui se había limitado a facilitar información sobre la víctima y que desconocía que fuese a ser asesinada.

—Explique al tribunal su relación con ETA.

—Pertenezco a ETA desde hace cinco años, y mi militancia se ha limitado a repartir propaganda por los buzones.

—¿Ha utilizado armas?

—Nunca.

—En sus declaraciones ha manifestado que un amigo le pidió que buscara alojamiento a dos individuos, ¿no es así?

—Sí, así es. A estas personas me las envió un tal Villafranca para que les alojara en un piso. Ya me había pedido antes información sobre los movimientos del cabo Gregorio Posadas.

—¿Sabía usted para qué le solicitaban esa información?

—No, nunca me dijo nada de lo que iban a hacer.

—Nada más.

Bandrés tomó la palabra para preguntar a Otaegui.

—¿Conocía a José Antonio Garmendia, que se sienta con usted en el banquillo?

—No, le conocí en la cárcel de Burgos. Hasta entonces no lo había visto.

—Ninguna pregunta más.

La incapacidad de Garmendia centró el interrogatorio a los testigos de la defensa.

—¿Puede describir al tribunal la situación en que quedó mi defendido después de que le interviniera en la Residencia Sanitaria de San Sebastián? —preguntó Bandrés al doctor Arrazola.

—Estuvo cuarenta y ocho horas en estado de descerebración y quince días en coma, aunque nunca se puede precisar con exactitud cuándo el paciente deja de estarlo, porque el proceso de recuperación se produce diez días después.

—¿Puede poner algún ejemplo que ilustre el estado en que se encontraba cuando salió del coma?

—En una ocasión se le preguntó si había desayunado y dijo que sí. Cuando le pedimos que concretará qué es lo que había desayunado contestó que café con leche. Sin embargo, una hora después volvimos a hacerle la misma pregunta y dijo que no había desayunado.

—¿La lesión que padece puede explicar este y otros trastornos psíquicos?

—El paciente tenía un hematoma de unos cinco centímetros de diámetro en el lóbulo frontal izquierdo, y es seguro que una lesión de este tipo provoca trastornos psíquicos.

El fiscal hizo uso de su palabra.

—Doctor, la declaración que prestó el acusado ante la policía y el juez, ¿la hizo en estado de coma?

—No, aunque, como he dicho antes, nunca se sabe con exactitud cuándo un paciente deja de estar en coma.

María del Carmen Paredes y Agustina Martín, dos de las enfermeras que atendieron a Garmendia y fueron testigos del interrogatorio a que fue sometido por el juez instructor en el hospital, manifestaron que su estado era el de un inválido que permanecía postrado en cama sin poder mover las manos y las piernas. En su opinión, no era dueño de sus actos y su capacidad mental, si no anulada, se encontraba muy disminuida.

Bandrés había solicitado durante la instrucción de la causa que especialistas civiles practicaran a Garmendia pruebas médicas y psiquiátricas para corroborar el testimonio del doctor Arrazona, pero el juez solo aceptó que las realizaran dos facultativos militares, los doctores Gregorio Camarzana, comandante médico, jefe del Servicio de Psiquiatría del Hospital Militar de Burgos, y Manuel Sánchez Dueñas, comandante médico de la Capitanía General. El defensor comenzó preguntándoles si el hematoma que Garmendia tenía en el lóbulo frontal izquierdo podía producir los trastornos psíquicos que presentaba.

—No podemos determinarlo con exactitud. Efectivamente, un fuerte hematoma en esa zona puede producir esos trastornos, pero no estamos en condiciones de afirmar que este sea el caso.

—¿Qué consecuencias tiene una leucotomía? —insistió Bandrés, aludiendo a la intervención a la que Garmendia fue sometido tras su detención.

El letrado se refería a lo que comúnmente se conoce como lobotomía prefrontal, un procedimiento quirúrgico que produce importantes cambios en la personalidad del paciente. El primer caso tratado había sido el de Phineas Gage, un obrero de ferrocarriles al que un accidente provocó daños severos en el lóbulo frontal del cerebro (la misma lesión que padecía Garmendia, en su caso por un disparo), que le afectó los procesos relacionados con las emociones, la personalidad y las funciones ejecutivas en general.

—Ninguno de nosotros ha practicado nunca una leucotomía y no podemos opinar al respecto.

A continuación tomó la palabra el fiscal militar.

—¿Creen que el acusado está loco o es un demente?

—Totalmente, no.

El siguiente testigo en declarar fue el niño Jesús Arana, que entró en la sala llorando, como si fuera a ser castigado. Objeto de todas las miradas y de los cuchicheos de los presentes, avanzó hasta donde le dijeron, ni un paso más. Se detuvo y buscó con la mirada la de su madre pidiendo ayuda. Para su desgracia, era la única persona que había visto con claridad a los autores de los disparos contra el cabo Posadas. De pie frente al inquietante tribunal de hombres uniformados, respondió a las preguntas con voz temblorosa. A las personas que estaban allí sentadas no las había visto nunca. Las que él vio eran mayores, de unos treinta años. A continuación, Begoña Aguirre y María Olazigui, testigos incidentales de los hechos, corroboraron el testimonio huidizo del niño. Sorprendentemente, las personas a las que la Guardia Civil tomó declaración días después del atentado, cuyo testimonio permitió una primera identificación de los terroristas, no fueron citadas a declarar en la vista, o al menos no figuran en la documentación bibliográfica y periodística manejada.

A las doce del mediodía, el fiscal comenzó a leer sus conclusiones definitivas. El consejo de guerra había evidenciado lo que ya había quedado suficientemente probado durante la instrucción de la causa: que Garmendia fue uno de los terroristas que ametralló al cabo D. Gregorio Posadas, y Ángel Otaegui la persona que facilitó los datos para que sus compañeros ejecutaran el criminal plan. El testimonio de los médicos que habían declarado en la vista era cuanto menos inconsistente y parecía que no buscasen la verdad, sino salvar a quien estaba «con la soga al cuello». Garmendia era en ese momento tan consciente de sus actos como lo era cuando apretó el gatillo. Otaegui, por su parte, era «un lobo vestido de cordero» que con su testimonio pretendía convencer al tribunal de que su participación en los hechos era meramente accidental, «cuando su papel no es el de un cómplice, sino el de un coautor, y como tal debe ser considerado». Ambos eran autores de un delito de terrorismo merecedor de la pena de muerte. Garmendia, ade-

más, era también culpable de un delito de depósito ilegal de armas
de guerra, por el que el fiscal solicitaba quince años de reclusión
mayor, y tres meses más por el delito de utilización indebida de un
vehículo robado. Por último, ambos debían indemnizar a los familiares de la víctima con tres millones de pesetas.

Juan María Bandrés demoró el inicio de su intervención mientras repasaba las notas, como quien está a punto de dictar una conferencia y ultima su intervención para no olvidar nada. Empezaba
a oírse un murmullo en la sala cuando, en tono grave, inició su exposición.

—Artola —recurrió al segundo apellido de su defendido—, ni
como autor material, ni como inductor, ni como cooperador, ni
como cómplice, ni siquiera como encubridor, tuvo absolutamente
nada que ver con la muerte del cabo primero de la Guardia Civil.
Estas afirmaciones, señores del tribunal, son la conclusión legítima
de un estudio jurídico exhaustivo y concienzudo de la causa. —Hizo una pausa—. Según el sumario, el día 3 de abril de 1974, a primeras horas de la tarde, fue muerto por disparos de metralleta el
cabo primero Gregorio Posadas, perteneciente al Grupo de Información de dicha localidad, quien vestido de paisano realizaba funciones propias de su cargo. Precisamente, trataba de averiguar la
identidad de un militante de ETA, como parece confirmar su
agenda, que contiene una relación de personas sospechosas y de
alcaldes de distintos pueblos con los que el agente había contacta-
do para proseguir sus investigaciones. Así como se conocen estos
hechos —continuó su exposición— se desconoce aún hoy la identidad de sus autores, como quedó de manifiesto el 10 de junio de
1974 con el sobreseimiento provisional de la causa. ¿Por qué entonces se encuentran sentados en el banquillo de los acusados José
Antonio Garmendia Artola y Ángel Otaegui? Toda la base acusato-
ria en la que se sustenta la petición del fiscal no posee el menor
apoyo jurídico desde el punto de vista procesal. Toda la acusación,
en opinión de esta defensa, falla desde sus cimientos. Ha dicho el

fiscal que el testimonio del miembro de ETA Juan María Labordeta Vergara acusando a Garmendia es prueba irrefutable de su culpabilidad. Es cierto que así lo declaró el 2 de junio de 1974 ante la
policía, pero tres días más tarde, el día 5, se retractó cuando depuso
ante el juez. —Bandrés cogió varios folios grapados que tenía en
un lado de la mesa—. Esta es su declaración. —Agitó los papeles
en su mano—. A la pregunta del juez militar de si se ratificaba en
sus declaraciones ante la Guardia Civil, si la firma estampada era la
suya, respondió que efectivamente lo era y, a continuación, añadió
lo siguiente —el defensor dirigió la mirada a los papeles para leer-
los— «que no estaba completamente conforme con aquellas declaraciones porque fue coaccionado con amenazas y golpes». Un día
después, el 6 de junio, en declaración indagatoria ante el instructor,
y a preguntas de este sobre con qué puntos de su testimonio no
estaba de acuerdo, contestó —volvió a leer— «no recordaba en
aquel momento lo que declaró, ya que fue sometido a amenazas, torturas e interrogatorios constantes». Llegado a este punto, este letrado
que les habla no tiene más remedio que mostrar su extrañeza por el
hecho, de todo punto incomprensible, de que el tribunal no haya
permitido el interrogatorio en esta vista de Juan María Labordeta
Vergara para que corroborara lo que acabo de exponer. Si su testimonio es la principal prueba contra mi defendido, ¿por qué no está
presente en esta sala para someterse a las preguntas de la defensa?
¿Por qué se ha denegado su comparecencia? En estas circunstancias,
cualquier acusación basada en sus primeras declaraciones carece de
todo valor procesal y jurídico, y no deben ser tenidas en cuenta.

Bandrés se dirigió a la mesa y bebió un sorbo de agua. Ojeó
de nuevo los folios que tenía en la mano, miró al tribunal y retomó
su disertación.

—El fiscal ha hecho especial hincapié en el testimonio autoin-
culpatorio de mi defendido. El 22 de septiembre de 1974 impri-
mió su huella dactilar en una declaración en presencia del juez instructor, y el 2 de noviembre del mismo año hizo lo mismo en una

declaración muy larga que prestó ante la policía gubernativa, pero el 12 de marzo de 1975 declaró ante el instructor que él no participó en la muerte del señor Posadas, pues esos días se encontraba en Francia.

El defensor hizo otra pausa. Carraspeó.

—Lo expuesto obliga a hacer unas consideraciones previas a mi calificación definitiva. La instrucción ha incurrido en defectos formales que hacen que todo lo actuado sea nulo. Se ha producido una transgresión clara de los artículos 506 y siguientes del Código de Justicia Militar, que regulan todas las comunicaciones entre el tribunal, autoridades y jueces. Es ilegal que, después de haber prestado declaración ante el juez, la policía le interrogue de nuevo en el Hospital Penitenciario de Carabanchel. Declaraciones que fueron validadas con su huella dactilar cuando se encontraba en una situación que le impedía mover brazos y piernas, como han manifestado dos de los testigos. Es evidente que alguien tuvo que llevar su dedo al tampón y estampar después su huella en el papel, circunstancia que hace que su testimonio carezca de valor jurídico. Estas declaraciones, las únicas que le inculpan, fueron realizadas tras la incomunicación rigurosa a lo largo de cuatro meses de una persona mentalmente incapaz. Por último, ninguna de las personas que el 3 de abril de 1974 vieron físicamente a los autores del atentado, durante un tiempo más o menos breve, ninguna, ha reconocido a Garmendia como una de las personas que abrió fuego contra el cabo Posadas. Sobre estas bases tan débiles no puede construirse una acusación que conlleva la pena más grave, la pena de muerte.

La exposición de Bandrés se alargaba más allá de lo aceptable para el tribunal, algunos de cuyos miembros se revolvían incómodos en sus asientos.

—Mi defendido es inocente, y como tal pido su libre absolución. Pero si la evidencia de tal inocencia no fuera tan aplastante para el tribunal como lo es para la defensa, un solo resquicio de duda acerca de la misma es suficiente para absolverle. Un principio elemental del Derecho Penal dice que en caso de duda, siempre a favor del reo, porque es preferible la absolución de mil culpables que la condena de un solo inocente. La pena de muerte es profundamente inmoral porque el carácter inviolable de la vida humana se opone a ella. La probabilidad de cometer un error judicial, y la irreversibilidad de su ejecución, la hacen jurídicamente rechazable. Su ejemplaridad es discutible, como demuestra que en los países en que se ha abolido la tasa de criminalidad no ha sufrido un aumento y, lo que es más grave, el Estado, con su actuación homicida, da la razón a quienes propugnan la máxima violencia, es decir, la privación de la vida del enemigo como medio de lucha política.

—Señor letrado, le reconvengo por lo que acaba de decir —el presidente interrumpió el alegado final—. El Estado no es nunca homicida, se limita a aplicar las leyes, por duras que sean.

—Termino ya, señor presidente. —Ignoró el reproche e hizo como si solo hubiese sido conminado a abreviar—. Este tribunal ha juzgado a un deficiente mental. Una fase del proceso ha terminado. Los defensores habremos cumplido bien o mal con nuestra abrumadora carga profesional. Es ahora cuando comienza para ustedes el ejercicio de la más grande responsabilidad que pueda asumir hombre alguno. Se ha abierto un paréntesis en sus obligaciones profesionales normales, se les ha convertido circunstancialmente en jueces y se ha echado sobre sus hombros el terrible compromiso de decidir sobre la vida de dos de sus semejantes. José Antonio Garmendia, irreversiblemente afectado de incapacidad psíquica, tiene a pesar de ello idéntica vocación a la vida y a la libertad que pueda tener yo mismo o que puedan tener ustedes. De ustedes, señores, depende que se haga justicia, y en este caso solo es posible con la absolución del acusado.

Pedro Ruiz Balerdi, que asentía a las palabras de su compañero, se preparó para formular su calificación final, necesariamente muy distinta de la de quien le había precedido en el uso de la palabra. Comenzó con la lectura del acta de acusación del fiscal, que calificaba a Otaegui de autor al haber cooperado en la ejecución de un asesinato que no habría sido posible sin su participación.

—El fiscal no considera la intervención de mi defendido como de complicidad, tal y como establece el artículo 198 del Código de Justicia Militar, que define como cómplices a quienes cooperen por actos anteriores o simultáneos a las acciones u omisiones constitutivas de delito o falta, o proporcionando a sabiendas medios o datos que faciliten su ejecución. Y hay que tener en cuenta, señores del tribunal, que Ángel Otaegui fue procesado en esta causa como cómplice. Según sentencia del Tribunal Supremo, que pongo a su disposición, los actos cómplices son aquellos que no son necesarios para que se perpetre el delito, puesto que sin aquellos también se habría producido, aunque con más dificultad, o de otros modos o formas. Es razonable que si unos miembros de ETA deciden matar a una persona, averiguar dónde pueden encontrarla cuando se sabe su nombre, su domicilio y su oficio es sumamente sencillo, y hace que la información que dio el procesado sea un acto típico de complicidad. Ayuda a la comisión del delito, pero no es necesario y, en consecuencia, no eleva su participación a la coautoría. Para que se dé la autoría directa, leo al tribunal la sentencia del Supremo a la que he aludido, se exige, además de concierto, la presencia del sujeto en el lugar y en el momento en que el delito se consuma. Otra resolución más del mismo tribunal exige para la coautoría la concurrencia de dos factores: uno objetivo, constituido por la acción directa, y otro subjetivo, consistente en el concierto de voluntades. Ángel Otaegui sabía por dónde pasaba la víctima por la sencilla razón de que todos los días lo hacía por delante de la sociedad Arauntza, de la que el acusado es socio. No tuvo que hacer una investigación especial. Quienes le preguntaron por él tampoco le indicaron para nada que esa información fuese para darle muerte. La participación de mi defendido en estos hechos resulta de su propia declaración, ya que el también procesado José Antonio Garmendia no se refiere en ningún momento a él en las suyas. Por último, hay que tener en cuenta otro principio jurídico, el de la correlación de la pena. El fiscal militar considera que debe ser castigado con la misma pena el autor material que con una metralleta mata a la víctima, que el procesado que facilita la información sobre el lugar de paso, y esa pena es la más grave de todas, la de muerte. Es evidente que no existe correlación posible. Solicito, señores del tribunal, la absolución de mi defendido.

El presidente se dirigió a los acusados en el turno de última palabra para preguntarles si tenían algo añadir. Los dos respondieron con un lacónico «no». Eran las 14.20 horas de la tarde cuando el tribunal se retiró a deliberar. Habían pasado seis horas y los familiares de los acusados continuaban encerrados en una dependencia anexa. «Después de mucho esperar nos comunicaron que el juicio ya había terminado, sin explicarnos por qué no nos habían dejado pasar», recuerda Mercedes Otaegui.

Junto a la carretera, en el acceso al cuartel, amigos y observadores que no habían podido acceder al recinto aguardaban la salida de los letrados para conocer sus impresiones. Ambos intentaron transmitir un circunspecto optimismo. Había que esperar unas horas para conocer el veredicto.

A la mañana siguiente Bandrés y Ruiz Balerdi fueron convocados al recinto militar para comunicarles la sentencia. La resolución consideraba probado que la dirección de ETA «cuya finalidad es atentar contra la unidad de la Patria y del orden institucional mediante la violencia, decidió la muerte del cabo primero de la Guardia Civil don Gregorio Posadas Zurrón», que perpetró un comando de la organización de la que formaban parte Garmendia y Otaegui. El primero había tomado parte directa en la ejecución, y su compañero había cooperado en la misma «con unos actos sin

los cuales no se hubiera efectuado». En consecuencia, les condena-
ba a ambos a muerte y daba a los defensores un plazo de tres días
para que presentaran las alegaciones que consideraran oportunas.

Impotentes ante la pena capital, Bandrés y Ruiz Balerdi se dirigieron apesadumbrados al hotel Almirante Bonifaz, donde los familiares aguardaban noticias con impaciencia. No por esperado, el
golpe fue menos demoledor. Los letrados insistieron en que la sentencia no era aún firme, y que si las alegaciones que iban a redactar
eran desestimadas el fallo debía ser ratificado por el Consejo Superior de Justicia Militar en el plazo de diez días. En ese tiempo aún
podían pasar muchas cosas.

El boletín clandestino *Noticias del País Vasco* se hizo eco del fallo e hizo una llamada a la movilización para evitar los ajusticiamientos:

> Garmendia y Otaegui esperan impacientes y nerviosos en las celdas
> de la prisión de Burgos el desenlace final de esta farsa. Estos diez
> próximos días son decisivos para ellos. Solo queda una posibilidad de
> detener la mano del verdugo, la extensión inmediata de la moviliza-
> ción de Euskadi a todos los pueblos del Estado español (…). Paros,
> huelgas, manifestaciones, cierres de comercios, ¡¡¡todos a la calle!!!

Jon Paredes Manot, *Txiki,* y Pedro Ignacio Pérez Beotegui,
Wilson, esperaban en la cárcel Modelo de Barcelona la celebración
de su consejo de guerra. Allí conocieron la condena de sus compañeros y se sumaron a la huelga de hambre convocada por ETA.

Cualquier ayuda era buena para intentar que el gobierno con-
mutara la pena capital por la inmediata inferior de treinta años de
reclusión, y Ramón Aguinaga, párroco de Zarauz y conocido de la
familia Otaegui, recurrió al obispo de San Sebastián, monseñor Jacinto Argaya, que le dio cuenta de sus gestiones por carta.

Mi querido Ramón, di a la madre de Juan Paredes Manot que acabo de hacer estas gestiones a favor de su hijo: Petición al Jefe del Estado, Capitán General de Barcelona, Conferencia Episcopal, Cardenal Jubany y el arzobispo de Tarragona. Mañana por la mañana, a través de la Nunciatura, intentaré mover Roma. Eso aparte de nuestros personales telegramas. Si se os ocurre algo más que hacer, avisádmelo inmediatamente, sin perder tiempo. Affmo. amigo.

TERCERA PARTE

27 DE SEPTIEMBRE DE 1975

29

«E» DE ENTERADO

Cuando el ministro León Herrera Esteban, titular de Información y Turismo, entró en la sala de prensa del ministerio se encontró con un ambiente que, no por previsible, daba menos cuenta de lo trascendental del acuerdo que se disponía a trasladar. Poco tenía que ver con las habituales ruedas de prensa tras el Consejo de Ministros de los viernes. En esta ocasión la estancia rebosaba de periodistas españoles y corresponsales extranjeros, que se agolpaban también en los pasillos y la puerta de acceso al edificio, sin capacidad para dar cabida a todos ellos. Con gesto grave, tomó asiento, flanqueado por seis banderas españolas, tres a cada lado de la mesa, y comenzó a leer con voz imperturbable el comunicado oficial que llevaba en la mano:

El gobierno, en relación con cuatro causas instruidas por la jurisdicción militar por delitos de terrorismo y de agresión a fuerza armada, ha tenido conocimiento de las correspondientes sentencias y se ha dado por «enterado» de la pena capital impuesta a José Humberto Francisco Baena Alonso, Ramón García Sanz, José Luis Sánchez-Bravo Solla, Ángel Otaegui Echeverría y Juan Paredes Manot.

Su Excelencia el jefe del Estado, de acuerdo con el gobierno, se ha dignado ejercer la gracia del indulto a favor de los también condenados a la pena capital Manuel Blanco Chivite, Vladimiro Fernández Tovar, Concepción Tristán López, María Jesús Dasca Penelas, Manuel Cañaveras de Gracia y José Antonio Garmendia Artola.

La sala de prensa se convirtió en un murmullo ante una decisión que, aunque no se descartaba, se creía difícil de cumplir a la vista de la presión internacional desplegada durante la semana. Entre la confirmación o la conmutación de todas las penas, como había ocurrido en el Proceso de Burgos, el régimen optó por una solución intermedia, con la que entendía trasladaba un mensaje de firmeza en la lucha contra el terrorismo, sin renunciar a la magnanimidad. En ningún caso justificaba la elección de los que serían ajusticiados. El propio ministro se encargó de dejarlo claro:

—La prerrogativa del jefe del Estado —dijo— no comporta una decisión que externa o formalmente haya de ser fundada. Se sustenta, por tanto, en la propia facultad de ejercer el derecho de gracia que, con arreglo a la ley, tiene el jefe del Estado (…). El objetivo de las campañas extranjeras de estos días a propósito de esas penas de muerte no es el gobierno ni el Estado españoles. El objetivo, a través de los siglos, es España. Hay que distinguir las manifestaciones callejeras, los atentados, los ultrajes, que solo merecen desprecio, y las peticiones de clemencia, las gestiones diplomáticas a nivel gubernamental, que no han tratado de minimizar las conductas de los condenados y han puesto especial énfasis en que ello no significaba intromisión en los asuntos internos de nuestro país. Esas actitudes de carácter intergubernamental se han hecho, con una sola excepción, a la que no voy a aludir, en tonos aceptables. España y su gobierno no han perdido la calma, si tal era el propósito de las campañas antiespañolas, ni la esperanza de unas posibles reparaciones por los daños ocasionados, ni la adopción de medidas que conlleven una respuesta digna a tales acciones provocadoras.

—Señor ministro, ¿es cierta la noticia difundida ayer por la BBC de Londres de que ocho ministros del Gobierno han presentado su dimisión? —preguntó el periodista Felipe Navarro, de *Nuevo Diario*, que firmaba sus crónicas como Yale.

—La información de la BBC es una fábula tan hermosa como cualquiera de las que deberían figurar en los libros de Samaniego —comenzó su respuesta en tono desdeñoso—. El gobierno, por supuesto, ha tenido conocimiento de estos comentarios y rumores, en los cuales, además, incluso se citaba el número y, en algún caso, el nombre de los ministros disidentes, como también es un rumor circulado a última hora de que había cinco o seis ministros que se encontraban en situación de moderada rebeldía respecto del presidente. Una y otra cosa constituyen una burda fábula, y tengo que decir, con consciencia de mi responsabilidad al hacer esta declaración, que no ha habido el menor disentimiento por parte de ninguno de los miembros del gobierno.

—Señor ministro —el que preguntaba ahora era Miguel Ángel Aguilar, del semanario *Posible*—, a tenor del artículo 871 del Código de Justicia Militar, si bien es cierto que los trámites de notificación y cumplimiento de la sentencia corresponden a la autoridad judicial militar, también lo es que la pena de muerte se ejecutará de día y con publicidad a las doce horas de notificada la sentencia. ¿Cómo se va a cumplir con estos requisitos?

—Se cumplirán las normas del Código de Justicia Militar, de acuerdo con el precepto que acaba de invocar. ¿Alguna cosa más?

Decenas de periodistas alzaban sus manos esperando su turno de palabra.

—Creo que todos somos conscientes de que es un tema importante y delicado. Por eso, yo rogaría a ustedes que, salvo alguna precisión de carácter muy concreto, no haya coloquio sobre el asunto —zanjó León Herrera para evitar el debate.

El ministro concluyó su intervención manifestando que la autoridad militar cumpliría con el trámite de notificación de la sentencia a los reos y sus abogados, a partir del cual comenzaría a descontarse el plazo de doce horas para la ejecución.

MINISTERIO DEL EJERCITO	SUBSECRETARIA Secretaría General

O—174 Imp. N.º 1 P.H.O.E.—Caracas, 7. Madrid-4

S/Rf.ª	Núm.	Fecha	N/Rf.ª 38—1º	Núm. 4-Z

SECRETO

SUNTO: Causa 74/74.

Excmo. Señor:

Tengo el honor de remitir a V.E. Causa 74/74 ordinaria de esa Capitanía, relación y Certificado del "E" -
de la sentencia impuesta a ANGEL OTAEGUI ECHEVARRIA y
"C" de la sentencia impuesta a JOSE ANTONIO GARMENDIA
ARTOLA, como resultado del Consejo de señores Ministros del día 26 de Septiembre de 1.975.

De orden del Sr. Ministro, ruego a V.E. disponga sea
acusado recibo de dichos documentos.

Dios guarde a V.E. muchos años.
Madrid, 26 de Septiembre de 1.975
EL GENERAL SUBSECRETARIO.

*Enterado del Consejo de Ministros de la condena a muerte de Ángel Otaegui
y la conmutación de la pena a José Antonio Garmendia.*

El entonces vicepresidente tercero del Gobierno y ministro de Trabajo, Fernando Suárez González,[91] uno de los tres únicos miembros del Ejecutivo que aún viven y participaron de aquel Consejo de Ministros, no ha querido aclarar si, como entonces se especuló y desmintió el portavoz, el «enterado» se adoptó con la opinión contraria de algunos ministros. «Las deliberaciones del Consejo de Ministros son secretas y no voy a hablar sobre lo que ocurrió ese día, aunque me perjudique —dijo—.[92] Ninguno de los miembros de aquel gobierno ha hablado nunca sobre aquello y tampoco lo voy a hacer yo ahora». Sin embargo, en una columna de opinión publicada el 21 de diciembre de 2014 en el diario *ABC* el exvicepresidente aludía a las «matizaciones» que hicieron algunos de los miembros del gobierno. «Sin perjuicio de las matizaciones que algunos hicimos y que el juramento impide revelar (…), quienes vivimos aquellos dramáticos momentos sabemos bien que en las desmedidas protestas suscitadas en algunas capitales europeas había mucho más de ataque a Franco que de petición de clemencia, y sabemos también quiénes cerraron el camino a cualquier benignidad». En ese mismo texto, su autor afirma que tanto él como el resto de ministros se limitaron a aplicar «las leyes vigentes». El entonces ministro de Justicia, José María Sánchez-Ventura Pascual, declinó hablar con el autor.

A las siete y media de la tarde el juez instructor comunicó el «enterado» del gobierno a los condenados y a sus abogados. El es-

---

[91] La jueza argentina María Servini ordenó en octubre de 2014 su arresto preventivo, a efectos de extradición, para tomarle declaración «por haber convalidado con su firma las sentencias de muerte». El ministro de Justicia, Rafael Catalá, manifestó al mes siguiente que el gobierno denegaría la entrega del exministro y otros exaltos cargos del franquismo amparándose en la Ley de Amnistía de 1977 y la prescripción de los delitos de que se les acusaba.

[92] Conversación telefónica con el autor.

crito de notificación de la sentencia y entrada en capilla de José Luis Sánchez-Bravo, idéntico al de sus compañeros, dice así:

> En Madrid, a veintiséis de septiembre de mil novecientos setenta y cinco, y en el Centro Penitenciario de Detención de Hombres de la Plaza, se constituye el juzgado, y ante S. Sª y teniendo a mi presencia al condenado José Luis Sánchez-Bravo Solla, asistido por su defensor, comandante de Ingenieros D. Pablo López Pinto [se trata del abogado de oficio nombrado por el Ejército, único al que se le podía notificar por haber perdido tal condición los designados por los acusados al ser expulsados de la sala durante la vista], le notifiqué por lectura íntegra la sentencia dictada por el Consejo de Guerra que le juzgó, dictamen auditado y decreto aprobatorio de la autoridad judicial. Acto seguido, fue trasladado el reo al lugar designado en el centro penitenciario mencionado, en capilla, y al comunicarse que se le facilitan los auxilios religiosos que necesite manifiesta que no los necesita; asimismo, el Sr. Juez le hace saber que puede pedir lo que necesite para otorgar testamento, a lo que manifestó que no lo otorga y que si acaso que se entreguen a su familia sus pertenencias personales, madre o esposa, y de la misma forma se le hace saber que se le facilitarán todos los auxilios compatibles con su situación, incluso las visitas de los miembros de su familia, manifestando en este acto que desea que su esposa, Silvia Carretero, que está presa en la cárcel de Yeserías, le visite en particular, a ser posible sin interferencias, su madre y hermanos. Y leída que fue la firma con S. Sª. el condenado, su defensor y yo, el secretario, que doy fe.

Silvia Carretero envió ese mismo día al juez una carta manuscrita en la que se retractaba de las declaraciones que había hecho ante él fechas antes, que contradecían la coartada de su marido sobre lo que ambos hicieron el día en que fue asesinado el guardia civil Antonio Pose. Una misiva desesperada que intentaba evitar lo inevitable.

Silvia Carretero Moreno, interna en el complejo penitenciario de Juan de Vera 10, de 21 años y casada con José Luis Sánchez-Bravo Solla.

Expone: ante todo pidiendo perdón por mis anteriores declaraciones al no ser totalmente verídicas, pues yo tenía miedo de las palizas que me pudieran dar en la Dirección General de Seguridad y estando embarazada pudiera abortar, como también que se me inculpara de unos hechos de los que yo no conocía ni había tomado parte en ellos. Lo que quiero exponer es que el día 16 de agosto del presente año estuve toda la mañana en mi domicilio de Plaza de Arteijo 11, piso 11 nº 1, saliendo después a la compra sobre las 13.30 y volviendo a casa sobre las 14 horas. Que mi marido salió sobre las 11 a buscar trabajo con el periódico *Ya*, como hacía últimamente, y que regresó a las 14.20 horas del mediodía, comiendo juntos y oyendo el parte de Radio Nacional, como hacíamos todos los días, por lo que les aclaro que desde el Batán al Barrio del Pilar no se llega en 5 minutos [alude a que el crimen se perpetró hacia las 14.30 horas y a la distancia entre su domicilio y el lugar de los hechos].

Después estuvimos en casa hasta las 6.30 o 7 de la tarde, saliendo yo a El Corte Inglés y él a una cita que tenía de trabajo, encontrándonos después, sobre las 8 de la noche o quizás un poco más tarde, y volviendo a casa juntos. Asimismo, no estuvimos, ni estuve, en casa del Ramón Sanz, *Pito*, pues nosotros teníamos el piso del Pilar desde hacía casi dos semanas alquilado, de donde ustedes pueden averiguarlo en la agencia Mayrata, sita en el hotel Plaza, creo que en la planta 5.ª, en la Plaza de España.

Suplica por ello que no tengan en cuenta mis anteriores declaraciones, pues tenía mucho miedo, y reconozco mi culpa, y aunque soy la esposa del culpado y no tomarán muy en cuenta las declaraciones, deseo que esto quede aclarado, pues la consecuencia me está remordiendo sabiendo que mi marido estuvo ese día conmigo y unos cuantos dijeron que estaba en el lugar de los hechos a esa hora, siendo totalmente imposible. Quiero aclarar también que en la

Dirección General de Seguridad se me dijo o dio a entender que había una cuarta persona que declararía en contra de los condenados en el juicio, o sea, como diciendo que lo tenían ya pensado.

Puedo ir con ustedes a dicha agencia, e incluso al Barrio del Pilar, a la panadería y lechería, e incluso preguntarle al portero que había entonces (era un suplente de verano) si estuvimos allí o no en esas fechas. Espero que esto se aclare satisfactoriamente, y me gustaría hablar directamente con ustedes sobre todo esto y si tienen alguna duda.

Creo en la inocencia de mi marido, así como que no estuvo en el lugar de los hechos, espero que ustedes, que son la justicia española, aclaren lo más satisfactoriamente posible este enredo y mi marido no sea culpado de la forma que ya está dictado.

Gracia que espero alcanzar.

Madrid, 26-9-1975.

«A las nueve y media de la noche, después de la cena, la puerta de mi celda se abrió violentamente —recuerda Blanco Chivite—. Reconocí a Mejuto [un funcionario de prisiones] en la oscuridad, que iba acompañado por otro funcionario y una persona a la que no conocía. El funcionario llevaba un papel en la mano, pronunció mi nombre y respondí "sí". Me pidió que saliera y me llevaron a través de los pasillos de la cárcel en silencio. Todo lo que querían decirme era que mi abogado había venido a verme. Me pregunté si había terminado todo. Cuando llegamos a las oficinas vi a mucha gente por allí. Entre ellos estaban mi abogado y el juez, que se acercaron hacia mí sonriendo. Mi abogado me cogió de la mano y me dijo que habían conmutado mi pena. ¿Qué pasa aquí?, ¿qué pasa con los otros?, les pregunté, y me dijeron que el gobierno había decidido ejecutar a Baena, Sánchez-Bravo, García Sanz, Txiki y Otaegui. Después de hablar un rato con él y firmar la notificación de mi conmutación me devolvieron a la celda. Sentí un odio como nunca antes lo había sentido. La cabeza me daba vueltas. No podía ser, no podía ser… Pero lo era. Los iban a fusilar por la mañana temprano».

Los condenados a muerte fueron llevados a tres celdas del sótano que harían las veces de capilla hasta la hora de su traslado al polígono de tiro de Matalagraja, en Hoyo de Manzanares, en el que iban a ser fusilados, mientras las gestiones para salvarles la vida se multiplicaban.

«La noche en que el Consejo de Ministros dio el visto a la condenas convocamos una asamblea en el Colegio de Abogados —cuenta Juan Aguirre—. Hablamos con Antonio Pedrol, el decano, que constituyó una mesa representativa de la abogacía para intentar evitar las ejecuciones. Allí estaban Joaquín Ruiz-Giménez, Eurico de la Peña, Tierno Galván, Manuela Carmena y otros diez o doce letrados más, que hicieron gestiones con el Vaticano y con las representaciones diplomáticas de otros países mientras en los alrededores permanecíamos unos doscientos abogados. De allí me fui a Carabanchel para intentar ver a Ramón, pero me negaron la entrada y regresé. Había un control policial enorme para impedir que entráramos en el edificio. Ni siquiera los miembros de la Junta de Gobierno pudieron acceder».

30

ME FUSILAN MAÑANA

Como todos los viernes, don Fernando Baena se preparaba para viajar a Madrid a ver a su hijo. Veinte minutos escasos de contacto, que más allá de la alegría del encuentro dejaban el regusto amargo de la conversación interrumpida y la imposibilidad de un abrazo, el dolor de la despedida prematura, sin tiempo para nada, y el interminable viaje de regreso en tren a Vigo mascullando la impotencia. Lo hacía siempre acompañado por su hijo mayor, Fernando, o de su hija Flor, y en alguna ocasión no pudo negarse a que viajaran con él la abuela Estrella o su hermano Eduardo. Ese viernes, 26 de septiembre, don Fernando permanecía ajeno a la confirmación de la pena de muerte que el gobierno había trasladado a los medios y acudió a casa de sus hermanas en la Puerta del Sol de la capital pontevedresa a recoger los billetes que ellas le reservaban previamente.

«Cuando estaba en su casa, sobre las ocho y media de la tarde, recibí una llamada telefónica del abogado de Madrid diciendo que si quería ver a mi hijo con vida tenía que estar en la cárcel de Carabanchel antes de las seis de la mañana —relata en su diario—. En el tren llegaba a Madrid a las nueve de la mañana, de modo que perdí el billete, pedí algo de dinero, alquilé un coche y carretera adelante toda la noche sin parar acompañado de mi hijo Fernando. Por la radio del coche nos enteramos de que nuestro Generalísimo había tenido a bien conmutar las otras cuatro penas de muerte [Xosé Humberto fue el único de los cinco condenados del mismo sumario a quien el gobierno no aplicó la medida de gracia], haciendo firme la de Xosé. Llegamos a las seis y media a la puerta de la prisión, donde nos esperaban dos funcionarios que inmediatamente nos llevaron a su presencia y pudimos abrazarnos».

Xosé había escrito una carta de despedida en las horas previas, temiendo que no llegaran a tiempo, que no le fue entregada a su familia hasta el 30 de septiembre, según consta en el sumario. La misiva decía así:

26-IX-75

27-IX-75

Papá, mamá:

Me ejecutan mañana de mañana. Quiero daros ánimos. Pensad que yo muero, pero que la vida sigue. Recuerdo que en tu última visita, papá, me dijiste que fuese valiente, como un buen gallego. Lo he sido, te lo aseguro. Cuando me fusilen mañana pediré que no me tapen los ojos para ver la muerte de frente.

Siento tener que dejaros. Lo siento por vosotros, que sois viejos y sé que me queréis mucho, como yo os quiero, no por mí. Pero tenéis que consolaros pensando que tenéis muchos hijos, que todo el pueblo es vuestro hijo. Al menos, yo así os lo pido.

¿Recordáis lo que dije en el juicio?: «Que mi muerte sea la última que dicte un tribunal militar». Ese era mi deseo, pero tengo la seguridad de que habrá muchos más. ¡Mala suerte!

¡Cuánto siento morir sin poder daros ni siquiera el último abrazo!, pero no os preocupéis. Cada vez que abracéis a Fernando [su hermano mayor], el niño de Mary [su hermana María Flor] o a Manolo [Manolo Piña, su mejor amigo], haceros a la idea de que yo continúo en ellos. Además, <u>yo estaré siempre con vosotros</u>, os lo aseguro.

Dadle las gracias de mi parte a todos los que se interesaron por mí. A toda la familia y a mis amigos. Manolo para mí es como un hermano. Es un hijo más vuestro. ¡Animadle! Una semana más y cumpliría veinticinco años. Muero joven, pero estoy contento y convencido.

Haced todo lo posible para llevarme a Vigo. Como los nichos de la familia están ocupados, enterradme, si podéis, en el cementerio civil, al lado de la tumba de Ricardo Mella,[93] aunque lo dejo a vuestra elección.

Nada más. Un abrazo muy fuerte, el último.

Adiós, papá, adiós, mamá.

Vuestro hijo.

Me dejan escribiros un poco más. Quisiera deciros que <u>siempre</u> os he querido. Siempre. Cuando me marché de casa lo hice obligado por las circunstancias, y creo que sufrí yo más que vosotros al dejaros.

Ya quedan muy pocas horas. Se van muy rápido. Sin embargo, estoy tranquilo.

Mary, a partir de ahora, os cuidará tan bien como lo hacíamos antes los dos. Espero que mi muerte sirva para que ella y todas las personas que me quieren cojan conciencia.

María [su novia], en la cárcel de Yeserías, sé que nunca me olvidará, pero le he pedido por medio de su abogado que cuando salga busque otro compañero como yo y que siga adelante.

Las cartas de Tin [una de sus tías] las he leído muchas veces. Gracias, Tin, ¡se acabó tu Francisquiño! Parece que tu dios no hizo nada.

---

[93] Escritor e intelectual gallego de finales del siglo XIX y principios del XX.

Sé que todos sabréis perdonarme. Mi último pensamiento será en vosotros.

Os he querido mucho.

Mamá que se anime. Que cuide de los niños, de nuestros niños.

Nada más. Seguid siempre adelante.

«Hablamos y el tiempo se pasó volando —se lee en el diario de Fernando Baena—. Después me dijeron que estuvimos media hora. Me pidió que os escribiera contándoos toda la verdad para que el día de mañana, cuando vosotros fuerais mayores, no tuvierais que avergonzaros de vuestro tío, que no era un criminal, y que dentro de su desgracia moría satisfecho, puesto que de las cinco condenas, solo una se llevaba a efecto. Insistió en que no recordaba haber hecho la confesión que le llevaba a la muerte, y que no fue posible demostrar que ninguno de ellos hubiera cometido ese delito».

La madre y los hermanos de Sánchez-Bravo habían llegado a prisión a las diez y media de la noche, y a las once de la noche lo hizo un furgón de la Guardia Civil que condujo a Silvia, su mujer, desde la prisión de Yeserías.

«Primero me llevaron a un despacho en el que me esperaba el capitán Bethencourt —cuenta Silvia Carretero—.[94] Me dijo que tenía que convencer a José Luis de que se confesase. Le contesté que mi marido era ateo, que respetaba las creencias de los demás, pero que como marxista-leninista no creía en Dios y, además, no tenía nada de qué arrepentirse. Al final, indignada, les dije que con los fusilamientos estaban cavando su propia tumba. "Aquí estoy perdiendo el tiempo, quiero estar con mi marido". Me llevaron en-

---

[94] Entrevista en el diario *A Nosa Terra* del 25 de octubre de 1995, firmada por María Esther Bello.

26 - IX - 75
27 - IX - 75

Papá, mamá:

Me ejecutarán mañana de mañana.

Quiero daros ánimos. Pensad que yo muero, pero que la vida sigue.

Recuerdo que en tu última visita, papá, me has dicho que fuese valiente, como un buen gallego. Lo he sido, te lo aseguro. Cuando me fusilen mañana, pediré que no me tapen los ojos para ver la muerte de frente.

Siento tener que dejaros. Lo siento por vosotros, que sois viejos y sé que me queréis mucho, como yo os quiero. No por mí. Pero tenéis que consolaros pensando que tenéis muchos hijos, que todo el pueblo es vuestro hijo. Al menos, yo así os lo pido.

¿Recordáis lo que dije en el juicio?: «Que mi muerte sea la última que dicte un tribunal militar» Ese era mi deseo. Pero tengo la seguridad de que habrá muchas más ¡Mala suerte!

¡Cuánto siento morir sin poder daros ni siquiera mi último abrazo! Pero no os interrumpáis. Cada vez que abracéis a Fernando, el niño de Mary, o a Manolo, haceros a la idea de que yo continúo en ellos.

Además, yo estaré siempre con vosotros, os lo aseguro.

Dadle las gracias de mi parte a todos los que se interesaron por mí. A toda la familia y a mis amigos. Manolo para mí es como un hermano. Es un hijo más vuestro. ¡Animadle!

Una semana más y cumpliría 25 años. Muero joven pero estoy contento y convencido.

Haced todo lo posible para llevarme a Vigo. Como los nichos de la familia están ocupados, enterradme, si podéis, en el cementerio civil al lado de la tumba de Ricardo Mella, aunque

Carta de despedida de Baena horas antes de ser fusilado.

lo, dejo a vuestra elección.

Nada más. Un abrazo muy fuerte, el último.

Adiós papá, adiós mamá.

Vuestro hijo.

Me dejan escribiros un poco más. Quisiera decíros que siempre os he querido. Siempre. Cuando me marché de casa lo hice obligado por las circunstancias y creo que sufrí yo más que vosotros al dejaros.

Ya quedan muy pocas horas. Se van muy rápidas. Sin embargo estoy tranquilo.

Mary, a partir de ahora, os cuidará tan bien como lo hacíamos antes los dos. Espero que mi muerte sirva para que ella, y todas las personas que me quieren, cojan conciencia.

María, en la cárcel de Yeserías, sé que nunca me olvidará. Pero le he pedido por medio de su abogado que cuando salga busque otro compañero como yo y que siga adelante.

Las cartas de Tin las he leído muchas veces. Gracias, Tin. ¡Se acabó tu Franciscquiño! Parece que tu dios no hizo caso.

Sé que todos sabréis perdonarme. Mi último pensamiento será en vosotros.

Os he querido mucho.

Mamá que se anime. Que cuide de los niños, de nuestros niños.

Nada más. Seguir siempre adelante.

tonces a través de una escalera de caracol a los sótanos en los que
estaban las celdas. Era un lugar lúgubre, sombrío. Allí estaban mi
suegra y mis cuñados. Pedí en varias ocasiones que nos dejaran estar juntos, sin rejas, pero no me hicieron caso. Hablamos, yo sentada en una silla fuera de la celda y él sentado en otra dentro».

«Se besaban entre las rejas y hablaban en voz baja, mientras mi
hermano la acariciaba la barriga», cuenta Victoria Sánchez-Bravo.
«Como Baena era también gallego —continúa— estuvimos can-
tando canciones populares».

Ramón Sanz rumiaba su soledad con la mirada perdida en un horizonte situado a tres metros, los que distaban hasta la pared de su
celda. Había solicitado la presencia de su hermano Santiago, que
no había podido desplazarse hasta Madrid porque permanecía ingresado en el Hospital Real y Provincial de Nuestra Señora de
Gracia de Zaragoza desde el 10 de septiembre. Con trazo firme y
letra redonda, Ramón dejó por escrito su despedida:[95]

Querido hermano, me han dicho que has vuelto otra vez al hospital.
Yo espero que no sea nada grave y que te repongas pronto. Ya sabrás
en qué situación estoy, pero espero que esto no te perjudique, y procura cuidarte. No sé si habrás recibido un dinero, o como digo yo,
tela marinera. Si lo has recibido procura gastarlo con moderación e
invitar a tus compañeros del colegio, y les das un saludo afectuoso
para todos. No sé si te visita la familia, si en caso no lo hiciera así vas
tú y les das a todos un abrazo de mi parte. Ya sabes que no me gusta
escribir mucho, sin embargo, me gustaría escribir toda la noche, pero no sé qué decirte. Un abrazo muy fuerte de tu hermano.

---

[95] La carta está incorporada al sumario 1/75.

Unas líneas más abajo, enumeraba sus pertenencias y su voluntad de que le fueran entregadas a Santiago.

Valor o pertenencia en mi casa en la calle Iriarte nº 6-4-A: Un casete Philips y varios casetes, un transistor, una maleta con ropa y otra vacía, un monedero con 5.400 pesetas, un reloj y varios objetos personales, varios dibujos en carboncillo, una maleta con pintura y pinceles, y un caballete. Todo es para mi hermano Santiago García Sanz.

31

CAMPO DE TIRO DE «EL PALANCAR»

Algunos de los periodistas que habían asistido a la rueda de prensa tras el Consejo de Ministros que dio cuenta del «enterado» del gobierno se trasladaron esa tarde a la cárcel de Carabanchel para montar guardia a la espera de acontecimientos. Miguel Ángel Aguilar, entonces redactor jefe de la revista *Posible*, era uno de ellos. «La avenida de los Poblados estaba tomada por policías que patrullaban alrededor de la prisión, y el trasiego de vehículos oficiales que entraban en el recinto carcelario era continuo. Justo enfrente había un teléfono público desde el que los periodistas llamábamos a nuestros medios para informar de lo que ocurría, y así nos enteramos de que habían asaltado la embajada de España en Lisboa, que varios países habían retirado a sus representantes diplomáticos, y que el papa Pablo VI había llamado a El Pardo pidiendo clemencia —cuenta el periodista—.[96] A lo largo de la noche fueron llegando los abogados defensores que no habían podido acompañar a los condenados (solo pudo hacerlo Javier Baselga, letrado de Xosé Humberto Baena) que nos dijeron que los iban a fusilar

---

[96] Entrevista con el autor. Su testimonio está tomado también de la crónica que escribió esa noche para la revista *Posible*, que fue secuestrada.

en lugar de ajusticiarlos a garrote vil porque de las cinco plazas de verdugo tres estaban vacantes y, por tanto, los dos en activo no podían estar a la misma hora en Madrid, donde estaban los presos del FRAP, y en Barcelona y Burgos, donde estaban los de ETA. «Hacia las cinco de la madrugada llegaron dos grandes furgones celulares, numerosos *jeeps* de la Policía Armada y algunos coches sin identificación que debían ser de la Brigada Político Social —sigue su relato Miguel Ángel Aguilar—. A las siete menos veinte empezamos a ver movimiento en el patio de la cárcel, y los coches que habían ido llegando durante la noche se colocaron en caravana, enfilados hacia la puerta».

La salida de los familiares y el ruido de los vehículos al arrancar anunciaron la inminente partida. «Cuando salimos de la cárcel, los policías nos insultaban. A mi madre le dijeron disparates, como que su hijo era un asesino e iba a recibir su merecido. Se ensañaron con nosotros, como si no les bastara con quitarle la vida», cuenta Victoria Sánchez-Bravo. El abogado Fernando Salas trasladó a doña Erundina y sus hijos pequeños al despacho de la calle Lista. La tensión y la impotencia acumuladas en las horas previas dieron paso a un estado de agitación sin consuelo que aconsejaba poner distancia con un destino ineluctable.

«En ese momento todavía no sabíamos con certeza dónde iban a fusilarlos, de hecho, pensábamos que sería en algún cuartel cercano a la prisión, tal vez en el de Cuatro Vientos, hasta que algunos abogados nos dijeron que la ejecución se iba a llevar a cabo en Hoyo de Manzanares», dice Miguel Ángel Aguilar. Las luces azuladas, mudas las sirenas, abrían paso al desfile, con cada uno de los sentenciados en un furgón, custodiado por un aparatoso dispositivo policial. Tras ellos, varios vehículos en los que viajaban el padre, el hermano mayor de Baena, la hermana de Sánchez-Bravo y algunos periodistas. «Yo iba en mi coche con Román Orozco, redactor de *Cambio 16*, y un periodista alemán, Friedrich Kassebeer, corresponsal del *Süddeutsche Zeitung*. Todo el trayecto desde Carabanchel estaba vigilado por la Guardia Civil, que nos detuvo en dos controles para identificarnos antes de dejarnos continuar. Entonces yo llevaba siempre conmigo un ejemplar del Código de Justicia Militar y les leía el artículo 871, según el cual las penas de muerte se ejecutarían de día, a las doce horas de notificada la sentencia, y debían ser públicas, para que nos dejaran pasar».

Próximos ya a su destino, la comitiva oficial giró a la derecha y tomó una pista de tierra que rodeaba las Escuelas de Aplicación de Tiro del Ejército y conducía a una hondonada conocida como El Palancar, en la que se iban a llevar a cabo los fusilamientos. El silencio fue absoluto cuando se apagaron los motores. Xosé Humberto Baena, José Luis Sánchez-Bravo y Ramón García descendieron de los furgones, mientras los familiares permanecían en una zona sin visión directa, pero suficientemente próxima para que fueran audibles las descargas cerradas del pelotón. El párroco de Hoyo de Manzanares, a quien habían requerido para que prestara auxilio religioso a los reos que lo pidieran, aguardaba en la explanada habilitada para la ejecución. «Les dije que estaba allí por si querían algo, pero ninguno de los tres quiso nada. En el lugar de la ejecución solo estábamos dos sacerdotes, el capellán de Carabanchel y yo, y un médico militar».[97]

«Llegamos hasta un altozano en el que estaban aparcados los furgones celulares en los que habían viajado los condenados y los *jeeps* que los custodiaban —dice Miguel Ángel Aguilar—. Un oficial nos comentó que teníamos que esperar mientras consultaba hasta dónde podíamos entrar, y en ese momento escuchamos la primera descarga de fusil. El militar nos dijo que solo autorizaban a tres periodistas a presenciar las ejecuciones y nos montaron en un *jeep* para llevarnos al campo de tiro. Durante el trayecto escuchamos la

---

[97] El testimonio del párroco está recogido en el libro *Consejos de guerra en España, op. cit.*

segunda descarga. En un nuevo control el oficial que nos acompañaba nos presentó a un coronel del Ejército, que era quien debía decirnos dónde podíamos ponernos, y tras una corta conversación entre este y un teniente coronel de la Guardia Civil nos dijeron que no podíamos estar allí y teníamos que regresar con el resto de compañeros. Justo cuando nos retirábamos escuchamos la tercera descarga».

A las nueve y veintidós minutos había sido ejecutado José Humberto Baena. Tras un cuarto de hora de espera para que el teniente médico Vicente López reconociera el cuerpo y certificara su defunción, una segunda descarga acabó con la vida de Ramón García Sanz. Minutos más tarde otra salva ejecutaba a José Luis Sánchez-Bravo.[98] El juez, coronel Agustín Puebla, y el secretario, capitán José Pérez de Bethencourt, extendieron de modo funcionarial sendas diligencias acreditando las ejecuciones.

Se hace constar, por medio de la presente, que a las diez horas del día veintisiete de septiembre de mil novecientos setenta y cinco ha sido ejecutada por fusilamiento la pena de muerte en la persona del reo José Luis Sánchez-Bravo en el campo de tiro del Palancar (Hoyo de Manzanares). Una vez ejecutada la pena de muerte el comandante médico, don Vicente López Rodríguez, previo reconocimiento del cuerpo del reo, certificó su defunción. Y para que así conste, la firma con S. Sª, de lo que yo como secretario doy fe.

«Escuché los primeros disparos y no sabía si era mi hermano —dice Victoria Sánchez-Bravo—. Después, los segundos y los terceros. Hubo un silencio muy grande y vimos bajar riéndose a los miembros de los pelotones de fusilamiento, como si vinieran de celebrar algo». «Fue todo muy rápido —dice el párroco de Hoyo de

---

[98] Este es el orden de ejecución que figura en el sumario de la causa.

Manzanares—. Murieron de una forma absolutamente íntegra, sin decir una palabra. Me limité a leer un breve ritual. Al entierro acudí yo, sin el capellán penitenciario, que me preguntó si no me importaba asistir a mí solo porque él no era capaz de entrar en el cementerio. Estaba deshecho. Es lógico, porque los conocía bastante».

Tras las ejecuciones, familiares y abogados se trasladaron al cementerio de Hoyo de Manzanares para cumplimentar el doloroso trámite de las identificaciones. En ese momento debían formalizar los permisos para hacerse cargo del enterramiento en sus localidades de origen o, en su defecto, serían las autoridades militares las que se encargaran de darles tierra en una sepultura de caridad del camposanto. Las familias recibieron los certificados de defunción firmados por el teniente médico, en los que se recogía como causa de la muerte «*shock* traumático», y los de inscripción en el Registro Civil y licencia para dar sepultura emitidos por el juez de paz Juan Egido.

«Las tres fosas estaban ya excavadas y apilaron los féretros sobre los montículos de tierra recién vaciada —relata el fotógrafo Gustavo Catalán Deus—.[99] Como las cajas quedaron inclinadas, empezó a correr la sangre por las esquinas. Fue algo que jamás se me va a olvidar. Había militares, policías, abogados y algún familiar. La tensión era enorme. Allí se habían congregado muchos miembros de la Brigada Político Social, desde el famoso comisario Saturnino Yagüe a Billy el Niño. Se habían puesto corbatas de colores chillones para la ocasión».

«El pelotón que fusiló a Baena, que fue acusado de matar a un policía, estaba integrado por guardias civiles voluntarios, y el que ajustició a Sánchez-Bravo y García Sanz, condenados por la muerte de un miembro de la Benemérita, por policías armadas. Los fé-

---

[99] Su testimonio está recogido en el libro *La sombra de Franco en la Transición, op. cit.*

retros estaban hechos con tablas de madera mal remachadas y la sangre se filtraba entre ellos. La escena de un comandante del Ejército dando las condolencias a las familias de los fusilados fue tremenda», concluye el periodista Miguel Ángel Aguilar.

Don Fernando Baena no tuvo fuerzas para reconocer el cuerpo de su hijo y tuvo que ser su primogénito Fernando quien lo hiciera. «En los primeros momentos pensé trasladarlo a Vigo, cumpliendo sus deseos de ser enterrado en el panteón familiar, pero pensándolo mejor no quise hacerlo en ese momento porque temí que al llegar a Vigo pudiera ocurrir algún incidente en su entierro —escribió el padre de Xosé en su diario—. Decidí que fuera enterrado provisionalmente en el pequeño cementerio de Hoyo de Manzanares, al lado de otro ajusticiado que carecía de familia para hacerse cargo de él [Ramón García Sanz]. Tanto por las autoridades militares, que me expresaron su condolencia por verse obligados a cumplir órdenes tan severas, como por las de Hoyo de Manzanares, recibí toda clase de facilidades para mi pretensión, comprendiendo mi punto de vista en aquellos momentos de tensión emocional».

Victoria contempló el cuerpo inerte de su hermano y expresó su voluntad de hacerse cargo del mismo para inhumarlo en el cementerio de Murcia. El juez le comunicó que el enterramiento debía hacerse sin pompa y que tenía la obligación de entregar una certificación detallada del mismo. A las seis de la tarde, una ambulancia con el cuerpo de José Luis emprendió la marcha escoltada por fuerzas de la Guardia Civil. Sus restos fueron enterrados a las ocho de la mañana del día siguiente en el cementerio de Nuestro Padre Jesús.

Ramón García Sanz, que se enfrentó a la muerte sin el consuelo de ningún familiar, había solicitado que le enterraran con sus compañeros, y que si estos eran trasladados por sus familias a otros lugares le dieran sepultura a él solo y no en una fosa común. A las 13.45 su cuerpo era sepultado junto al de Xosé Humberto Baena, a la espera de que la familia de este organizara su traslado a Vigo.

«Ocho días después, ya aplacados los ánimos por las ejecuciones, volví a Madrid para efectuar el traslado del cadáver de mi hijo a Vigo y cumplir su deseo de descansar en tierra gallega, entre los suyos —sigue su relato el padre de Baena—. Me dirigí al juzgado militar, donde el señor coronel que tan amablemente me atendió en Hoyo de Manzanares me dijo que siempre que por Sanidad y las autoridades civiles me fueran facilitados los correspondientes permisos no tendría ningún problema, ya que habiendo firmado la recepción de cadáver de mi hijo tenían que ser por mi cuenta todos los gastos del traslado. Conseguí los permisos y concerté en 72.500 pesetas con una funeraria de Alcobendas la entrega del cadáver a las puertas del cementerio de Pereiró, en Vigo. Quedamos en que estaríamos en Porriño para acompañarlos sobre las diez de la mañana, ya que había que hacer algunos trámites con la documentación que les había entregado y ellos traían. Los de la funeraria, desconociendo la carretera, salieron antes de la hora convenida y llegaron a Porriño muy temprano. La policía les pidió la documentación, y al saber de lo que se trataba les ordenaron que salieran inmediatamente para Vigo. Ellos alegaron que tenían que entregar el cadáver a la familia, que era la que tenía que pagarles, pero les obligaron a salir. Mi hermana y mi hijo Fernando, que venían a buscarme para ir a recibir el féretro, se cruzaron en la carretera con dos coches policiales que custodiaban una carroza fúnebre y les siguieron hasta al cementerio. Con gran sorpresa vieron que se abrían las puertas, entraba la carroza y se volvían a cerrar. Aún no eran las ocho de la mañana. La carroza se dirigió hasta los nichos de la familia, y sin más miramientos, sin documentación, lo enterraron con la sola presencia, por casualidad, de mi hermana y mi hijo Fernando.

»Cuando a las nueve de la mañana me trajeron la noticia mi desesperación fue indecible. Pensé mil disparates, pero pronto me calmé, pues comprendí que esto era una prueba más de su inocencia, ya que ningún criminal podría causar pánico a la policía quince días después de muerto. Había tomado la precaución de decir a las amistades que me preguntaban la hora del entierro que se efectuaría por la tarde, ya que nuestro deseo era que estuviéramos solo los familiares más directos.

»Debo haceros constar que oficialmente no he recibido noticia ninguna, ni de la detención, ni de la condena, ni de la ejecución de mi hijo. Después de todos los sufrimientos por los que he pasado, hoy me parece el más horrible el escamoteo del cadáver, cuando lo consideraba muy mío, como me dijeron en Madrid, privándome del consuelo de acompañarlo a su última morada.

»Bueno, creo haber cumplido sus últimos deseos de comunicaros estos detalles, de los que tendréis conocimiento pasados algu-

Tumba de Xosé Humberto Baena en el cementerio de Pereiró de Vigo.

nos años —concluye su diario—. Algo queda por decir, pero como no puedo garantizar su veracidad me he limitado a comentar únicamente parte de lo que he vivido. Y ahora, un consejo. Cumplid siempre como personas honradas, tanto en política como en leyes. Si alguna vez consideráis que son equivocadas, no os enfrentéis a ellas y tened paciencia, que siempre hay una puerta abierta para reformarlas sin llegar a extremos que no tengan solución. Adiós».

En el caso de Ramón García Sanz, pasaron algo más de cuatro meses hasta que su hermano Santiago, que estaba ingresado en un hospital de Zaragoza cuando fue fusilado y no pudo acompañarlo en capilla, consiguió localizar al abogado Gerardo Viada, que junto a Juan Aguirre le habían defendido en el consejo de guerra. El 5 de febrero de 1976 escribió a Viada:

Muy señor mío, me dirijo a usted rogándole perdone si me he equivocado, creo que usted fue el abogado defensor de mi hermano Ramón García Sanz, fallecido el 28 de septiembre de 1975 [equivocaba la fecha], en las últimas ejecuciones. Soy su único familiar, que no pude acudir a Madrid el día de su fallecimiento por no permitírmelo el médico, ya que mi estado de salud deja mucho que desear. Como yo no he podido saber de mi hermano en sus últimos momentos, le agradecería que me dijese, si usted lo sabe, si mi hermano tenía alguna cosa que yo pudiese conservar como recuerdo (...). Le agradecería que, aunque fuese mucha molestia para usted, hiciese el favor de contestarme, ya que para mí sería una de las pocas alegrías que puedo tener. Tengo veinticinco años y creo que no me podré poner bien en mucho tiempo, ya que toda mi vida he estado enfermo. Dándole las gracias de antemano, le saludo respetuosamente.

Días después, Gerardo Viada le escribía al Hospital Provincial Nuestra Señora de Gracia de Zaragoza, en el que continuaba ingresado, para contarle las últimas horas de su hermano.

Zaragoza 5 Febrero 1976

HOSPITAL PROVINCIAL
DE NUESTRA SEÑORA DE GRACIA

ZARAGOZA
*

Sr. Don Gerardo

Viada Fernandez —
Velilla.

Madrid.

Muy Sr mio:

Me dirijo a usted rogándole perdone
si me he equivocado, creo que usted fué el abogado defensor de mi hermano Ramón Garcia Sanz, fallecido el
28 de Septiembre de 1975, en las últimas ejecucuiones.

Soy su único familiar que no pude
acudir a Madrid, el dia de su fallecimiento, por no per-
mitirmelo el médico, ya que mi estado de salud deja muc
cho que desear.   Cómo yo no he podido saber de mi her
mano, en sus ultimos momentos, le agradeceria, que me
dijese si usted lo sabe, si mi hermano tenia alguna cosa que yo pudiese conservar como recuerdo. ya que creo
que es usted el único que lo puede saber. y me dijese
si en caso afirmativo puedo hacer algo para recuperarla

Le agradeceria, que aunque fuese
mucha molestia para Ud hiciese el favor de contestarme, ya que para mi seria una de las pocas alegrias que
que puedo tener. Tengo 25 años y creo que no me podré
poner bien en mucho tiempo. ya que toda mi vida he
estado enfermo.

Dándole las gracias de antemano

Carta de Santiago, hermano de Ramón García Sanz, al abogado Gerardo Viada.

Querido amigo:

Te escribo en mi nombre y en el de Juan Aguirre Alonso, compañero mío y designado como titular por tu hermano para su defensa. Nos produce gran satisfacción tener, al fin, noticias tuyas, ya que hemos tratado varias veces de conseguir tu dirección. Únicamente tuvimos contacto con tu tío, que vino a Madrid para asistir al juicio, y apenas pudimos hablar unos minutos debido a lo apremiante de la situación.

A tu hermano Ramón solo pudimos verle cuatro veces —la noche anterior al juicio y en El Goloso—, pero fueron suficientes para darnos cuenta de su categoría humana. Fueron entrevistas intensas, cargadas de emoción, donde Ramón nos dio un auténtico ejemplo de serenidad, valentía y honradez.

Nos resulta realmente difícil explicarte por carta lo que fue el juicio y la ejecución. Algún día te haremos una visita e intentaremos explicarte de palabra lo que realmente ocurrió. Nuestro problema es que estamos muy ocupados, pero te prometemos visitarte lo antes posible.

Nos imaginamos que la única información que tienes es la de la prensa, que como te podrás suponer es incompleta y tendenciosa. De cualquier forma, lo que sí sabrás es que los nueve abogados civiles que participamos en el juicio fuimos relevados de la defensa por querer defender de verdad y no participar en aquella farsa. Respecto a esto, Ramón nos había dicho con anterioridad que si no podíamos defender libremente era mejor que renunciáramos. Asimismo, Ramón rechazó públicamente al comandante del Ejército que nos sustituyó.

Ramón, antes de ser ejecutado, escribió una pequeña nota —hoy unida al sumario— en la que te nombraba a ti heredero universal de todos sus bienes. Ya hemos realizado las gestiones oportunas en el juzgado militar para que te envíen sus objetos personales (reloj, cartera, etc.). Creemos que no habrá ningún problema, y ya les hemos facilitado tu dirección, por lo que esperamos que este asunto se resolverá pronto.

Como puedes observar, Ramón se acordó mucho de ti en los últimos momentos. A nosotros no nos permitieron pasar la última noche con él porque ya habíamos sido relevados de la defensa, y Ramón no quiso hablar con el comandante. Pasó su última noche solamente con sus compañeros.

Si hay una cosa en la que hemos coincidido es que fue el más sereno y tranquilo de todos. El párroco de Hoyo de Manzanares, que habló con ellos momentos antes de su muerte, nos dijo que estaba profundamente impresionado por su serenidad y valentía. Ramón —no lo dudes— tenía la seguridad de que únicamente gozan aquellos que tienen la conciencia tranquila y que saben que algún día se les hará justicia

Adjunto te envío fotocopias de algunos documentos que tenemos. Son un escrito que dirigimos al Capitán General informándole de los hechos, y un artículo de *Blanco y Negro* que fue secuestrado. En él, a pesar de que no es exacto y tiene algunos errores, se narran los últimos momentos. Espero que todo ello te ayude a ir formándote una idea clara de los hechos.

Nos gustaría mucho mantener correspondencia contigo, y si quieres alguna cosa o saber algo en concreto no dudes en pedírnoslo, porque puedes tener la seguridad de que el recuerdo de Ramón va a ser muy difícil de olvidar.

Un fuerte abrazo.

32

SARDANYOLA

«Vi a Txiki la mañana del 26 de septiembre, un día antes de que lo fusilaran —dice su hermano Mikel Paredes, que viajó a Barcelona cuando su madre regresó a Zarauz tras el consejo de guerra—. Recuerdo que había estado trabajando varios meses en una sala de fiestas para poder comprarme un reloj enorme que anunciaban en televisión como el reloj que había ido a la Luna, y al ir a entrar en la prisión los funcionarios debieron pensar que ocultaba algo en él y se empeñaban en abrirlo. Al final me quitaron todo y me pasaron a un locutorio para que esperara a que lo trajeran dos funcionarios de prisiones. Recuerdo que tenía el pelo muy corto y que esbozó una sonrisa al verme. Hablamos de los hermanos pequeños, de la familia y de su amigo Andoni Campillo, que había muerto el día antes en un enfrentamiento con la policía. Le pregunté si tenía algo que ver con el atentado contra el policía [José Luis Díaz Linares] y con el asalto al Banco de Santander en el que había muerto otro agente, y me dijo que en el atraco no había participado [era el delito por el que le habían condenado a muerte], y que en el atentado estaba en el lugar de los hechos dando protección a quienes dispararon. Fue un encuentro muy breve, de unos treinta minutos. El último hasta que esa noche me permitieron pasar con él sus últimas horas en capilla».

Esa tarde tuvo ocasión de hablar con él Josep María Huertas Clavería, periodista del diario *Tele/eXpres* que estaba en prisión por un reportaje en el que había escrito que algunas casas de citas de la ciudad condal eran regentadas por viudas de militares. Clavería se encargaba de la biblioteca de la prisión y pasaba por las celdas repartiendo libros.[100] «Como cada tres días, fui a repartir entre los incomunicados y condenados a muerte de la planta baja. Al abrir la puerta de la celda 443 noté inmediatamente que algo sucedía. Txiki, siempre sonriente, estaba serio, pálido. Le ofrecí el cesto de malla donde llevaba los libros que seleccionaba para que eligieran y cogió solo uno en vez de dos, como era habitual. Le pregunté por qué no cogía otro más y me contestó que con uno tendría bastante». El libro llevaba por título *Te veré en el infierno*, de James O'Neill, una novela basada en hechos reales sobre los conflictos mineros en Pensilvania.

El «enterado» del Consejo de Ministros celebrado esa misma mañana iniciaba el farragoso trámite de la muerte. José Manuel Coloma Escrivá de Romani, jefe de la Asesoría Jurídica del Ministerio del Ejército, remitió al general subsecretario Emilio Monje Rodríguez el certificado del acuerdo, y este, a su vez, envió un escrito dando cuenta del mismo a los capitanes generales de las distintas regiones militares. El fallo definitivo le fue notificado en prisión por el juez instructor, tras lo cual fue conducido a una dependencia habilitada como «capilla» para que pasara sus últimas horas de vida.

«Cuando lo pusieron en capilla volví a entrar en prisión, ahora ya con los abogados Marc Palmés y Magda Oranich —rememora Mikel Paredes—. Nos metieron en una habitación que debía de

---

[100] Huertas Clavería escribió sobre su encuentro con Txiki en un reportaje publicado en la revista *Interviú*.

ser una sala de juegos para los hijos de los reclusos que iban a visitarlos. Nos turnábamos para hablar y hacer el tiempo más llevadero. El que mejor estaba era él. No dejaba de contar historias, e incluso algún chiste. No entiendo cómo podía estar tan entero. Creo que en el fondo tenía alguna esperanza de que lo indultaran, aunque dijese que no esperaba nada. Fueron horas de una impotencia total, de ver cómo pasaba el tiempo sabiendo que lo iban a matar y no poder hacer nada».

«El cura de la prisión nos pidió que le preguntáramos si quería hablar con él —relata Oranich—. Nos dijo que sí y estuvieron un buen rato charlando. Algunos funcionarios se acercaban y nos informaban de las noticias que daba la radio. Fue así como nos enteramos de que el papa había pedido clemencia a Franco y decidimos enviar un telegrama al jefe del Estado pidiendo el indulto, pero nos dijeron que si salíamos de la cárcel no podíamos volver a entrar. El capitán Coronado se ofreció a hacer la gestión».

«Hubo un momento en que se nos acercó un militar a comentarnos su extrañeza porque éramos los más tranquilos —escribe Marc Palmés—[101] y Txiki le contestó que no teníamos de qué avergonzarnos, pero él sí. Aquella noche se vivieron horas dramáticas en las diversas capillas: la de García Sanz, Sánchez-Bravo y Baena Alonso en Madrid, la de Otaegui en Burgos y la de Txiki en Barcelona. En las sedes de los colegios de abogados se constituyeron comisiones permanentes para llamar a todos los rincones posibles del mundo y pedir que presionaran al régimen a favor del indulto. Se habló con Willy Brandt, con el Vaticano, Londres, Washington, París… pero todo fue inútil».

«Las doce horas que estuvo en capilla fueron las más largas de mi vida —sigue su relato Oranich—. Txiki decía que no creía que

---

[101] «Sangre inútil», tribuna de opinión publicada en el diario *El País* el 27 de septiembre de 1985. Marc Palmés falleció el 16 de febrero de 2005.

unos chicos de reemplazo se atrevieran a matarle, pero el juez ya me había comunicado que el piquete iba a ser de guardias civiles voluntarios, aunque no le dije nada. Llevábamos varias horas cuando llegó el notario Ignacio Zabala para que hiciera testamento».

«Tiene a mi juicio capacidad legal bastante para otorgar este testamento, como lo hace siendo los quince minutos del día de hoy (27 de septiembre de 1975). Lega a su hermano Miguel toda su ropa y efectos personales. Instituye heredera a su madre, sustituida por su hermano».[102]

Tras este brevísimo enunciado dictó a su interlocutor su testamento político.

Al pueblo vasco.

Una vez más va a derramarse la sangre del pueblo vasco. Probablemente cuando llegue este comunicado al pueblo ya habré caído bajo el pelotón de ejecución. Mi intención al escribir este comunicado es poner una vez más de relieve el sufrimiento del pueblo vasco y de todos los pueblos de España. No debemos olvidar nuestro objetivo: la creación de un Estado socialista vasco, objetivo por el cual han dado la vida muchos revolucionarios.

Sois vosotros, la clase trabajadora y el pueblo en general, quienes llevan a cabo la lucha hasta establecerlo. Entonces se habrá cumplido nuestro objetivo y podréis construir una sociedad nueva sin clases, donde no exista la explotación del hombre por el hombre.

Hoy voy a morir por el simple hecho de luchar por mi pueblo, lo que no es un crimen. Mañana seréis vosotros quienes nos hagáis justicia. Confiamos en vosotros.

Por último, quiero hacer saber a mis compañeros y a nuestro pueblo que mientras he estado libre he cumplido como hijo del pueblo.

---

[102] El testamento ha sido facilitado al autor por Mikel Paredes.

He pedido como única y última petición que sea fusilado ante un pelotón de fusilamiento como un *gudari* más, recordando a todos los que han muerto por Euskadi llevando en la mente a nuestra ikurriña, puesto que voy a morir lejos de ella.

Viva la solidaridad de los pueblos.

Gora Euskadi Askatuta.

Aberria ala hil.

«A las ocho de la mañana el juez dijo: "Paredes, la capilla ha terminado" y nos obligaron a abandonar la cárcel —cuenta Oranich—. Cuando salimos no sabíamos dónde lo iban a fusilar». Sangre inútil. Solo tres semanas después, las que faltaban para la muerte de Franco, todos ellos habrían salvado la vida.

«Esperamos en la calle, que estaba tomada por la policía, a que saliera el furgón con Txiki —continúa su relato Mikel—. Seguimos a la caravana de coches y cuando pasamos Sardanyola la comitiva tomó un camino que subía hasta el cementerio de Collserola, y después una desviación en la que había una indicación que ponía Can Catá. Serían unos dos kilómetros, aproximadamente, en los que habían montado un montón de controles de la Guardia Civil para impedir que la gente pasara. Al lado del camposanto habían habilitado un camino de tierra que llevaba a una planicie desbrozada en la que estaba aparcada una ambulancia de la Cruz Roja».

«Marc y Mikel fueron cacheados y les dejaron pasar, pero conmigo no sabían qué hacer —añade Oranich—. Le dije a los soldados que me cachearan también a mí, que no me importaba, pero el juez, que se había desplazado hasta allí gritó: "A la señora no la toquen", y pude pasar».

«Lo habían atado a una especie de trípode metálico colocado en un montículo. Me situé detrás del pelotón de fusilamiento, a unos seis metros de distancia de donde él estaba, levanté la mano y le hice la señal de la victoria —recuerda Mikel—. Cuando se dio cuenta de que estaba allí echó una sonrisa tremenda y empe-

14ª CLASE

<u>Numero mil cuatrocientos tres</u>

EN BARCELONA, a veintisiete de Setiembre de -

mil novecientos setenta y cinco. - - - - - - - - -

Ante mi, IGNACIO ZABALA CABELLO, Notario del

Ilustre Colegio de Barcelona, con residencia en -

esta Ciudad. Personado en la Prisión Provincial -

de Barcelona, COMPARECE: - - - - - - - - - - --

JUAN PAREDES MANOT, soltero, mayor de edad,

montador, con domicilio en Zarauz (Guipuzcoa) ca-

lle Azken Porto 26-B. No presenta Documento Nacio-

nal de Identidad por no tenerlo a mano. - - - - -

Tiene a mi juicio capacidad legal bastante -

para otorgar este testamento, como lo hace sien-

do los quince minutos del día de hoy. - - - - - -

1ª.- Manifiesta que es natural de Zalamea de

la Serena (Badajoz) hijo de Pedro difunto y de -

Testamento otorgado por Jon Paredes Manot, Txiki, *en la cárcel Modelo de Barcelona unas horas antes de ser fusilado.*

zó a cantar el "Eusko Gudariak". Sonó una descarga y después continuaron disparando tiro a tiro hasta que le dieron el de gracia. Me puse a gritar y de no haber sido por los abogados no sé qué habría hecho».

«Mikel se puso a gritar como un loco —añade Oranich—. Decía: "Cien vuestros por uno de los nuestros". Se abrazó a su hermano y se restregaba su sangre por la cara. A mí me dio por recoger los casquillos de las balas como una autómata».

«Txiki hizo gala de una serenidad impropia de un muchacho de veintiún años —escribió Marc Palmés—. Era tal la fuerza de convicción de sus ideas y su entrega a las mismas que la seguridad de que su muerte iba a ser más rentable políticamente que su vida le llevó ante el pelotón de ejecución con un semblante pálido, pero sonriente. Gritó con voz clara: «¡*Aberri ala hil!*» [¡Patria o muerte!] y «¡*Gora Euskadi askatuta!*» [¡Viva Euskadi libre!]. Tenía once balas en el cuerpo repartidas entre el estómago y la parte alta del tórax».

El vehículo de la Cruz Roja que habían estacionado a escasa distancia del lugar de fusilamiento trasladó el cadáver hasta el cementerio. «Los dos chicos que se encargaron del trámite no dejaban de llorar —dice Mikel—. Cargaron el féretro en la ambulancia y lo llevaron hasta el camposanto, a una especie de caseta en la que lo dejaron hasta el día siguiente».

En el cementerio esperaban el matrimonio Pons Llobet y dos de las hermanas de Puig Antich, Carme e Inma, que habían llegado hasta allí acompañadas del letrado Enric Leira, en un gesto de solidaridad. Las funcionariales formalidades de la muerte llegaban a su fin.

Se extiende la presente diligencia para hacer constar que en las proximidades del Cementerio del Norte de esta ciudad, a las 08.35 horas del día de hoy, ha sido ejecutada por fusilamiento la pena de muerte en la persona de Juan Paredes Manot. Una vez ejecutado, el capitán médico D. Regino Fernández Díaz, previo reconocimiento

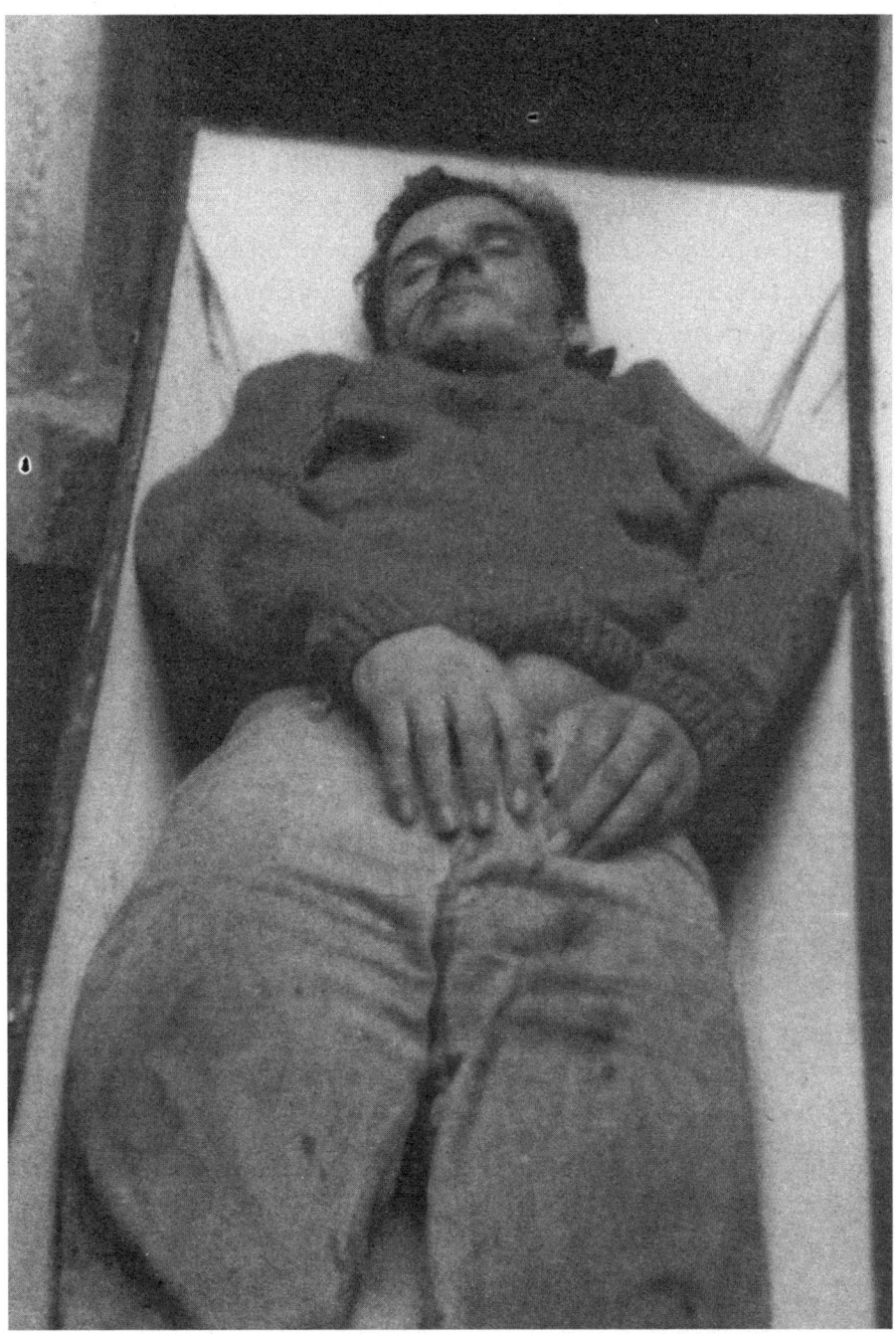

El cadáver de Jon Paredes, Txiki, *momentos después de ser fusilado.*
La foto fue tomada por su abogado defensor Marc Palmes.

del interfecto, certificó su defunción, entregándose el cadáver a sus familiares.

Jordi Oliveras fue el encargado de llamar a la madre para comunicarle que su hijo acababa de ser ajusticiado.

El entierro se celebró al día siguiente en un nicho adquirido por la familia Pons Llobet en el mismo cementerio de Collserola, donde permanecería durante algo más de un año, hasta que la familia trasladó sus restos al cementerio de Zarauz. Su amigo Andoni Campillo, junto al que pidió ser enterrado, había recibido tierra en Montjuic. «El enterrador nos preguntó si queríamos verlo por última vez y dijimos que sí —dice Oranich—. Abrió la caja y en ese momento Marc hizo una fotografía al cadáver, sacó el carrete de la máquina y me lo dio para que lo escondiera, pero la Guardia Civil se dio cuenta y vino hacia nosotros. Se lo pasé al periodista Andreu Claret, que asistía a la ceremonia, y lo sacó de allí. Lo revelamos por la noche y remitimos copias a los periódicos extranjeros. Aquella imagen tuvo un enorme impacto».

Cuando días después Mikel Paredes, los abogados defensores y el sacerdote Roberto Pons Rovira, hermano de Juan Pons, que había acogido en su casa a la madre de Txiki, se dirigían a celebrar un

Casquillos de dos balas recogidas por la abogada Marga Oranich tras el fusilamiento de Txiki.

funeral en una iglesia cercana al despacho de estos fueron atacados por un grupo de ultraderechistas que les esperaban en la calle. «La iglesia estaba en la misma acera del despacho, una o dos esquinas más allá —recuerda Jordi Oliveras—. Nos atacaron y, afortunadamente, pudimos retroceder y meternos en el portal. Sujetamos la puerta para que no entraran pero rompieron el cristal, comenzaron a golpearnos y a mí me pusieron una pistola en la frente. Echamos a correr escaleras arriba hasta el tercer piso, donde teníamos la oficina. Al sacerdote le pillaron en la escalera y le dieron una paliza. Llamamos a la policía, que se personó en el lugar y a los que estábamos heridos nos llevó hasta la clínica Figueroa. De allí fuimos al juzgado de guardia a poner una denuncia». Oliveras aún tiene claro en su memoria el acoso de que fueron objeto durante semanas por haber defendido a Txiki. «El despacho se convirtió en objetivo de la extrema derecha. Casi todos los días recibíamos llamadas anunciando que habían colocado una bomba, o subían hasta el descansillo y empezaban a golpear la puerta. Una de las veces vino un representante belga de una organización de derechos humanos que quería recoger nuestro testimonio sobre el proceso. Le advertí de que acababa de recibir una amenaza de bomba, pero que yo no me iba a mover de allí, y me dijo que él también se quedaba. El consejo de guerra contra Txiki nos marcó a todos. Cuando se cumplió el primer aniversario de los fusilamientos fui al camposanto y aún entonces había varios policías custodiando el nicho».

33

PRISIÓN DE BURGOS

«A las 13.15 horas del día de hoy, 26 de septiembre, emprende marcha por carretera el capitán de Infantería Ricardo Morales Ibancos, acompañado del guardia civil Avelino Sánchez Santos, en coche Seat 1500 matrícula M-718.616, portador de la causa 74/74 con resolución Consejo de Ministros celebrado esta fecha». El telegrama oficial cifrado con el «enterado» del gobierno iba dirigido al capitán general de la Sexta Región Militar, Mateo Prada Canillas, que sin dilación ofició al director de la cárcel de Burgos dándole instrucciones para poner a Ángel Otaegui en capilla. «La ejecución se llevará a cabo pasando al reo por las armas, para lo cual señalará Vd. lugar adecuado dentro del establecimiento para que pueda llevarse a efecto —decía el escrito—. El médico designado por mi Autoridad es el capitán médico D. Antonio González Espeso, que se presentará en ese establecimiento con el correspondiente nombramiento». Los auxilios religiosos, si eran solicitados por el condenado, debía prestarlos el capellán de la cárcel.

El día anterior el obispo de San Sebastián, Jacinto Argaya Goicoetxea, se había entrevistado por separado con Garmendia, a quien en ese momento aún no le había sido conmutada la pena de muerte, y con Otaegui, tras ser autorizado por el ministro del Ejército, Francisco Coloma Gallegos.

«A las 20.30 horas [del día 26] vino a casa el sargento de la Guardia Civil de Azpeitia a decirnos que a las 08.30 horas del día siguiente iban a matar a Ángel, y que si su madre quería verlo tenía que ir esa noche a Burgos —cuenta su tía Mercedes Otaegui—. Le dimos varios calmantes para que viajara más tranquila y nos fuimos para allá acompañados de amigos y vecinos del pueblo. Solo su madre pudo estar con él en capilla. Un capitán del Ejército le dijo que si quería llevar el cadáver a Nuarbe tuviera preparadas 50.000 pesetas para la funeraria, y que no armara jaleo porque si lo hacía no le entregarían el cuerpo y tampoco sabría dónde lo habían enterrado. El abogado Ruiz Balerdi, que estaba también autorizado para estar en capilla, no fue porque, al parecer, estaba en cama con lumbago. El resto esperamos en la puerta hasta que mi hermana salió del recinto cuando llegó la hora de fusilarlo. No quiso quedarse y se volvió al pueblo con uno de mis hijos».

Los ocho agentes de la Policía Armada que componían el pelotón de fusilamiento habían sido citados a las ocho de la mañana en el recinto penitenciario. Debían aportar el escrito de designación individual firmado por el capitán Tomás Alonso del Barrio, jefe de la Tercera Compañía de la Reserva General.

«Varios militares nos dijeron que no podíamos permanecer en la puerta de la prisión, que volviéramos hacia las ocho de la mañana —continúa su relato Mercedes Otaegui—. Nos fuimos a un bar de Villafría [un barrio de Burgos] a esperar. Íbamos y veníamos de la cárcel cada poco y escuchábamos la radio por si entre tanto decían algo, hasta que una de las veces nos comunicaron que ya lo habían fusilado en el mismo patio de la prisión. No me dejaron verlo y tuve que esperar media hora para que me entregaran sus cosas».

El director de la cárcel remitió poco después un escrito al capitán general dando cuenta del cumplimiento de la pena:

Tengo el deber de informar a V. E. que, de acuerdo con las normas establecidas al efecto, a las 08.35 horas del día de hoy se ha procedi-

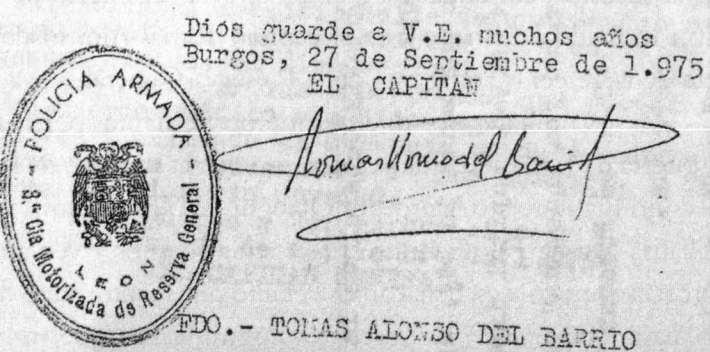

INSPECCION GENERAL DE LA POLICIA ARMADA	73ª BANDERA 3ª CIA DE RESERVA GRAL. B U R G O S

S/Rf.º	Núm.	Fecha	N/Rf.º	Núm.
Negad. 2º	5092-C	26-9-75	Dest.	26

ASUNTO: Ejecución de sentencia.

EXCMO.   SEÑOR:

En contestación a su superior escrito
arriba referenciado, tengo el honor de
poner en el superior conocimiento de
V.E., que en el día de la fecha, sobre
las ocho horas treinta y cinco minutos,
ha sido ejecutado el reo ANGEL OTAEGUI
ECHEVARRIA; sin novedad.

Diós guarde a V.E. muchos años
Burgos, 27 de Septiembre de 1.975
EL CAPITAN

FDO.- TOMAS ALONSO DEL BARRIO

EXCMO. SR. CAPITAN GENERAL DE LA 6ª REGION MILITAR.-

P L A Z A

*Oficio de la Policía Armada dando cuenta al capitán general de la 6ª Región Militar
de la ejecución «sin novedad» de Ángel Otaegui.*

do por el piquete de la Policía Armada a la ejecución del penado, realizándose con entera normalidad en el patio de la Granja exterior, habiéndose hecho entrega del cadáver a los familiares hacia las 15.40 horas de este día, previa escolta de fuerzas de la Guardia Civil para su traslado e inhumación en la localidad guipuzcoana de Azpeitia.

Dios guarde a V. E. muchos años.

«A las cuatro de la tarde nos dijeron que iba a partir la comitiva con el féretro y que yo podía ir en el coche de la funeraria, pero después cambiaron de opinión y fuimos detrás de él en un taxi —continúa Mercedes Otaegui—. Iban un montón de coches de la Guardia Civil delante y detrás. Antes de salir de la ciudad nos detuvimos en un semáforo rojo, pero el coche fúnebre continuó y lo perdimos de vista. Cuando llegamos a Nuarbe a las seis de la tarde ellos aún no lo habían hecho. Demoraron su llegada hasta las diez, cuando ya era de noche, y lo llevaron directamente al cementerio. Habían puesto muchos controles para que la gente no pudiera asistir al entierro, pero llegaron por el monte».

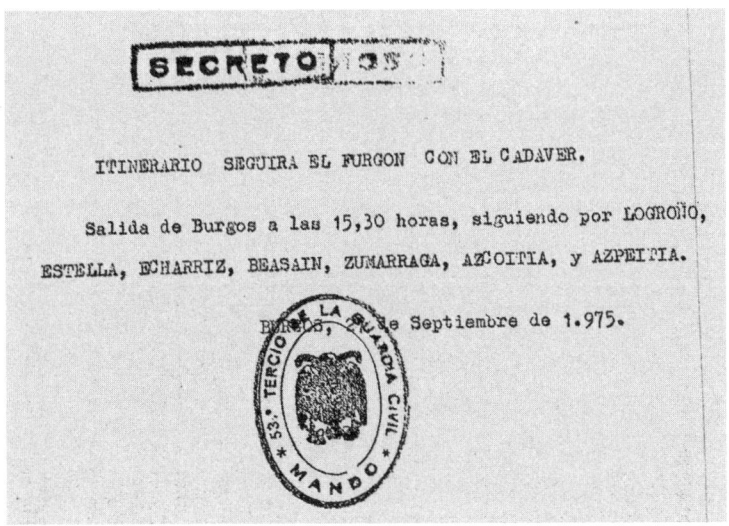

Documento secreto con el itinerario del furgón que iba a trasladar el cadáver de Ángel Otaegui.

ETA se hizo eco de los fusilamientos en el número 7 de *Haut-si*, la publicación clandestina de los poli-mili, y explicaba su posición ante la transición tranquila de la dictadura a la democracia que preconizaban los principales partidos de la oposición.

> Escribimos estas líneas aún afectados por la magnitud del crimen (…). Las cinco penas de muerte confirmadas y ejecutadas evidencian, junto al decreto ley «antiterrorista» y al estado de excepción contra Euskadi, la voluntad de oponerse violentamente a cualquier intento de quitarles de en medio, de desmantelar —incluso gradual y pacíficamente— la dictadura. El régimen se encierra en el búnker para seguir matando. Ello debe hacer reflexionar a quienes propugnan y creen en un paso «sin traumas» del fascismo a la democracia. La liquidación del fascismo va a ser violenta (…). No es hora ya de llamar a reconciliaciones.[103]

---

[103] *ETA: historia política de una lucha armada. Volumen 1*, Luigi Bruni, Editorial Txalaparta, 1993.

34

TODOS CONTRA EL RÉGIMEN

«Si me permito turbar la intimidad de vuestros hogares no es para exacerbar vuestra justificada indignación o incitar vuestro coraje ante la intolerable actitud de aquellos países que, con olvido de las más elementales reglas de respeto a la independencia y soberanía nacional, han pretendido inmiscuirse en la vida interna de nuestra patria». El presidente Arias Navarro se «coló» tras el telediario de la noche en las casas de los españoles para cerrar filas en torno al régimen y su caudillo tras la condena internacional por los fusilamientos. El general Franco había recibido peticiones de clemencia de todo el mundo, incluida una del papa Pablo VI, y las ignoró todas. Los hechos desmentían la imagen de un franquismo amable en su tramo final. Como dice el historiador Pau Casanellas: «lejos de liberalizarse, la dictadura se cerró en sus últimos compases sobre sí misma, en un retorno a las esencias que se explica fundamentalmente por el intento de cortar de raíz la cada vez más amplia contestación social a que debía hacer frente, tentativa que se tradujo en una recuperación de la justicia militar y una recurrente utilización de medidas de excepción».[104]

---

[104] *Morir matando. El franquismo ante la práctica armada, 1968-1977,* Pau Casanellas, Los Libros de la Catarata, 2014.

Arias Navarro aludía en su discurso a la conferencia celebrada hacía dos meses escasos en Helsinki, en la que las potencias europeas se habían comprometido a no interferir en los asuntos internos de otros países, pero omitió que el compromiso incluía también el respeto de los derechos humanos, algo que no casaba con la ejecución de cinco personas. Pese a ello, Arias Navarro alababa la magnanimidad de Franco al haber conmutado seis de las once penas de muerte dictadas en cuatro consejos de guerra. «En el corazón de todos los españoles y de sus gobernantes hay un hueco para los sentimientos de piedad, y bien lo ha demostrado nuestro jefe del Estado llevando su clemencia hasta límites que casi traspasaban las indeclinables exigencias de la Justicia».

Si del discurso televisivo del presidente del Gobierno hubiese que colegir una evolución democrática del régimen, como algunos

El diario francés Le Monde *dedicó su portada*
a los fusilamientos del 29 de septiembre.

pretendían hacer creer, no había nada en él que apuntara en esa dirección. Más bien al contrario. Lo suyo era un «prietas las filas», el «sostenella y no enmendalla» de los hidalgos del Siglo de Oro. «Nuestra historia reciente está amasada de sacrificios y toma origen en una heroica posguerra que hubimos de recorrer, sin culpa, en la más absoluta soledad. No deseamos estar solos, pero no nos intimida la posibilidad del aislamiento (…). Para hacer frente a las presiones exteriores nos basta con la insobornable conciencia de nuestra soberanía».

El tono amenazante de su intervención venía a cuento del vituperio internacional de que había sido objeto la dictadura por las ejecuciones. La reprobación del régimen era similar a la que ya había sufrido en 1946 por la recién constituida Organización de Naciones Unidas (ONU), que conllevó el cierre de nuestras fronteras y la retirada de sus representantes diplomáticos. Como entonces, la Asamblea General de las Naciones Unidas condenó los ajusticiamientos, dieciséis países retiraron a sus embajadores o representantes comerciales y, lo que era más grave, la Comunidad Económica Europea (CEE) suspendió las negociaciones con Madrid para alcanzar un acuerdo comercial preferente. Solo Estados Unidos guardó silencio, más preocupado por preservar sus intereses económicos y políticos en España, que pasaban por la firma de un tratado de defensa que estaba en plena negociación, que por las penas de muerte. «La Casa Blanca prefiere no entrar en muchos detalles sobre algo que es un asunto español interno —dijo entonces Ron Nessen, su responsable de prensa—. En esta y otras cuestiones el presidente ha expresado su pesar por el ciclo de la violencia que conduce a estas salidas trágicas».

Pero no acababan ahí todos los males del gobierno. El Vaticano rechazó firmar un nuevo Concordato (estaba en vigor el suscrito en 1953), la Confederación Europea de Sindicatos Libres convocó manifestaciones y un boicot general de todos los medios de transporte en dirección a España, y muchas delegaciones diplomáticas españolas en el exterior fueron asaltadas, saqueadas, y en el caso de la de Lisboa, incendiada.

Arias Navarro concluyó su alegato televisivo haciendo lo que tanto gustaba al régimen, convovando el 1 de octubre una concentración patriótica en la plaza de Oriente que coincidía con el 39 aniversario de la «exaltación» de Francisco Franco a la jefatura del Estado. «En esta noche estoy con todos vosotros, españoles, para pedir que renovéis vuestra ayuda al gobierno con el ejemplo de vuestra unidad ante la innoble agresión exterior; para deciros que sigáis trabajando y militéis con fervor en las filas de la paz nacional; para renovar a Francisco Franco, artífice de una España tan distinta de la de 1936, el testimonio de entrañable gratitud y respeto por la obra realizada». La prensa afecta al régimen se sumó al cierre de filas contra las potencias extranjeras y a favor de su Generalísimo, «quien a través de tan dilatada e importante periodo de nuestra Historia ha desempeñado su elevada magistratura con prudencia y patriotismo ejemplares».[105]

El mismo día 30, el gobierno acordaba la redacción de un libro blanco que edulcorara las condenas y saliera al paso del descrédito internacional. Una carta con los sellos «Urgente» y «Confidencial» del jefe del Estado Mayor del Ejército, Emilio Villaescusa Quilis, al capitán general de la Sexta Región Militar (Burgos), Mateo Prada Canillas, da constancia de ello:

> Querido amigo:
>
> Como creo ya te habrá informado tu General Auditor, en una reunión celebrada esta mañana en el Ministerio de Información y Turismo se ha acordado nombrar una Ponencia para la redacción de un Libro Blanco que salga al paso de la campaña desencadenada por las recientes penas de muerte.

---

[105] Diario *ABC* del 1 de octubre de 1975.

Al objeto de reunir la documentación necesaria, los vocales po-
nentes de los consejos de guerra deberán informar a la vista del sumario a la ponencia y, posteriormente, lo harán los auditores.

El ministro me encarga te comunique todo esto, con el objeto
de que autorices a tu auditor para que cumplimente lo acordado en
la reunión, de la que fue uno de los asistentes, por lo que podrá am-
pliarte lo necesario del contenido de esta carta.

Un fuerte abrazo de tu buen amigo.

La cita en la plaza de Oriente fue, como en años anteriores, un
acto de exaltación a mayor gloria del régimen, con nostálgicos de
tiempos pasados que tal vez intuyeran próximos a su fin y brazos
en alto cara al sol. Tras el tedeum previo y los saludas de rigor en
los salones Azul, Rojo y del Trono del Palacio Real, un desfile de
ministros, arzobispos y obispos, tenientes generales, las mesas de las
Cortes y del Consejo Nacional, presidentes de tribunales, altos cargos ministeriales y el alcalde de Madrid adularon al dictador antes
de que saliera al balcón principal para ser recibido por «un clamor
multitudinario, ensordecedor» de «una plaza abarrotada de gente
como en otras históricas ocasiones», mientras «verdaderas riadas
humanas» llegaban desde la calle Bailén y las que bordean el Teatro
Real, a decir de las crónicas periodísticas de aquel día, que, aun re-
conociendo la imposibilidad de hacer un cálculo exacto de los presentes, decían sin rubor que no era exagerado hablar de un millón
de personas. Nunca cupo tanta gente en tan poco espacio.

A las 12.35 horas el Generalísimo de los ejércitos de Tierra,
Mar y Aire, se hizo presente en el balcón de palacio en uniforme
de capitán general acompañado de su esposa, Carmen Polo, los
príncipes de España y los presidentes del Gobierno y de las Cortes,
entre otras personalidades, en la que sería su última aparición en
público antes de su muerte. Visiblemente debilitado, Franco leyó
un discurso en el que volvió a sus eternos demonios. «Españoles:
Gracias por vuestra adhesión y por la serena y viril manifestación

pública que me ofrecéis en desagravio a las agresiones (…). Todo obedece a una conspiración masónica izquierdista en la clase política, en contubernio con la subversión comunista-terrorista en lo social, que si a nosotros nos honra, a ellos les envilece (…). El ser español ha vuelto a ser hoy algo en el mundo. ¡Arriba España!».

Flamear de pañuelos, agitar de banderas rojigualdas, pancartas, prolongadas ovaciones, canciones patrióticas, vítores a España, al Ejército, a la Policía y a la Guardia Civil, gritos de: «No queremos indultos», «ETA y FRAP al paredón» y «España, unida, jamás será vencida». Así contaron los periódicos del régimen el acto de afirmación nacional que, dicen, obligó al Caudillo a salir al balcón hasta en seis ocasiones. Antes de que Franco abandonara palacio, el cardenal arzobispo de Toledo y primado de España, monseñor Marcelo González Martín, se acercó a él para abrazarlo y decirle: «Que Dios le bendiga, excelencia, por toda su obra a favor de España».

Concluso el acto, los presentes abandonaron la plaza de Oriente, unos hacia la calle Mayor, donde se encontraba la Capitanía General, y otros hacia la sede de la Dirección General de Seguridad en la Puerta del Sol, para entonar el «Cara al sol». Las crónicas cuentan que otros muchos se dirigieron hasta la plaza de Castelar, donde se encontraba la embajada de Portugal, para gritar «somos quijotes, nunca cambiaremos» y rezar un padrenuestro. Los más atrevidos exigieron a la dirección del hotel Castellana Hilton, situado frente a la delegación diplomática, que retirara la bandera portuguesa de los mástiles que adornaban la fachada junto a las enseñas de otros países. Al final fueron retiradas todas y solo una, la española, quedó ondeando al viento. Ardor patriótico.

Es probable que muchas de aquellas personas aún no lo supieran, pero esa misma mañana, mientras todo eran parabienes para una dictadura que languidecía, unos hasta entonces desconocidos Grupos de Resistencia Antifascista Primero de Octubre (GRAPO) irrumpían en el escenario político con el asesinato simultáneo en

MADRID, JUEVES
2 DE OCTUBRE
DE 1975 - NUM. 21.685
OCHO PESETAS

ABC

DIRECTOR: JOSE LUIS
CEBRIAN BONE
DEPOSITO LEGAL:
M - 13 - 1958 - 128 PAGS.

CIENTOS DE MILES DE PERSONAS EN LA PLAZA DE ORIENTE

MASIVA ADHESION A FRANCO

Los manifestantes repudiaron el terrorismo y la campaña antiespañola

(FOTO SANZ BERMEJO)

OTROS TRES POLICIAS ARMADOS, ASESINADOS EN MADRID

Un cuarto compañero del mismo Cuerpo fue operado anoche a vida o muerte

Durante la mañana de ayer, en el intervalo de cinco minutos, se cometieron cuatro atentados en Madrid contra las fuerzas del orden público. Tres agentes de la Policía Armada que prestaban servicio en otras tantas entidades bancarias fallecieron a consecuencia de los disparos recibidos por terroristas que, aunque todavía no identificados, se presume pertenecen al F. R. A. P. Otro agente del mismo Cuerpo fue sometido a dos intervenciones quirúrgicas en el cerebro, la última anoche, a vida o muerte, en la Ciudad Sanitaria La Paz.

(Págs. 9, 10 y 11)

CRONICA DE UNA JORNADA HISTORICA

CIENTOS de miles de personas acudieron ayer a la plaza de Oriente de Madrid, en manifestación patriótica, respondiendo al llamamiento del alcalde de la capital, como respuesta a las reacciones antiespañolas. El Jefe del Estado, tras la recepción ofrecida en Palacio, salió a los balcones abiertos a la plaza de Oriente, acompañado por su esposa, Príncipes de España, Gobierno y otras personalidades, y dirigió unas palabras a los manifestantes, quienes, después de vitorear a España, a Franco, al Príncipe y a las Fuerzas del Orden, al cantar himnos patrióticos y proferir gritos contra el terrorismo, siguieron en manifestación por diversas calles de la ciudad.

Un grupo muy numeroso se concentró ante la sede de la Embajada portuguesa, fuertemente custodiada por la Policía Armada. La manifestación, que había comenzado a últimas horas de la mañana, se disolvió pasadas las tres y media de la tarde.

(INFORMACION EN PAGINAS 5 Y SIGUIENTES)

CONDOLENCIA DEL PAPA

Por las agresiones a los policías en Barcelona y Madrid

Madrid. (De nuestra Redacción.) La Nunciatura Apostólica informa que en la mañana de ayer, nada más enterarse de los hechos delictivos ocurridos anteayer en Barcelona y ayer en la capital de España, el Santo Padre, por los normales conductos diplomáticos, ha renovado a las autoridades del Gobierno español su repulsa de tales actos de violencia, manifestando su paternal dolor, asegurando sus oraciones por quienes han caído en el cumplimiento del deber y uniéndose al sufrimiento de sus familiares.

El diario ABC informaba el 2 de octubre de 1975 del acto de desagravio a Franco en la plaza de Oriente tras las críticas internacionales por los fusilamientos del 27 de septiembre.

Madrid de cuatro policías armadas que prestaban servicios de protección en entidades bancarias, en represalia por los fusilamientos del 27 de septiembre. Joaquín Alonso Bajo, Agustín Ginés Navarro, Antonio Fernández Ferreiro y Miguel Castilla Martín fueron tiroteados en cuatro atentados coordinados perpetrados en la avenida del Mediterráneo, la calle Valmojado, la de Marqués de Corbera y la de Agustín de Foxá. La organización terrorista había decidido perpetrar los atentados tras valorar otras alternativas, a cuál más descabellada, como «hostigar» comisarías desde coches en marcha, convocar una huelga general o hacer sabotajes. «Si no se replica, el régimen obtendrá una victoria política decisiva —dijo uno de los presentes en la reunión en que se acordó iniciar la "lucha armada"—.[106] No es igual que haya manifestaciones en el extranjero, o algunas pequeñas en el interior, a que se responda aquí mismo y con sus mismos métodos, sangre por sangre. Así comprobarán que no pueden con la lucha armada». En realidad no eran los primeros asesinatos de los GRAPO, que el 2 de agosto ya habían matado a dos guardias civiles en las proximidades del Canódromo, en Madrid, aunque entonces no reivindicaron el atentado y la policía atribuyó los crímenes al FRAP.

Sin tregua para el régimen, unos días después ETA volaba un *jeep* de la Guardia Civil que se dirigía a Oñate desde el santuario de Nuestra Señora de Aránzazu. Los terroristas detonaron una bomba colocada en un talud de la carretera al paso del vehículo policial, causando la muerte a tres de sus integrantes y heridas graves a otros dos. «Esto no es una guerra particular que tengamos empeñada. Es el enfrentamiento de unos asesinos vulgares y corrientes con las Fuerzas del Orden Público», manifestó el director general de la Benemérita, el teniente general José Vega Rodríguez, a la salida del funeral, al tiempo que el gobierno anunciaba nuevas

---

[106] *De un tiempo y de un país, op.cit.*

medidas para luchar contra el terrorismo. El ministro y portavoz del Ejecutivo, León Herrera Esteban, anunció tras una reunión urgente del Consejo de Ministros que la reiteración de atentados había llevado a considerar «toda una serie de medidas encaminadas a hacer más efectiva la acción del gobierno contra el terrorismo, con la plena conciencia de contar con el respaldo del pueblo español, tan patentemente puesto de manifiesto el pasado 1 de octubre».

Las protestas internacionales devinieron pronto en silencios, el pragmatismo se impuso a la justicia, y los muertos bien muertos estaban. Estados Unidos suscribió el 4 de octubre con España un acuerdo marco de cooperación, la CEE levantó el bloqueo y reanudó los contactos con nuestro país el 20 de enero (el gobierno solicitó el ingreso en la Europa comunitaria al año siguiente), y regresaron los embajadores. Para entonces Franco había muerto y el rey Juan Carlos ya había sido coronado, aunque aún quedaba camino por recorrer hasta que España pudiera ser considerada una democracia de pleno derecho.

35

CUARENTA AÑOS DESPUÉS

«Busco justicia, no venganza. La vida no se la va a devolver nadie, pero quiero que al menos se reconozca que mi hermano fue asesinado, y no un asesino», dice Flor Baena, que tenía veintidós años y dos hijos, de uno y dos años, cuando fusilaron a su hermano Xosé Humberto. La muerte de su padre, Fernando Baena Fernández, en 1982, y la de su madre, Estrella Alonso Soto, en 2003, la convirtieron en la albacea de la memoria familiar. En su casa de Vigo atesora las cartas que su hermano le envió desde prisión, el diario que su padre escribió sobre lo vivido aquellos días y numerosas fotografías en blanco y negro de aquel muchacho que protagonizó una de las historias más dramáticas del final del franquismo, ante las que no puede evitar las lágrimas.

Flor lleva quince años batallando en los tribunales para que la justicia anule la sentencia que condenó a su hermano. «En el año 2000 me llamó por teléfono un chico llamado Luis, que me dijo había sido compañero suyo en el instituto y quería reabrir el sumario porque tenía una deuda de gratitud con él. Su esposa, la abogada Doris Benegas, se hizo cargo del caso y desde entonces nos ha representado ante los tribunales». La letrada interpuso ese año un recurso de amparo ante el Tribunal Constitucional (TC) para reclamar la nulidad de la condena por vulneración de los derechos a la presunción de inocencia, a un proceso con las debidas garantías, del de defensa, a la tutela judicial efectiva y del derecho a la vida. El Alto Tribunal rechazó la pretensión alegando que la Constitución no estaba vigente cuando ocurrieron los hechos.

La familia recurrió entonces al Tribunal Europeo de Derechos Humanos (TEDH), que en 2005 desestimó también la demanda con el argumento de que cuando Baena fue fusilado España no había suscrito el Convenio Europeo para la Protección de Derechos Humanos y Libertades Fundamentales. Ya en 2010, el Comité de Derechos Humanos de la ONU denegó un tercer requerimiento, en este caso de queja, porque, dice literalmente la resolución, «los hechos ocurrieron antes de la entrada en vigor del Protocolo Facultativo del Pacto Internacional de Derechos Civiles y Políticos, y porque el Comité no está en condiciones de revisar las sentencias dictadas por los tribunales, ni examinar la culpabilidad o inocencia del ajusticiado». Incapaz de conseguir el reconocimiento de las más altas instancias judiciales españolas e internacionales, Flor presentó el 23 de abril de 2012 una denuncia en el Juzgado número 1 de Buenos Aires contra las personas que acordaron el fusilamiento de su hermano. «Hemos agotado todas las vías y tenemos escasas esperanzas de que consigamos algo, pero no vamos a dejar de intentarlo», dice.

Los cuarenta años transcurrido no han borrado los vínculos que se crearon entre quienes vivieron aquellos hechos. Flor y Maruxa, la novia de Xosé Humberto, que estaba presa en Yeserías cuando fue fusilado, mantienen cuatro décadas después la amistad que entonces surgió entre ellas. Maruxa le escribía el 8 de junio de 1976, días después de recobrar la libertad, lo siguiente:

Querida María Flor:

Ante todo, quiero disculparme por no haber escrito antes, pero me resultaba muy difícil, tenía que dictar las cartas al abogado y me

resultaba muy violento; además, no tenía seguridad de que os llega-
sen. Sabréis que he salido el día 26 de mayo, justamente el día que
hacía un año de mi detención. He salido con libertad provisional y
me queda el juicio pendiente. Todavía no he ido a veros porque he
tenido que ir al juzgado y, además, no me encuentro bien de salud
y estoy de médico en médico, aunque no tardaré en ir ya que tengo
muchísimas ganas de hablar con vosotros (…). Aunque no haya escrito, no os he olvidado ni un momento y os tengo siempre presentes. Os quiero más de lo que imagináis. Tengo muchas cosas que pre-
guntaros y que contaros, pero no por carta. Muchos besos a tus
padres, a las tías, a tu hermano, y tú recibe el más fuerte abrazo.

Maruxa recuerda ahora que la justicia militar se inhibió en su
causa a favor del Tribunal de Orden Público (TOP), pero no llegó
a ser juzgada. «Fue un tiempo muy difícil. Los primeros años trabajé en lo que pude para ganarme la vida, hasta que me coloqué
como auxiliar de enfermería, que ha sido mi profesión durante todo este tiempo».

Como Flor, Vicky Sánchez-Bravo también tenía veintidós años y
un niño de cuatro cuando fusilaron a su hermano José Luis. «El
impacto de su muerte ha marcado a mi familia para toda la vida.
Mi madre cayó enferma con una depresión, estaba como ida, todo le
daba lo mismo, y tuvimos que ingresarla en un hospital —cuenta—. Mis hermanos también estuvieron en tratamiento psiquiátri-
co y uno de ellos, Manuel Ángel, se suicidó tirándose por una ventana. Yo también lo pasé muy mal porque el que entonces era mi
marido no quiso saber nunca nada del fusilamiento de José Luis.
Con el tiempo conseguí salir adelante como monitora de teatro
y de expresión corporal en escuelas». Vive en La Manga del Mar
Menor (Murcia), donde trabaja como auxiliar técnico educativo
en un colegio.

Silvia Carretero, la mujer de su hermano, se marchó a París poco después de quedar en libertad provisional el 6 de noviembre de 1975. Allí dio luz a una niña a la que puso de nombre Luisa Ramona Humberta, en homenaje a los tres militantes del FRAP fusilados. «Estuve mes y medio en la cárcel hasta que me dejaron libre con la obligación de presentarme los días 1 y 15 de cada mes al Gobierno Militar —cuenta Silvia—. Me presenté a la primera cita y ya no volví. Me escondí en tres viviendas de apoyo del FRAP. Primero en un domicilio en la zona de Pueblo Nuevo, después en casa de un actor de cine y teatro, y, por último, en otro piso por la zona de La Latina, y hacia el mes de febrero de 1976 me facilitaron un pasaporte falso para salir de España. Como estaba en estado de gestación muy avanzado y la ley obligaba a las embarazadas que querían viajar en avión a presentar un certificado médico que dijera que estaba de menos de tres meses, fui a ver al ginecólogo Ángel Sopeña para que me echara una mano. Me hizo el certificado, pero al final no tuve que mostrarlo en la aduana porque llevaba un abrigo muy amplio y no se dieron cuenta de que estaba encinta. Recuerdo que viajé a París el 9 de febrero. Allí me esperaba la familia francesa que me alojó, y en Saint Germain en Laye nació mi hija, a la que puse por nombre Luisa Ramona Humberta, como le había prometido a José Luis la última noche que nos vimos. Volví a España en septiembre de ese mismo año y abandoné el FRAP, que pretendía que viajara por toda Europa hablando de mi marido. Terminé las tres o cuatro asignaturas que me quedaban de la carrera de Ciencias Políticas, preparé unas oposiciones de Técnico de la Administración Civil, que suspendí, y me puse a trabajar como administrativa en la empresa Werner Televisión, hasta que entré en el Ayuntamiento de Madrid, donde todavía trabajo. En 1982 me volví a casar con un exmilitante del PCE con el que tengo otra hija, y en el año 2000 me licencié en Derecho y he ejercido en casos de violencia de género».

Los otros seis condenados del FRAP recuperaron la libertad con la amnistía de 1977. La mayoría abandonó su militancia política o se fue alejando paulatinamente de ella al tiempo que recomponían sus vidas. José Fonfría, a quien el consejo de guerra impuso una pena de veinte años, fue excarcelado por error el 23 de septiembre de 1976. «El FRAP me expulsó por lo ocurrido durante el consejo de guerra y perdí todo contacto con la organización. Estuve preso en Carabanchel y de allí me mandaron a la cárcel de Jaén. En el verano del 76 mi abogado me dijo que los que habíamos tenido que ver con delitos de sangre saldríamos los últimos con la amnistía, pero para mi sorpresa me soltaron a finales de septiembre de ese mismo año. Al cabo de una semana me llamó para decirme que había habido un error en mi excarcelación y que me buscaban. Me marché de España y con ayuda de unos amigos me instalé en París hasta que fui amnistiado en marzo de 1977, y aun así tuve que esperar cuatro o cinco meses hasta que me dieron el pasaporte y pude volver. Aprobé las oposiciones de profesor de instituto de enseñanzas medias y durante años di clases en el instituto Simancas y en el Santa Teresa de Jesús, hasta que me incorporé en comisión de servicios a la Facultad de Biología de la Universidad Complutense, donde me jubilé hace unos años».

Manuel Blanco Chivite y Vladimiro Fernández Tovar, a quienes conmutaron la pena de muerte por otra de treinta años de reclusión, de los que cumplieron algo más de dos, salieron de prisión el 8 de noviembre de 1977. Chivite de la cárcel de Córdoba y Fernández Tovar de la de El Puerto de Santa María (Cádiz). Su puesta en libertad se demoró al declararse la Audiencia Nacional incompetente para acordar la excarcelación con el argumento de que la Ley de Amnistía no especificaba la autoridad que debía aplicarla, lo que obligaba a estar a lo dispuesto en la Ley de Enjuiciamiento Criminal (LEC), que establece que la puesta en libertad de un recluso debe acordarla la misma autoridad judicial que lo condenó, en este caso la justicia militar.

«Tras salir de prisión continué militando en el PCE (m-l) durante algún tiempo —dice Chivite—. Colaboré de manera esporádica en algunos medios de comunicación, desde *Interviú* a *Egin*, y trabajé en Vanguardia Obrera, la editorial del partido. Cuando este se disolvió en 1992 me quedé con la editorial, que pasó a llamarse Vosa. En un principio publicábamos exclusivamente libros de contenido político, que fuimos ampliando a novela y poesía, en los últimos años ya como editorial El Garaje». Vladimiro Fernández Tovar se instaló en el País Vasco y posteriormente se marchó fuera del país durante algún tiempo, y en el momento de escribir estas líneas sus compañeros desconocen su paradero.

Pablo Mayoral Rueda abandonó el 9 de noviembre de 1977 el centro penitenciario de Cáceres, al que había sido trasladado una semana antes desde el de San Antón, en Cartagena. «Seguí en el partido hasta que se disolvió y en el año 94 me coloqué en la imprenta en la que todavía trabajo». Manuel Cañaveras de Gracia, preso también en Cáceres, quedó libre al día siguiente y falleció hace ya años.

Las dos únicas mujeres juzgadas en los consejos de guerra de septiembre de 1975, María Jesús Dasca Penella, *Xusa*, y Concha Tristán López, abandonaron la prisión de Alcalá de Henares el 16 de julio de 1977. «El día que salí de prisión fue un poco raro —relata la primera de ellas—.[107] Era un sábado, pero desde el viernes por la noche se sabía que íbamos a salir. Vinieron los abogados a la cárcel para comunicárnoslo, pero el director les dijo que era mejor que no nos enterásemos para que no nos pusiésemos nerviosas. El sábado por la mañana entró una monja y nos dijo: "¿Pero qué hacéis aún aquí?, ya creía que estabais fuera". Nos quedamos extrañadísimas, porque no pensábamos que fuésemos a quedar li-

---

[107] Su testimonio fue publicado en el número 32 de la revista *Primera Plana* del 6 al 12 de octubre de 1977.

bres. El director nos dijo que no sabía nada oficialmente, pero que estaba esperando la orden de libertad. A las dos y media de la tarde nos soltaron por fin (…), y a las tres de la madrugada llegué a mi pueblo, Almenara (Castellón). Me estaban esperando unas trescientas o cuatrocientas personas. No te das cuenta de lo que sucede, estás como flotando. Se te echan al cuello, te cogen en hombros. Los primeros días no te haces idea de los problemas a que tendrás que enfrentarte».

María Jesús trabajó como periodista en Canal 9 hasta su muerte en 2009. Su compañera Concha Tristán, embarazada cuando ocurrieron los hechos, tuvo su hija en prisión. Al quedar libre se fue a vivir a Cádiz y recuperó su profesión de enfermera. Falleció en la capital gaditana el mismo año que su compañera.

Antonia Manot, madre de Jon Paredes Manot, *Txiki*, tiene ochenta y cinco años de edad y, como dice su hijo mayor, Mikel, «creo que no ha llegado a entender nunca qué era ETA y por qué su hijo militó en ella. Tengo la impresión de que lo mismo le habría pasado a mi padre si no hubiese muerto tres años antes de que fusilaran a mi hermano. Un hombre que venía del campo, sin estudios, que cuando llegó a Zarauz trabajaba de diez de la mañana a diez de la noche no sé cómo lo habría aceptado. Mi madre ha tenido el apoyo de mucha gente y se queda con la idea de que cuando se habla de él se hace como de un héroe, de alguien que luchó contra el franquismo. Eso es lo que la queda».

Mikel Paredes, hermano mayor de Txiki, ha sido durante años policía municipal en Zarauz, hasta su reciente jubilación por una dolencia cardiaca. «Quizá si a mi hermano no le hubiesen fusilado yo no me habría quedado en casa y tal vez hubiese seguido el camino que él siguió. Es algo que todavía me pregunto. Soy el único familiar de los cinco ejecutados que asistió a la ejecución, el único que tuvo la suerte y la desgracia de estar presente cuando lo mataron. Ahora doy charlas y participo en actividades en escuelas para que los más jóvenes conozcan de primera mano la devastación que produce la violencia».

María, la madre de Ángel Otaegui, falleció en un accidente de tráfico cinco años después de la ejecución de su hijo, con tan solo sesenta y cinco años de edad. «Cuando mataron a mi primo —dice Merche, su sobrina— dejó de trabajar. Se pasaba el día llorando y muchas noches venía a dormir a casa. Mi madre y ella andaban siempre juntas». Su madre, Mercedes, tiene ochenta y siete años y aún vive en Nuarbe, aunque es su hija Merche la que se ha convertido en una suerte de «memoria» familiar de lo ocurrido. «Yo tenía doce años cuando fusilaron a mi primo, pero me acuerdo muy bien de todo. Ha pasado mucho tiempo, pero no queremos que se olvide lo que ocurrió».

Txiki y Otaegui fueron reconocidos en noviembre de 2012 por el gobierno vasco como víctimas de la violencia de motivación política al haberse vulnerado su derecho a un juicio justo.

José Antonio Garmendia, condenado a muerte con Otaegui, pero a quien la pena de muerte le fue conmutada por otra de treinta años de reclusión, fue amnistiado y extrañado a Oslo (Noruega) en junio de 1977 junto a otros militantes de ETA, entre ellos Francisco Javier Izco de la Iglesia, que había sido condenado a la pena capital en 1970 por el asesinato del policía Melitón Manzanas en el Proceso de Burgos; Pedro Ignacio Pérez Beotegui, *Wilson*, detenido con Txiki en Barcelona, e Iñaki Múgica Arregi Ezkerra, encargado de la fuga frustrada de medio centenar de etarras de la cárcel de Segovia. A su vuelta se instaló en la localidad guipuzcoana de Abaltzisketa, donde vive. El autor se puso en contacto con él a través de otras personas de su localidad, pero declinó hablar de sus recuerdos.

El tiempo pasa, pero su rastro permanece indeleble.

ANEXOS

Sentencia del consejo de guerra celebrado en El Goloso los días 11 y 12 de septiembre de 1975 contra Xosé Humberto Francisco Baena Alonso, Pablo Mayoral Rueda, Manuel Antonio Blanco Chivite, Vladimiro Fernández Tovar y Fernando Sierra Marco.

En el acuartelamiento militar de El Goloso, a doce de septiembre de mil novecientos setenta y cinco.

REUNIDO el Consejo de Guerra Ordinario designado para ver y fallar la Causa número 245 de 1975, seguida por los trámites del procedimiento ordinario, como presuntos autores de un delito de AGRESIÓN A FUERZA ARMADA y de otro de UTILIZACIÓN ILEGÍTIMA DE VEHÍCULO DE MOTOR AJENO, contra los procesados, todos paisanos, PABLO MAYORAL RUEDA (a) «Eusebio» y «Rubio», nacido el 30 de junio de 1951, natural y vecino de Madrid, hijo de Vicente y Dolores, soltero, mecánico y con instrucción, de buena conducta y sin antecedentes penales, privado de libertad a resultas de esta Causa y en razón de los hechos que en la misma se investigan, desde el 15 de julio de 1975 al momento presente; MANUEL ANTONIO BLANCO CHIVITE (a) «Alberto», nacido el 4 de febrero de 1945, natural de San Sebastián (Guipúzcoa) y vecino de Madrid, hijo de Luis y de Isabel, casado, periodista y con instrucción, de buena conducta y sin antecedentes penales, privado de libertad a resultas de esta Causa y en razón de los hechos que en la misma se investigan, desde el 17 de julio de 1975 al momento presente; VLADIMIRO FERNÁNDEZ TOVAR, nacido el día 7 de noviembre de 1951, natural y vecino de Madrid, hijo de Rafael y de Josefa, soltero, agricultor y con instrucción, de buena conducta y condenado por Sentencia de 4 de noviembre de 1969 a la pena de un año de prisión por delito de injurias a los Ejércitos, privado de libertad a resultas de esta causa y en razón de los hechos que en la misma se investigan, desde el 22 de julio de 1975 al momento presente; JOSÉ HUMBERTO FRANCISCO BAENA ALONSO (a) «Daniel», nacido el 4 de octubre de 1959, natural de Vigo (Pontevedra) y vecino de Madrid, hijo de Fernando y de Estrella, soltero, peón de fundición y con instrucción, de buena conducta y sin antecedentes, privado de libertad a resultas de esta Causa y a razón de los hechos que en la misma se investigan, desde el 22 de julio de 1975 al momento presente; y FERNANDO SIERRA MARCO «Bigotes», nacido el día 3 de noviembre de 1955, natural y vecino de Madrid, hijo de Ramón y de Carmen, soltero, estudiante y con instrucción, de buena conducta, condenado por Sentencia de 16 de diciembre de 1974 a la pena de 5.000 pesetas de multa por delito de conducción ilegal, privado de libertad a resultas de esta Causa y en razón de los hechos que en la misma se investigan, desde el día 22 de julio de 1975 al momento presente.

VISTOS los autos, oídos el apuntamiento del Juez Instructor, los informes del fiscal jurídico militar y de los Defensores de los procesados, así como las manifestaciones de estos últimos, presentes en el acto de la vista, y

RESULTANDO I.— Que la organización clandestina denominada Frente Revolucionario Antifascista y Patriótico,[108] en ana-

---

[108] En realidad es «Patriota».

grama «FRAP», organización de masas y rama de acción del Partido Comunista marxista-leninista de España, decidió a finales del mes de febrero del presente año intensificar la violencia en el país, decisión que transmitió a los dirigentes del Comité de Madrid de dicha organización, cuyo secretario político, el procesado MANUEL ANTONIO BLANCO CHIVITE, comenzó a reclutar, previa selección, a militantes del partido para formar comandos especiales o grupos de combate encargados de realizar acciones violentas, consiguiendo reunir así, tras haberlos explicado su misión, a los procesados VLADIMIRO FERNÁNDEZ TOVAR, PABLO MAYORAL RUEDA, JOSÉ HUMBERTO FRANCISCO BAENA ALONSO y FERNANDO SIERRA MARCO, confirmando como responsable o jefe de grupo al procesado FERNÁNDEZ TOVAR.

Formado dicho grupo, el BLANCO CHIVITE, siguiendo las directrices de la organización, determinó, y para ello instó reiteradamente al comando, la necesidad de proceder a dar muerte a miembros de las Fuerzas del Orden Público, decidiendo los componentes del comando y el procesado BLANCO CHIVITE que se tratase de un policía armada o guardia civil por la facilidad de su identificación al ir vestidos de uniforme, para lo que, en diversas reuniones entre todos o varios de ellos, se estudian y discuten el planteamiento de la acción y su inmediatez, decidiendo apoderarse de un automóvil para su mejor realización y entregando el FERNÁNDEZ TOVAR al procesado BAENA un pequeño bolso de mano que contenía un revólver, marca Cadix, con el número borrado, calibre 22 mm. largo, con nueve proyectiles en la recámara y abundante munición, acordando reunirse el día 14 de julio de 1975, a las cinco y media de la tarde, los integrantes del comando frente al Hospital Militar Gómez Ulla para llevar a cabo la acción planeada.

Llegada dicha hora y como no apareciese el responsable del grupo, FERNÁNDEZ TOVAR, los restantes miembros, esto es, MAYORAL, BAENA y SIERRA, decidieron actuar ellos solos, comenzando a buscar un automóvil cuya sustracción fuera fácil, llegando en este búsqueda hasta el Barrio de la Estrella, de esta capital, donde en la calle del PezVolador vieron un vehículo marca Seat 127, de color azul oscuro, matrícula M-0128-S, que tenía puesta la llave de contacto y que era propiedad de D. Joaquín Rasines Conde, apoderándose del mismo y emprendiendo rápida huida al ser observados y seguidos por el conductor del mismo. Seguros ya, tras efectuar varios cambios de direcciones, de que no eran seguidos, comenzaron a buscar un policía armada que prestara algún servicio, siendo así fácil de identificar, y que reuniera buenas condiciones para ser «ejecutado» y huir fácil e impunemente. Al pasar frente al número cuatro de la calle Alenza de esta Capital vieron al policía armada D. Lucio Rodríguez Martín que, vestido de uniforme, prestaba servicio de vigilancia en las oficinas de la compañía Iberia, decidiendo que sería la víctima, por lo que dieron una vuelta por las calles cercanas a fin de asegurarse un camino fácil de huída; volvieron a la calle Alenza, siendo las 22.15 horas de la noche, y estacionando el vehículo, en el que permaneció el SIERRA MARCO al volante y con el motor en marcha, bajaron del mismo el BAENA y el MAYORAL, portando el primero en el interior de un bolso de mano el revólver antes citado y el segundo una navaja automática abierta en el bolsillo del pantalón, con la que debía proteger a BAENA o, si necesario fuera, utilizarla contra su víctima, dirigiéndose así al citado policía, con el que se cruzaron, en cuyo momento BAENA sacó del bolso el revólver y accionó el disparador, no produciéndose el disparo, y continuando accionando hasta agotar los proyectiles que contenía el tambor, proyectiles que sí explosionaron y que alcanzaron al policía en diversas partes del cuerpo, ocasionándole así heridas tan graves que determinaron su fallecimiento casi instantáneo, intentando BAENA, cuando la víctima ya se encontraba en el suelo, arrebatarle su armamento, lo que no consiguió por ser apremiado por sus compañeros para que se alejara ante la presencia de gente, introduciéndose, tras MAYORAL en el vehículo y emprendiendo la huída por el mismo itinerario estudiado, hasta que llegaron a la calle PedroValdivia, donde abandonaron el automóvil, dirigiéndose los tres a sus respectivos domicilios.

El Consejo admite como circunstancias veraces, y por lo tanto probadas, las consignadas en el encabezamiento de la presente Sentencia respecto de todos y cada uno de los procesados.

HECHOS QUE EL CONSEJO DE GUERRA DECLARA PROBADOS.

RESULTANDO II.— Que el Ministerio Fiscal, en el acto de la vista, por estimar definitivamente que los hechos, que relató en la forma que entendió se habían producido, eran constitutivos de un delito de Insulto por Agresión a Fuerza Armada, previsto y penado en el número 1.º del art. 308 del Código de Justicia Militar, en relación con el art. 18 de la Ley de 8 de marzo de 1941, y de otro de utilización ilegítima de motor ajeno, previsto y penado en el párrafo primero del art. 516 bis del Código Penal, concurriendo en el primero las circunstancias agravantes de alevosía, premeditación conocida y ejecutar el delito por más de dos personas, de los números 1, 5 y 11, respectivamente, del art. 187 del Código de Justicia Militar, solicitó para los procesados MANUEL ANTONIO BLANCO CHIVITE, PABLO MAYORAL RUEDA, JOSÉ HUMBERTO FRANCISCO BAENA ALONSO, VLADIMIRO FERNÁNDEZ TOVAR y FERNANDO SIERRA MARCO, como autores del primero de ellos la pena de MUERTE, y para los procesados PABLO MAYORAL RUEDA, JOSÉ HUMBERTO FRANCISCO BAENA ALONSO y FERNANDO SIERRA MARCO, como autores del segundo la pena de CINCO MESES DE ARRESTO MAYOR.

RESULTANDO III.— Que los Defensores de los procesados, en igual trámite, alegaron que los hechos no estaban suficientemente probados, por lo que solicitaron para sus patrocinados la libre absolución.

CONSIDERANDO I.— Que los hechos narrados en el Resultado primero y que en el mismo se declaran probados, son constitutivos de las siguientes figuras delictivas:

A) De un delito consumado de INSULTO DE OBRA A FUERZA ARMADA, previsto y penado en el número 1.º del art. 308, en relación con el 312, ambos del Código de Justicia Militar, y el art. 18 de la Ley de 8 de marzo de 1941, toda vez que el policía armada D. Lucio Rodríguez Martín se hallaba vestido con el uniforme propio de su instituto y prestando servicio reglamentario, siendo atacado, con evidente propósito de causarle la muerte, finalidad que consiguieron los agresores; con lo que, evidentemente, el resultado obliga a incardinar los hechos en el número 1.º del citado art. 308.

B) De un delito consumado de UTILIZACIÓN ILEGÍTIMA DE UN VEHÍCULO DE MOTOR AJENO, previsto y penado en el párrafo primero del art. 516 bis del Código Penal, ya que, como queda probado, los procesados MAYORAL, BAENA y SIERRA se apoderaron del vehículo M-0128-S para facilitar la realización del delito antes calificado, dejándolo abandonado a las pocas horas, sin que para su apoderamiento se empleara fuerza en las cosas ni violencia ni intimidación de clase alguna, y sin que para su utilización tuvieran la debida autorización de su propietario.

CONSIDERANDO II.— Que del delito calificado en el apartado A) del anterior Considerando responden los procesados en concepto de autores, a tenor del número 1.º del art. 195 del Código de Justicia Militar, siéndolo todos ellos en concepto de autores directos del nº 1.º del art. 196 del citado Código y además, los procesados MANUEL ANTONIO BLANCO CHIVITE y VLADIMIRO FERNÁNDEZ TOVAR en concepto de inductores, según el nº 2.º del art. 196 del mencionado Código.

Y así, ha de hablarse evidentemente respecto de que todos ellos son autores directos, en virtud de que los mismos se concertaron previamente para la realización de la acción criminal, planeando y estudiando minuciosamente la misma y distribuyendo el distinto papel que cada uno debía desempeñar en su ejecución; y así la Sentencia del 15 de enero de 1918 dice que «todos los que convenidos previamente concurren a la ejecución de un crimen son responsables en concepto de autores del mismo por participación directa, aunque alguno de ellos no practique los actos materiales necesarios para la consecución, porque la delincuencia no se determina por la intervención en el mal físico causado, sino por la concurrencia del elemento intencional en relación con el hecho externo que la manifiesta», y añade la de 27 de marzo de 1965 que «una vez concertados varios sujetos para la ejecución de un delito, todos son responsables como autores, cualesquiera que fueran los actos realizados por cada uno, por ser fases diversas de ejecución de un solo proceso delictivo». De este modo, lo que cada uno hace dentro de lo convenido, lo hace por todos y todos lo hacen a través suyo.

Y menos incuestionable es aún la participación de los procesados BLANCO CHIVITE y FERNÁNDEZ TOVAR a título de inducción en cuanto que el primero intervino determinando la acción a realizar y encargando al segundo la elección de las personas que la ejecutarían, cosa que este hizo con pleno conocimiento de los hechos y sin que pueda enervarles de su participación a título de autoría el hecho de que no decidieran la víctima concreta y personalizada, pues su intervención fue vital en cuanto a la acción criminal de decisión ejecutiva, aun haciendo abstracción de cuál fuera la víctima, circunstancia esta que quedaba al azar y a la apreciación subjetiva de los ejecutores materiales, según el planeamiento criminal.

Que del delito calificado en el apartado B) del considerando anterior responden los procesados PABLO MAYORAL RUEDA, JOSÉ HUMBERTO FRANCISCO BAENA ALONSO y FERNANDO SIERRA MARCO en concepto de autores, a tenor del n° 1.º del art. 12 en relación con igual número del art. 14, ambos del Código Penal, por su participación directa, voluntaria y libre en el apoderamiento del vehículo.

CONSIDERANDO III.— Que en la comisión del delito de INSULTO DE OBRA A FUERZA ARMADA, antes calificado, concurren y son de apreciar las circunstancias agravantes siguientes:

a) Premeditación conocida, del n° 5.° del art. 187 del Código de Justicia Militar, toda vez que los procesados estudiaron y planearon minuciosamente durante varios días el hecho a ejecutar, persistiendo en su intención delictiva, que maduraron reflexivamente

b) Ejecutar el hecho por dos o más personas, del n° 11 del art. 187 del Código Castrense, de obligada apreciación y existencia por su propia objetividad matemática.

Que no concurre la circunstancia agravante de alevosía alegada por el Ministerio Fiscal, toda vez que el Consejo no ha estimado probado que los disparos fueran efectuados contra la víctima por la espalda, sin que el medio empleado en la ejecución del hecho pueda decirse que tienda directa y especialmente a asegurar su realización, sin riesgo para su persona, procedente de una eventual defensa de la víctima, toda vez que dicho riesgo evidentemente existía por el hecho de que la víctima, a su vez, iba armada.

Que en la comisión del delito calificado en el apartado B) del Considerando primero, concurre y es de apreciar la circunstancia agravante de premeditación conocida del n° 6.° del art. 10 del Código Penal, por las mismas consideraciones que se acaban de exponer para el delito de INSULTO A FUERZA ARMADA.

Que, además, en el procesado VLADIMIRO FERNÁNDEZ TOVAR concurre y es de apreciar la circunstancia agravante calificada de reincidencia del n° 1.° del art. 190 del Código de Justicia Militar, de obligada apreciación a la vista de sus antecedente penales, circunstancia que solo es aplicable por lo que respecta al delito de INSULTO DE OBRA A FUERZA ARMADA.

CONSIDERANDO IV.— Que toda persona responsable criminalmente de un delito o falta lo es también civilmente con arreglo a lo dispuesto en el art. 202 del Código de Justicia Militar, viniendo en consecuencia obligado a restituir la cosa objeto del delito, a reparar el daño e indemnizar los perjuicios causados, a tenor del art. 204 de dicho Cuerpo Legal, siendo dicha responsabilidad de carácter mancomunada y en su defecto solidaria, según dispone el art. 205 del tan repetido Código.

VISTOS los preceptos legales citados, los artículos 181, 182, 184, 190, 192, 193, 207, 208, 209, 210, 212, 214, 215, 216, 218, 222, 236, 237, 238 y 239 del Código de Justicia Militar, y 1, 3, 6, 7, 8 a 11, 19, 23, 24, 27, 30, 31, 32, 33, 47, 49, 58, 60 y 61 regla 2.ª del Código Penal y demás de pertinente y general uso y aplicación,

FALLAMOS que debemos condenar y condenamos al procesado MANUEL ANTONIO BLANCO CHIVITE, como responsable en concepto de autor de un delito consumado de INSULTO DE OBRA A FUERZA ARMADA, del n° 1.° del art. 308 en relación con el 312, ambos del Código de Justicia Militar y el art. 18 de la Ley de 8 de marzo de 1941, concurriendo las circunstancias agravantes de premeditación conocida y ejecutar el hecho por dos o más personas, a la pena de MUERTE con las accesorias para caso de indulto de inhabilitación absoluta, decimos, por el tiempo de la condena.

Que debemos condenar y condenamos al procesado JOSÉ HUMBERTO FRANCISCO BAENA ALONSO, como responsable en concepto de autor de un delito consumado de INSULTO DE OBRA A FUERZA ARMADA, del n° 1.° del art. 308 en relación con el 312, ambos del Código de Justicia Militar y el art. 18 de la Ley de 8 de marzo de 1941, concurriendo las circunstancias agravantes de premeditación conocida y ejecutar el hecho por dos o más personas, a la pena de MUERTE con las accesorias para caso de indulto de inhabilitación absoluta, decimos, por el tiempo de la condena.

Que debemos condenar y condenamos al procesado VLADIMIRO FERNÁNDEZ TOVAR, como responsable en concepto de autor de un delito consumado de INSULTO DE OBRA A FUERZA ARMADA, del n° 1.° del art. 308 en relación con el 312, ambos del Código de Justicia Militar y el art. 18 de la Ley de 8 de marzo de 1941, concurriendo las circunstancias agravantes de premeditación conocida y ejecutar el hecho por dos o más personas, a la pena de MUERTE con las accesorias para caso de indulto de inhabilitación absoluta, decimos, por el tiempo de la condena.

Que debemos condenar y condenamos al procesado PABLO MAYORAL RUEDA como responsable en concepto de autor de un delito consumado de INSULTO DE OBRA A LA FUERZA ARMADA, del nº 1.º del art. 308 en relación con el 312, ambos del Código de Justicia Militar y art. 18 de la Ley de 8 de marzo de 1941, concurriendo las circunstancias agravantes de premeditación y ejecutar el hecho por dos o más personas, a la pena de TREINTA AÑOS DE RECLUSIÓN, con la accesoria de inhabilitación por el tiempo de la condena.

Que debemos condenar y condenamos al procesado FERNANDO SIERRA MARCO, como responsable en concepto de autor de un delito consumado de INSULTO DE OBRA A FUERZA ARMADA, del nº 1.º del art. 308 en relación con el 312, ambos del Código de Justicia Militar y el art. 18 de la Ley de 8 de marzo de 1941, concurriendo las circunstancias agravantes de premeditación conocida y ejecutar el hecho por dos o más personas, a la pena de VEINTICINCO AÑOS DE RECLUSIÓN, con las accesorias de inhabilitación por el tiempo de la condena.

Que debemos condenar y condenamos a los procesados PABLO MAYORAL RUEDA, JOSÉ HUMBERTO FRANCISCO BAENA ALONSO y FERNANDO SIERRA MARCO como autores de un delito consumado de UTILIZACIÓN ILEGÍTIMA DE VEHÍCULO DE MOTOR AJENO, del párrafo primero del artículo 516 bis del Código Penal, concurriendo la circunstancia agravante de premeditación conocida, a la pena, para cada uno de ellos, de CINCO MESES DE ARRESTO MAYOR, con la accesoria de suspensión de todo cargo público, profesión, oficio y derecho de sufragio durante el tiempo de la condena.

A todos los procesados les será de abono para el cumplimiento de las penas principales el tiempo de privación de libertad sufrida con carácter preventivo durante la tramitación de esta Causa.

Por último, y en concepto de responsabilidad civil, los procesados MANUEL ANTONIO BLANCO CHIVITE, JOSÉ HUMBERTO FRANCISCO BAENA ALONSO, VLADIMIRO FERNÁNDEZ TOVAR, PABLO MAYORAL RUEDA y FERNANDO SIERRA MARCO deberán abonar a los derechohabientes del policía armada D. Lucio Rodríguez Martín la suma de UN MILLÓN Y MEDIO DE PESETAS, cantidad que todos los procesados deberán abonar a partes iguales, y en su defecto solidariamente.

Así, por esta nuestra Sentencia, lo pronunciamos y firmamos.

Sentencia del consejo de guerra celebrado en El Goloso el 18 de septiembre de 1975 contra José Luis Sánchez-Bravo Solla, Ramón García Sanz, Manuel Cañaveras de Gracia, María Jesús Dasca Penelas, Concepción Tristán López y José Fonfría Díaz.

Reunido el Consejo de Guerra para ver y fallar la Causa número 1/75, seguida por el procedimiento sumarísimo por un supuesto delito de TERRORISMO, contra los procesados, paisanos, MANUEL CAÑAVERAS DE GRACIA (a) «Borja» y «Ramiro», nacido el 13 de octubre de 1954 en Santa Cruz de Mudela, Ciudad Real, hijo de Manuel y de Paz, de profesión ordenanza, sin antecedentes penales; MARÍA JESÚS DASCA PENELAS (a) «Berta» y «Yunca», nacida el 13 de julio de 1955 en Almenara, Castellón de la Plana, hija de Vicente y de Carmen, empleada, soltera, sin antecedentes penales; JOSÉ FONFRÍA DÍAZ (a) «Ricardo» y «Almansa», nacido el 30 de enero de 1946 en Madrid, casado, sin antecedentes penales; RAMÓN GARCÍA SANZ (a) «El Pito», nacido el 9 de enero de 1948 en Barcelona, hijo de Isidoro y de Dorotea, mecánico, soltero, sin antecedentes; JOSÉ LUIS SÁNCHEZ-BRAVO SOLLAS[109] (a)

---

[109] En la sentencia figura su apellido como «Sollas», cuando en realidad es Solla.

«Hidalgo» y «Orujo», nacido el 28 de marzo de 1954 en Vincios, Pontevedra, hijo de Agustín y de Erundina, casado, sin profesión especial, sin antecedentes penales; CONCEPCIÓN TRISTÁN LÓPEZ (a) «Sonia», nacida el 5 de diciembre de 1953 en Ciudad, hija de Juan Antonio y de Lucía, ayudante técnico sanitario, soltera, sin antecedentes penales, todos ellos con instrucción.

Han permanecido en prisión preventiva a resultas de esta causa, CONCEPCIÓN TRISTÁN LÓPEZ y MARÍA JESÚS DASCA PENELAS desde el 28 de agosto de 1975; JOSÉ LUIS SÁNCHEZ-BRAVO SOLLA desde el 31 del mismo mes y año; RAMÓN GARCÍA SANZ y MANUEL CAÑAVERAS DE GRACIA desde el 1 de septiembre de 1975, y JOSÉ FONFRÍA DÍAZ desde el 5 de septiembre de 1975.

VISTOS los autos, oído el apuntamiento, así como los informes del Ministerio Fiscal jurídico militar y de las Defensas, y las manifestaciones de los procesados, presenten en el acto de la vista,

RESULTANDO I. De hechos probados y así se declaran:

1.º Que el Partido Comunista de España, marxista-leninista, a través de sus distintas ramas y actividades, viene intentando y señalándose como objetivo la mutación por la fuerza de la estructuración económica, social y política del Régimen actual, legalmente establecido, atentando contra su orden institucional y alterando la paz pública, cuya finalidad viene tratando de conseguir mediante acciones de sus distintas organizaciones de masas, entre las que se encuentra el Frente Revolucionario Antifascista y Patriota (FRAP), habiendo ordenado a todos sus miembros de las distintas organizaciones, y entre ellas el FRAP, mediante la difusión de la circular m-l, elaborada en París por los órganos centrales del Partido en el mes de marzo del corriente año, que se aumente la violencia de las acciones que por sus miembros, denominados militancia, se realicen, y poniendo especial interés en la ejecución de funcionarios del Cuerpo General de Policía, de miembros de la Policía Armada, Guardia Civil, Jueces, Militares y personas de relevancia social, y ordenando que todos los miembros de todas las organizaciones y ramas transmitan los datos que puedan relativos a nombres, domicilios, costumbres de personas de tales características y condición, ordenando la constitución para estas acciones de grupos de combate autónomos. El procesado RAMÓN GARCÍA SANZ, miembro del Partido Comunista, del 10 al 19 de julio del corriente año se dirigió a París, en donde tuvo noticias y recibió instrucción de dicha circular, lo cual no es objeto de este procedimiento, si bien debe recogerse para enmarcar la acción que aquí se enjuicia.

2.º El procesado JOSÉ LUIS SÁNCHEZ-BRAVO, cuyas demás circunstancias personales quedan referidas, simpatizante y activista desde muy temprana edad en las distintas organizaciones del Partido Comunista de España, desde su llegada a Madrid en julio de 1974 ocupó cargos relevantes en el FRAP, y en la fecha de autos era responsable político del Comité Provincial de Juntas del FRAP en Madrid y encargado provisionalmente del Comité Provincial de la Oposición Sindical Obrera (OSO), rama también del FRAP, con domicilio en Madrid, calle Cebreros nº 80, sita en las inmediaciones de la calle Villavaliente, el día 20 de julio de 1975, con ocasión de regresar a su domicilio en compañía de su mujer, Silvia Carretero Moreno, siendo las 14.30 horas, observó que en el número 1 de la calle Villavaliente entraba el teniente de la Guardia Civil D. Antonio Pose Rodríguez, que vestía el uniforme reglamentario de su instituto, y en los días sucesivos observó que tal hecho era costumbre del meritado teniente, que tras aparcar el automóvil de su propiedad en las inmediaciones de su casa, calle y número indicados, se dirigía a su domicilio. Esta observación hizo concebir al procesado JOSÉ LUIS SÁNCHEZ-BRAVO la idea de llevar a la práctica las consignas de aumento de la violencia de la circular m-l del Partido Comunista a la que se ha hecho referencia en el número anterior, planeando la muerte del mismo.

3.º El día 1 de agosto de 1975, el procesado JOSÉ LUIS SÁNCHEZ-BRAVO se entrevistó con FERNANDO PROENZA

GONZÁLEZ «Manolo», al que dio cuenta del plan que había elaborado, que mereció la conformidad de este, accediendo a participar en él si se lo pedía, lo que así hizo aquel, diciéndole FERNANDO PROENZA GONZÁLEZ que transmitiera la información a la denominada dirección del Partido Comunista de España, manifestando JOSÉ LUIS SÁNCHEZ-BRAVO que si no le daban autorización él mismo realizaría la acción contando con este. El día 2 de agosto de 1975 JOSÉ LUIS SÁNCHEZ-BRAVO se entrevistó con el procesado MANUEL CAÑAVERAS DE GRACIA «Ramiro», cuyas demás circunstancias personales quedan referidas y que desde el año 1973 venía participando en las actividades del FRAP, habiendo ingresado posteriormente como miembro del Partido Comunista de España, y en las fechas de autos era responsable de la Secretaría de Agitación y Propaganda del Comité Provincial General de Juntas de Madrid del FRAP, en entrevista organizada por la procesada CONCEPCIÓN TRISTÁN LÓPEZ «Sonia», cuyas circunstancias personales igualmente se han dicho, militante del Partido Comunista de España, y en la fecha de autos responsable de la Secretaría de Agitación y Propaganda del Comité de Radio de la Zona Norte de Madrid del FRAP, y como tal miembro de su dirección, en la que JOSÉ LUIS SÁNCHEZ-BRAVO dio cuenta al procesado MANUEL CAÑAVERAS DE GRACIA el plan que tenía para matar al teniente D. Antonio Pose Rodríguez, manifestando MANUEL CAÑAVERAS DE GRACIA que tenía en su poder una escopeta de caza que podía ser empleada, informándose JOSÉ LUIS SÁNCHEZ-BRAVO que el cañón de la misma debía ser recortado y que había de contar con varios para realizar el plan, a lo que MANUEL CAÑAVERAS DE GRACIA asintió diciéndole que contara con él. Posteriormente, el 7 de agosto de 1975 se celebró una entrevista de JOSÉ LUIS SÁNCHEZ-BRAVO con los procesados CONCEPCIÓN TRISTÁN LÓPEZ y MANUEL CAÑAVERAS DE GRACIA en la que aquel expuso de nuevo el plan que tenía y que disponía de una escopeta de caza en poder de MA-

NUEL CAÑAVERAS señalando la procesada CONCEPCIÓN TRISTÁN LÓPEZ que debían esperar a la decisión que adoptara la dirección del Partido Comunista de España, en cuya entrevista, asimismo, JOSÉ LUIS SÁNCHEZ-BRAVO informó que disponía de un amigo que podía recortar el arma, acordándose celebrar una nueva entrevista el siguiente día, 10 de agosto, en la plaza San Cayetano de Madrid.

4.º En fecha que no se ha podido determinar, pero que puede señalarse entre el 7 y el 10 de agosto de 1975 CONCEPCIÓN TRISTÁN LÓPEZ se entrevistó con MARÍA JESÚS DASCA PENELAS «Berta» y «Yunka» responsable de ella en la organización del Partido, a la que dio cuenta del plan elaborado por JOSÉ LUIS SÁNCHEZ-BRAVO para matar al teniente de la Guardia Civil D. Antonio Pose Rodríguez, pidiendo su consentimiento como responsable de ella, a lo que esta contestó que debía consultar con la dirección del Partido, cuya consulta transmitió a través de persona que no ha podido ser identificada ni hallada, la cual manifestó a MARÍA JESÚS DASCA PENELAS la conformidad de la dirección del Partido Comunista de España diciéndola «que se mate al teniente» y dio la orden de que así fuera transmitido a la procesada CONCEPCIÓN TRISTÁN LÓPEZ como así efectuó, de modo que, en la cita que habían señalado para el 10 de agosto, CONCEPCIÓN TRISTÁN LÓPEZ y JOSÉ LUIS SÁNCHEZ-BRAVO, la primera ordenó al segundo que se matara al teniente, de acuerdo con la dirección del Partido, diciendo el procesado JOSÉ LUIS SÁNCHEZ-BRAVO que la acción se realizaría el día 12 siguiente, debiendo efectuar el disparo MANUEL CAÑAVERAS DE GRACIA y colaborar en la acción el FERNANDO PROENZA GONZÁLEZ, a cuyo fin estos tres últimos, el día 11 siguiente, comprobaron de nuevo que el teniente de la Guardia Civil D. Antonio Pose Rodríguez no había alterado sus hábitos, observando los movimientos que hacía desde que aparcaba su automóvil hasta que llegaba al portal de su casa.

5.º Que el mismo día 11 de agosto, sobre las 17 horas, el procesado JOSÉ LUIS SÁNCHEZ-BRAVO mantuvo entrevista con el también procesado RAMÓN GARCÍA SANZ, miembro del Partido Comunista de España, y el procesado MANUEL CAÑAVERAS DE GRACIA en el domicilio de GARCÍA SANZ, calle Iriarte número 6, piso 4.º A, en la cual CAÑAVERAS DE GRACIA le entregó al GARCÍA SANZ la escopeta de caza de la que estaba en posesión, marca Laurona, sin poseer la guía y licencia oportunas, para que serrara el cañón y la culata, lo que efectivamente hizo este en su domicilio, al tiempo que también limó el número de fabricación para evitar su identificación, depositando los restos serrados del arma en la basura de su domicilio, que indudablemente fue recogida al día siguiente en la forma habitual, devolviendo después al procesado CAÑAVERAS DE GRACIA la escopeta, el cual la comprobó, sin conseguir su funcionamiento, toda vez que utilizó cartuchos del calibre 16 y, por otra parte, no quitaba el seguro del arma. CAÑAVERAS DE GRACIA en su creencia de que la escopeta no era útil, en reunión habida el siguiente día 12, sobre las 10 horas, con los procesados CONCEPCIÓN TRISTÁN LÓPEZ, JOSÉ LUIS SÁNCHEZ-BRAVO y RAMÓN GARCÍA SANZ puso de manifiesto tal circunstancia, por lo que se decidió aplazar la acción de la muerte del teniente D. Antonio Pose Rodríguez, al día 16 del mismo mes, entregando el procesado CAÑAVERAS DE GRACIA a RAMÓN GARCÍA SANZ la escopeta y las cajas de cartuchos para que lo examinara, el cual se dio cuenta del error de CAÑAVERAS DE GRACIA al utilizar cartuchos del calibre 16 y de la omisión al no quitar el seguro, comprobando el buen funcionamiento del arma, por lo que, en cita efectuada el día 13 siguiente por RAMÓN GARCÍA SANZ, JOSÉ LUIS SÁNCHEZ-BRAVO y MANUEL CAÑAVERAS DE GRACIA el primero explicó al último el adecuado funcionamiento de la escopeta. Es de señalar que en la reunión celebrada el 12 de agosto, en que se decidió el aplazamiento de la ejecución del teniente D. Antonio Pose Rodríguez, seguidamente se acordó trasladarse a Cebreros número 80, domicilio de JOSÉ LUIS SÁNCHEZ-BRAVO, en donde estaba esperando FERNANDO PROENZA presto a la acción, para informarle del aplazamiento que había.

6.º Que el día 15 de agosto del mismo año 1975 los procesados CONCEPCIÓN TRISTÁN LÓPEZ, JOSÉ LUIS SÁNCHEZ-BRAVO y MANUEL CAÑAVERAS DE GRACIA se reunieron en la cafetería Zodiac, sita en la calle Mauricio Legendre, en Madrid, manifestando la primera que la acción debía realizarse cuanto antes, y afirmando el procesado JOSÉ LUIS SÁNCHEZ-BRAVO que se ejecutaría al Guardia Civil «el sábado por huevos». Seguidamente, los procesados MANUEL CAÑAVERAS DE GRACIA y JOSÉ LUIS SÁNCHEZ-BRAVO se dirigieron a la inmediata calle Mártires de la Ventilla, donde estaba esperando, previa cita, el procesado JOSÉ FONFRÍA DÍAZ «RICARDO», cuyas personales circunstancias quedan referidas, que desde el año 1970 venía trabajando para el Partido Comunista, primero en la rama denominada FUDE (Federación Unión Demócrata Española), posteriormente integrado en las denominadas Juntas de Profesionales del FRAP, y posteriormente, al desaparecer la Unión de Profesores Demócratas, a la que pertenecía, una vez acabada su carrera, se había integrado en el comité pro-FRAP, y al desaparecer este en el verano de 1972 se hizo cargo del control de las Juntas de Profesores del FRAP y, como tal, formaba parte del Comité Provincial de Juntas del FRAP de Madrid, el cual se encontraba en compañía de tal llamado «PUJOL», que no ha sido identificado ni hallado en esta Causa, al que dieron el encargo, para no utilizar el automóvil de la propiedad del mismo, de que al día siguiente, realizada la acción, sin especificar cuál habría de preparar la huída, para lo que habría de hacerse con un coche, quedando citados MANUEL CAÑAVERAS DE GRACIA Y JOSÉ FONFRÍA el día siguiente, 16 de agosto, en El Corte Inglés de Raimundo Fernández Villaverde. A continuación, en el mismo día, sobre las 20.30 horas, se entrevistaron los procesados JOSÉ LUIS SÁNCHEZ-BRAVO, RAMÓN

GARCÍA SANZ, MANUEL CAÑAVERAS DE GRACIA y FERNANDO PROENZA, señalando el RAMÓN GARCÍA SANZ que estaba resuelto lo de la escopeta, pues funcionaba perfectamente, quedándose con ella para limpiarla y engrasarla y, asimismo, citado con MANUEL CAÑAVERAS DE GRACIA al día siguiente a primera hora, en cita a la que nos referiremos, y todos ellos en la esquina de las calles Ortega y Gasset y Conde de Peñalver, sobre las trece horas.

7.º Que los procesados MANUEL CAÑAVERAS DE GRACIA y RAMÓN GARCÍA SANZ, de acuerdo con la cita que habían concertado, se encontraron a las 9 de la mañana del día 16 en la plaza de Santo Domingo, en Madrid, comprando RAMÓN GARCÍA SANZ con su dinero, y en unión de MANUEL CAÑAVERAS DE GRACIA, dos cajas de cartuchos del calibre 12, perdigón número 6, una de la marca «Velos» y otra de la marca «Faisán», dirigiéndose ambos en el coche del procesado MANUEL CAÑAVERAS DE GRACIA a una vaguada en el Monte Carmelo, sita en el término de Fuencarral, a unos ochocientos metros de la carretera de Fuencarral a El Pardo, en donde existe una arboleda y no podían ser escuchados los disparos o, al menos, por ser lugar de caza, no llamaría la atención, y ya allí situados, a unos diez metros de un árbol aislado, hicieron siete disparos entre los dos contra el citado árbol, comprobando el buen funcionamiento de la escopeta y apercibiéndose el GARCÍA SANZ de la poca destreza de CAÑAVERAS DE GRACIA en el manejo de arma. Por el mismo medio regresaron a Madrid, separándose y dirigiéndose RAMÓN GARCÍA SANZ al número 64 de la calle Ardemans, en donde había quedado citado con JOSÉ LUIS SÁNCHEZ-BRAVO y, sobre las 12 horas, ya juntos, se dirigieron a su domicilio en la calle Iriarte, en donde utilizando la multicopista que obraba en poder de GARCÍA SANZ y que ha sido habida en su domicilio, utilizando un cliché que llevaba ya escrito y preparado JOSÉ LUIS SÁNCHEZ-BRAVO, prepararon ciento veinticinco octavillas, que más tarde se arrojaron por quien se dirá, en el lugar de autos, en las que se decía: «Una vez más como respuesta a los viles asesinatos, torturas, vejaciones y penas de muerte contra revolucionarios antifascistas acusados de pertenecer al FRAP, ETA V, los de la calle del Correo… Contra la violencia de fascistas mercenarios, nuestra respuesta es la del pueblo. ¡¡Violencia Fascista, violencia revolucionaria!! ¡¡Abajo la dictadura fascista!! ¡¡Fuera Yanquis de España!! ¡¡Viva la independencia nacional!! Grupos de Combate y Autodefensa del FRAP (Frente Revolucionario Antifascista y Patriota). Agosto 1975».

8.º El día 16 de agosto el procesado JOSÉ FONFRÍA DÍAZ acudió a la cita que habían concertado con MANUEL CAÑAVERAS DE GRACIA en El Corte Inglés, presentándose en lugar de este, que se encontraba probando la escopeta, el procesado JOSÉ LUIS SÁNCHEZ-BRAVO, el cual le presentó a FERNANDO PROENZA GONZÁLEZ y junto con este se dirigió al Paseo de la Habana y sus inmediaciones, examinando varios coches para apoderarse de uno, sin que en definitiva se decidieran a hacerse con ninguno. Previamente, el JOSÉ LUIS SÁNCHEZ-BRAVO se había separado de ellos, dirigiéndose al encuentro de RAMÓN GARCÍA SANZ, como ha quedado relatado.

9.º Que sobre las 13 horas se reunieron en la esquina de las calles Ortega y Gasset y Conde de Peñalver los procesados JOSÉ LUIS SÁNCHEZ-BRAVO, MANUEL CAÑAVERAS, JOSÉ FONFRÍA Y FERNANDO PROENZA, quedando un poco apartado el procesado RAMÓN GARCÍA SANZ, siendo aquí que muy poco después JOSÉ LUIS SÁNCHEZ-BRAVO se acercó y dijo que se fuera con el comando y, ante la posibilidad de que el CAÑAVERAS DE GRACIA fallase en el momento del disparo, tomara él la escopeta e hiciera el ajusticiamiento, señalando el JOSÉ LUIS SÁNCHEZ-BRAVO los lugares que debían ocupar cada uno y la misión que habían de desempeñar, a la que más adelante nos referiremos, quedando citados el JOSÉ LUIS SÁNCHEZ-BRAVO sobre las 18.30 horas y marchándose seguidamente. En esta entrevista el procesado JOSÉ FONFRÍA DÍAZ manifestó que no se había podido hacer con el coche, por lo que JOSÉ LUIS SÁNCHEZ-BRAVO decidió que se hiciera sin el coche, manifestando MANUEL CAÑAVERAS DE GRACIA que se fuera con ellos, que para algo serviría. A continuación, los procesados MANUEL CAÑAVERAS DE GRACIA y JOSÉ FONFRÍA DÍAZ se trasladaron en metro a la Puerta del Sol, y de aquí a la plaza de Santa Cruz, desde donde en un autobús de la línea 31 de la Empresa Municipal se trasladaron a las inmediaciones del Barrio del Lucero, en donde se encuentra la calle Villavaliente, dirigiéndose a un bar que no se ha acreditado, sin que ello sea trascendente a estos efectos, en el que habían quedado con los otros, RAMÓN GARCÍA SANZ y FERNANDO PROENZA GONZÁLEZ los cuales, a su vez, habían ido en metro hasta Ópera y allí habían cogido un autobús de los que parten de aquel lugar y que les dejó en la misma zona. Al referido bar llegaron todos sobre las 13.30 horas, permaneciendo los cuatro en el mismo hasta las 14 horas, en que a una seña del GARCÍA SANZ lo abandonaron y, por ser aún pronto, dieron una pequeña vuelta por los alrededores y juntos cruzaron el paseo de Extremadura, utilizando el paso inferior, que tiene salida a la calle Villavaliente, y mientras caminaban por el paso inferior los procesados RAMÓN GARCÍA SANZ, MANUEL CAÑAVERAS DE GRACIA Y FERNANDO PROENZA se colocaron, encima de la que tenían, una camisa que llevaban preparada, explicando el CAÑAVERAS DE GRACIA que dentro de unos minutos iban a matar a un jefe de la Guardia Civil.

10.º Llegados los cuatro citados a la calle Villavaliente, inmediaciones del número 1, sobre las 14.15 horas, RAMÓN GARCÍA SANZ extrajo de la bolsa en que llevaba la escopeta y las cajas de cartucho, las octavillas referenciadas en las que se atribuía el hecho el FRAP, que entregó a FERNANDO PROENZA GONZÁLEZ para que una vez ejecutado el hecho las arrojara al suelo, disponiéndose a ocupar cada uno sus respectivas posiciones. El procesado RAMÓN GARCÍA SANZ se colocó detrás de unos coches aparcados en la zona inmediata al acceso al paso inferior por el que acababan de llegar y cerca del sitio en que solía aparcar el teniente, en posesión de la escopeta y encargado de disparar; MANUEL CAÑAVERAS DE GRACIA se situó en la acera de enfrente, en la misma en que lo hizo FERNANDO PROENZA, colocado un poco más alejado de ambos, en la esquina de las calles Villavaliente y Villasandino, ambos con la misión de avisar al anterior de la llegada del teniente D. Antonio Pose Rodríguez, para lo que habían quedado en que se pasarían la mano por la cabeza, toda vez que el mismo no le conocía; el procesado JOSÉ FONFRÍA DÍAZ se situó en la misma acera que RAMÓN GARCÍA SANZ, pero en la esquina de las calles Villavaliente y Villasandino, con la misión de avisar de la posible llegada de algún coche-patrulla que hubiera podido hacer peligrar el resultado de la acción, dirigiéndose al quiosco de periódicos allí existente, comprando un ejemplar del periódico YA que había de agitar en caso de aviso. Sobre las 14.30 horas, FERNANDO PROENZA dio la voz de «ahí viene» al RAMÓN GARCÍA SANZ, avisándole de la llegada del teniente D. Antonio Pose Rodríguez, que había pasado desapercibida al JOSÉ FONFRÍA DÍAZ, pues este había doblado la esquina de la calle Villasandino, pensando que aún había tiempo y que llegaría más tarde, y, habiendo aparcado su automóvil del lado en que se encontraban estos dos últimos, MANUEL CAÑAVERAS DE GRACIA se pasó la mano por la cabeza, en cuyo momento, estando fuera del automóvil el ya citado teniente, RAMÓN GARCÍA SANZ sacó la escopeta del saco en que la llevada, aproximándose a él, cuando se encontraba a unos dos metros, completamente ajeno a lo que contra él se tramaba y sin posibilidad alguna de defensa, le disparó un solo tiro, del cañón derecho de la escopeta, que le alcanzó el hemotórax izquierdo a la altura del segundo espacio intercostal, a unos tres centímetros por debajo de la línea media mamilar, con dirección de arriba hacia abajo, siendo el orificio de entrada del tamaño aproximado de una moneda de veinticinco pesetas y, asimismo, a un centímetro de dicho orificio entró un perdigón, todo ello atravesando el mediastino y pulmón derechos con destrucción total de las aurículas del corazón, aorta, porción torácica de esófago, ambos bronquios pulmonares, a unos dos centímetros por debajo de carina, cava superior y pulmonares, con destrucción de todo el hilío pulmonar derecho y lóbulo medio e inferior de pulmón derecho, encontrándose en el mismo alojado el taco de plástico y numerosos perdigones incrustados en pulmón derecho, pared costal derecha y columna vertebral, así como algunos sueltos en espacio costodiafragmático derecho, lesiones de tal gravedad que fueron la causa de su muerte instantánea. Seguidamente, el procesado RAMÓN GARCÍA SANZ recogió la bolsa que había quedado atrás, en la que guardó apresuradamente el arma, saliendo corriendo y dejando abandonados tres cartuchos que cayeron de la bolsa y que no recogió por el apresuramiento, dirigiéndose al citado paso inferior, en donde se unió con el FERNANDO PROENZA GONZÁLEZ, que había arrojado las octavillas ya mencionadas, y el procesado MANUEL CAÑAVERAS DE GRACIA, que se separó un poco más tarde, y cogiendo un taxi los dos primeros se fueron a la calle Hermanos García Noblejas y de allí, ambos a pie, se dirigieron a un descampado en la calle Castillo de Uclés, en el que tiraron la bolsa, desmontaron la escopeta y RAMÓN GARCÍA SANZ la metió en otra bolsa más pequeña, separándose ambos. RAMÓN GARCÍA SANZ se dirigió a su domicilio, en donde posteriormente fue hallada la escopeta y cajas de cartuchos. El procesado JOSÉ FONFRÍA DÍAZ, cuya función por su especialidad era permutable con la de cualquier otro de los intervinientes en los hechos, no presenciando la acción, al oír la detonación del disparo apresuró el paso hasta llegar al metro El Batán, utilizando este medio de transporte y dirigiéndose al domicilio de su suegra, en donde estaba invitado a comer.

11.º Con posterioridad a la realización de los hechos el RAMÓN GARCÍA SANZ acudió a la cita que tenía con JOSÉ LUIS SÁNCHEZ-BRAVO SOLLA, sin que acudiera este último. Los procesados MANUEL CAÑAVERAS DE GRACIA y JOSÉ FONFRÍA se entrevistaron con el denominado «Pujol», que no ha sido habido, al que dieron cuenta de la acción realizada; seguidamente se entrevistaron con FERNANDO PROENZA, que manifestó que se ausentaba de Madrid y concertando cita para el 25 de agosto, sin que haya sido habido. Sobre las 18.30 horas el procesado MANUEL CAÑAVERAS DE GRACIA se entrevistó en la plaza Tirso de Molina con el procesado JOSÉ LUIS SÁNCHEZ-BRAVO, a quien dio cuenta de lo ocurrido y cómo se habían desarrollado los hechos, diciendo que RAMÓN GARCÍA SANZ había sido el autor de los disparos, en tanto que FERNANDO PROENZA había arrojado las octavillas y que se había marchado de Madrid. El día 17 siguiente, sobre las 9 horas, el procesado JOSÉ LUIS SÁNCHEZ-BRAVO se entrevistó con la procesada CONCEPCIÓN TRISTÁN LÓPEZ en Alonso Martínez, Madrid, a quien informó de la acción realizada, explicando que se había efectuado a pie por haber fallado el automóvil, que uno del comando se había marchado de Madrid, que CAÑAVERAS DE GRACIA se había acojonado, siendo felicitado por CONCEPCIÓN TRISTÁN LÓPEZ, que le pidió felicitara también a todos los del comando. Al día siguiente, de nuevo se entrevistaron ambos procesados, entregando JOSÉ LUIS SÁNCHEZ-BRAVO a dicha procesada un sobre conteniendo ejemplares de las octavillas que habían arrojado en el lugar de autos, así como un informe suscrito por el propio JOSÉ LUIS SÁNCHEZ-BRAVO con su opinión sobre la organización y estructura del Partido Comunista de España en Madrid, y sobre la actuación en la muerte del teniente D. Antonio Pose Rodríguez, cuyo sobre e informe fueron habidos en el domicilio de MARÍA JESÚS DASCA PENELAS, a la cual informó y transmitió todas las informaciones la procesada CONCEPCIÓN TRISTÁN LÓPEZ. En nueva entrevista mantenida entre CONCEPCIÓN TRISTÁN y JOSÉ LUIS SÁNCHEZ-BRAVO concertaron cita posterior, lo que ya no hace relación al caso de autos.

RESULTANDO II. Que en el acto de la vista el Ministerio Fiscal jurídico militar ratificó su escrito de acusación y relatando los hechos en la forma en que estimó se habían producido, los tuvo por constitutivos de un delito de TERRORISMO, previsto y penado en el art. 294 bis, b) núm. 1 del Código de Justicia Militar, solicitando que se impusiera a los procesados la pena de MUERTE, con excepción del procesado JOSÉ FONFRÍA DÍAZ, para el que pidió la pena de TREINTA AÑOS de reclusión.

RESULTANDO III. Que las defensas de los procesados, en el mismo trámite, pidieron para sus patrocinados, respectivamente, para el procesado JOSÉ LUIS SÁNCHEZ-BRAVO SOLLA la absolución y, en su defecto, la pena inmediata inferior en grado a la señalada para el autor, para el procesado MANUEL CABALLERO DE GRACIA la libre absolución; para el procesado RAMÓN GARCÍA SANZ, la de DOCE AÑOS Y UN DÍA DE RECLUSIÓN; para la procesada CONCEPCIÓN TRISTÁN LÓPEZ la libre absolución; para la procesada MARÍA JESÚS DASCA PENELAS la libre absolución; para el procesado JOSÉ FONFRÍA DÍAZ la absolución y, subsidiariamente, la de reclusión menor.

CONSIDERANDO I. Que los hechos que quedan relatados son constitutivos de un delito de TERRORISMO, previsto y penado en el núm. 1, apartado b) art. 294 del Código de Justicia Militar, pues así se debe calificar la conducta de quienes integrados y actuando al servicio de una organización, como es el Partido Comunista de España, que tiene por finalidad la de atentar contra el orden institucional legalmente establecido, cumpliendo las consignas dadas por el mismo, atentan contra las personas causando la muerte de una.

CONSIDERANDO II. Que del expresado delito es responsable en concepto de autor, a tenor del núm. 1, art. 196 del Código de Justicia Militar, el procesado RAMÓN GARCÍA SANZ, por su participación personal y directa en la ejecución de los hechos, siendo el autor material del disparo que causó la muerte de la víctima; igualmente del mismo delito es responsable en concepto de autor el procesado MANUEL CAÑAVERAS DE GRACIA, a tenor del núm. 3 del mismo art. 196, por cuanto coopera a su realización con actos sin los cuales no se hubiera efectuado, encargado de avisar al autor material de la llegada de la víctima y de su identificación; del repetido delito son responsables en concepto de autores los procesados JOSÉ LUIS SÁNCHEZ-BRAVO SOLLA, CONCEPCIÓN TRISTÁN LÓPEZ y MARÍA JESÚS DASCA PENELAS a tenor del núm. 2, art. 196 del Código Castrense, el primero por cuanto planea e induce a los anteriores procesados a la ejecución de los hechos que culminan con la muerte de la víctima, y las dos segundas por cuanto hacen suya dicha proposición, que transmiten a los órganos superiores del Partido Comunista de España, transformándose la proposición en orden, que las mismas hacen suya y transmiten a los restantes procesados, pues como dice el Tribunal Supremo en sentencia de 18 de enero de 1893, comete un delito tanto el que ordena como el que lo ejecuta materialmente; por último del citado delito es responsable en concepto de cómplice, a tenor del artículo 198 del tan repetido Código de Justicia Militar, el procesado JOSÉ FONFRÍA DÍAZ, por cuanto que no estando comprendido en el art. 196 citado coopera con actos simultáneos a la acción constitutiva del delito.

CONSIDERANDO III. Que en el presente caso concurren y son de apreciar por lo que se refiere al procesado RAMÓN GARCÍA SANZ las siguientes circunstancias agravantes de la responsabilidad criminal: de alevosía, prevista en el núm. 1, art. 187 del Código de Justicia Militar, por cuanto el culpable ataca a la víctima mediante medios, modos y formas en la ejecución que tienden directa y especialmente a asegurarla sin riesgo para su persona, que procede de la defensa que pudiera hacer el ofendido, pues así califica el Tribunal Supremo la instantánea e inesperada agresión de una persona a otra sin antecedente que la motive, por más que sea frente a frente y ante otros, es un medio o modo que el ofensor se ha valido para realizar su intención criminal sin riesgo alguno para su persona, puesto que no habiéndose apercibido el ofendido del ataque de que iba a ser víctima, no le era dado ponerse en defensa, y así, en sentencias de 6 de diciembre de 1879, 9 de febrero de 1889, 12 de noviembre de 1892, 11 de marzo de 1908, 6 de agosto de 1910, 5 de noviembre de 1918, 18 de marzo de 1926, 27 de mayo de 1939, 26 de febrero de 1934, 4 de febrero de 1936, por no citar otras muchas más recientes; en el mismo procesado concurre y es de apreciar la de premeditación conocida, del núm. 5 art. 187 citado, ya que la acción se realiza del modo previsto y planeado de antemano, persistiendo de forma conocida el autor en su propósito, a pesar de que en algún momento determinado el proceso fáctico surja determinada dificultad, como es la de pensar que el arma a emplear era inútil, incluso la necesidad de tener que modificar el arma, recortando su cañón y culata, cuyas dificultades supera el procesado ante el deseo firme y deliberado de ejecutar los hechos que constituyen el delito, dándose la resolución de cometerlo acompañada de una persistencia y meditación fría y reflexiva del hecho criminal y sus incidencias, que se revela por la índole de los medios preparados para realizarlo y por el tiempo transcurrido entre la resolución y la ejecución, demostrativa de aquella mayor criminalidad que acompaña al autor que ni por el lapso de tiempo ni por el examen detallado de las consecuencias desiste de su punible propósito, como dice el Tribunal Supremo en sentencia de 16 de mayo de 1936; igualmente respecto del mismo procesado concurre la del n° 11, art. 187 del mismo Código, de ejecutar el hecho dos o más personas, cuya circunstancia a la vista del relato de hechos no parece necesario argumentar y fundamentar.

CONSIDERANDO IV. Por lo que se refiere al procesado MANUEL CAÑAVERAS DE GRACIA concurre y se aprecia la circunstancia agravante de la responsabilidad criminal del núm. 5, art. 187 del Código de Justicia Militar, de haber obrado con premeditación conocida y que en el presente caso sería de apreciar con mayor intensidad, si tal fuera posible, toda vez que el citado procesado interviene en la elaboración del plan para matar a la víctima, ofreciendo desde el primer momento el arma homicida, cuya existencia ignoraba el que planificó la muerte, y la persistencia en su ánimo del deseo de matar se pone conocidamente de manifiesto por cuanto prueba el arma y, al vez que por su ineptitud no funciona, lo dice y, comprobada la perfección del mecanismo, participa en nueva prueba y, aún cuando dada su inexperiencia en el último momento no es el autor directo de la ejecución de la víctima, sin embargo su decidida voluntad de intervención le hace estar presente en la ejecución de los hechos, colaborando con actos sin los cuales no se hubiera producido; asimismo, respecto de él concurre y se aprecia la circunstancia agravante del núm. 11, art. 187 del Código de Justicia Militar de ejecutar los hechos dos o más personas.

CONSIDERANDO V. Que en el procesado JOSÉ LUIS SÁNCHEZ-BRAVO SOLLA concurre y son de apreciar: la circunstancia agravante de la responsabilidad criminal de haber obrado con premeditación conocida, del núm. 5, art. 187 del Código de Justicia Militar, por cuanto surgida en él la idea de matar al teniente D. Antonio Pose Rodríguez, el día 20 de julio de 1975, en los días sucesivos comprueba las costumbres de la víctima, establece los contactos necesarios para la constitución del comando que había de llevar a cabo la ejecución, planea hasta sus últimos detalles la realización del mismo, aun cuando buscando una pretendida impunidad se separe momentos antes de la ejecución, volviendo a recuperar su actividad poco después de ella, recibe la información de su realización, que transmite a los órganos superiores del Partido, lo que pone de manifiesto de modo conocido la frialdad de su meditación y reflexión en la intervención de los hechos, en tiempo muy apreciable; y asimismo, la circunstancia agravante del núm. 11, art. 187 del Código de Justicia Militar, de haberse ejecutado los hechos por dos o más personas.

CONSIDERANDO VI. Respecto de las procesadas CONCEPCIÓN TRISTÁN LÓPEZ y MARÍA JESÚS DASCA PE-

NELAS, en relación con ambas concurren y son de apreciar la circunstancia agravante de la responsabilidad criminal, del núm. 5, art. 187 del Código de Justicia Militar, de obrar con premeditación conocida, pues la meditación reflexiva y el pensamiento en el crimen frío y calculado a que se refiere el Tribunal Supremo en sentencia de 30 de octubre de 1888, así como la persistencia y exteriorización del designio y propósito de realizarlo, que relaciona la de 19 de diciembre de 1906, que da claramente puesta de relieve cuando varios días antes de la muerte de la víctima conocen el plan para su ejecución, que hacen suyo y transmiten a los órganos superiores del Partido Comunista, que transforma en orden que ambas, sucesivamente, transmiten a las personas que de ellas dependen, exigiendo su cumplimiento y recibiendo información de su ejecución, de la que dan cuenta a los órganos superiores; igualmente, respecto de ambas concurre y se aprecia la circunstancia agravante del núm. 11, art. 187 del repetido Código, de haberse ejecutado los hechos por dos o más personas.

CONSIDERANDO VII. Que, en cuanto al procesado JOSÉ FONFRÍA DÍAZ no concurre ni se aprecia la circunstancia agravante de la responsabilidad criminal de haber obrado con premeditación conocida, pues, a diferencia del resto de los procesados, solamente tiene noticias de la ejecución momentos antes, siendo así que el transcurso de un lapso apreciable de tiempo es requisito que se viene exigiendo por la jurisprudencia para la apreciación de esta circunstancia, y así se cita la sentencia del Tribunal Supremo de 25 de agosto de 1925 y la de 9 de abril de 1929; pero, en cambio, sin duda alguna, concurre y es de apreciar circunstancia agravante de la responsabilidad criminal del núm. 11, art. 187 del Código de Justicia Militar, puesto que interviene en la ejecución del hecho delictivo realizado por dos o más personas.

CONSIDERANDO VIII. Que a tenor de lo dispuesto en el art. 202 del Código de Justicia Militar, toda persona responsable criminalmente de un delito o falta, lo es también civilmente, comprendiendo dicha responsabilidad, según el art. 204 siguiente, la restitución de la misma cosa objeto del delito o falta, la reparación del daño causado y la indemnización de perjuicios, determinando el art. 205 la responsabilidad solidaria y subsidiaria de los autores entre sí por sus cuotas y subsidiariamente por las correspondientes a los demás responsables, cuya responsabilidad subsidiaria se hará efectiva primero en los autores y después en los cómplices, correspondiendo al Tribunal señalar la parte de que debe responder cada uno y, siendo así, se deberá declarar que los procesados RAMÓN GARCÍA SANZ, MANUEL CAÑAVERAS DE GRACIA, JOSÉ LUIS SÁNCHEZ-BRAVO SOLLA, CONCEPCIÓN TRISTÁN LÓPEZ y MARÍA JESÚS DASCA PENELAS deben responder cada uno de ellos con una cuota de DOSCIENTAS OCHENTA MIL PESETAS, y que el procesado JOSÉ FONFRÍA DÍAZ debe serlo, por su parte, de CIEN MIL PESETAS, lo que totaliza la cantidad de UN MILLÓN QUINIENTAS MIL PESETAS, que deberán abonar a quienes acrediten ser herederos del teniente de la Guardia Civil D. Antonio Pose Rodríguez, cantidad que este Consejo de Guerra considera justa, aunque realmente sea insuficiente e intraducible a cualquier cantidad en metálico la reparación e indemnización de los daños y perjuicios sufridos con motivo de la muerte de quien del Orden Público y buen servicio a los demás hizo la razón de su vida y fue causa de su muerte.

CONSIDERANDO IX. Que las penas que el Consejo de Guerra considera justas para cada uno de los procesados son las que se contienen en la parte dispositiva de esta Sentencia, a cuya concreción se llega teniendo en cuenta las circunstancias personales, la actuación de cada uno de los procesados y trascendencia del hecho, así como en atención al número y entidad de las circunstancias agravantes que concurren, de conformidad con lo dispuesto en el ar. 192 del Código de Justicia Militar y vistos los arts. 236 y 239 del mismo Código.

VISTOS los preceptos legales citados y demás generales y de pertinente aplicación,

FALLAMOS: Que debemos condenar y condenamos a los procesados RAMÓN GARCÍA SANZ, MANUEL CAÑAVERAS DE GRACIA, JOSÉ LUIS SÁNCHEZ-BRAVO SOLLA, CONCEPCIÓN TRISTÁN LÓPEZ y MARÍA JESÚS DASCA PENELAS, como autores de un delito consumado de TERRORISMO, del art. 294 bis, apartado b), núm. 1, del Código de Justicia Militar, a la pena de MUERTE, con la accesoria de inhabilitación durante el tiempo de la condena para el caso de indulto, y al procesado, paisano JOSÉ FONFRÍA DÍAZ, como cómplice del mismo delito a la pena de TREINTA AÑOS DE RECLUSIÓN MAYOR con la accesoria de inhabilitación por el tiempo de la condena, siendo declarados responsables civilmente cada uno de los procesados RAMÓN GARCÍA SANZ, MANUEL CAÑAVERAS DE GRACIA, JOSÉ LUIS SÁNCHEZ-BRAVO SOLLA, CONCEPCIÓN TRISTÁN LÓPEZ Y MARÍA JESÚS DASCA PENELAS en cuantía de DOSCIENTAS OCHENTA MIL PESETAS cada uno, y el procesado JOSÉ FONFRÍA DÍAZ por el mismo concepto, en cuantía de CIEN MIL PESETAS, siendo los primeros responsables solidarios entre sí por sus cuotas y subsidiariamente todos ellos incluido el JOSÉ FONFRÍA DÍAZ respecto de las correspondientes a los demás, cuya responsabilidad subsidiaria se hará efectiva primero en los autores y después en el cómplice, dejándoles a salvo el derecho de repetir contra los demás ante los Tribunales Ordinarios, cuyas cantidades deberán ser abonadas a quienes resulten herederos del Teniente de la Guardia Civil D. Antonio Pose Rodríguez, debiendo declararse el decomiso de los efectos e instrumentos del delito, a los que deberá darse el curso legal que corresponda, y debiendo servirles de abono el tiempo de prisión preventiva sufrido a resultas de esta Causa.

Así, por nuestra Sentencia, lo pronunciamos y firmamos.

PRIMER OTROSÍ DECIMOS: Que, asimismo, por lo que se refiere a los procesados MANUEL CAÑAVERAS DE GRACIA y RAMÓN GARCÍA SANZ los hechos pudieran ser constitutivos de un delito de TENENCIA ILÍCITA DE ARMAS DE FUEGO, previsto y penado en los arts. 254 y 255 del Código Penal Común, por lo que el Consejo de Guerra respetuosamente llama la atención de la Autoridad Judicial, por si considerase oportuno ordenar la instrucción del correspondiente procedimiento judicial contra los mismos, previa deducción de los oportunos testimonios de esta Causa.

SEGUNDO OTROSÍ DECIMOS: Que en la presente causa, a juicio del Consejo de Guerra, parece ser que existen elementos de juicio suficientes para considerar que los procesados JOSÉ LUIS SÁNCHEZ-BRAVO SOLLA y MARÍA JESÚS DASCA PENELAS pudieran ser autores de un presunto delito de USO DE DOCUMENTO FALSO, del art. 310 del Código Penal Común, por lo que, asimismo, el Consejo de Guerra respetuosamente llama la atención de la Autoridad Judicial por si considerase oportuno acordar la deducción de testimonios y apertura del correspondiente procedimiento judicial.

TERCER OTROSÍ DECIMOS: Que pareciendo que está acreditada en autos la intervención del paisano FERNANDO PROENZA GONZÁLEZ en la ejecución de los hechos que en esta Sentencia se han enjuiciado, el Consejo de Guerra respetuosamente llama la atención de la Autoridad Judicial por si considerarse oportuno ordenar la instrucción del correspondiente procedimiento contra él, previa deducción de los oportunos testimonios de esta causa.

Así se dice en el lugar y fecha indicados.

Sentencia del consejo de guerra celebrado en Barcelona el 19 de septiembre de 1975 contra Juan Paredes Manot.

En la Plaza de Barcelona, a diecinueve de septiembre de mil novecientos setenta y cinco:

Reunido el Consejo de Guerra Sumarísimo designado para ver y fallar la Causa Sumarísima nº 100-IV-75 instruida por un supuesto delito de terrorismo por el Juzgado Militar Permanente nº 3 contra el procesado paisano JUAN PAREDES MANOTAS[110] (a) «TXIKI», de 21 años de edad, natural de Zalamea de la Serena (Badajoz), hijo de Pedro y de Antonia María, soltero, de profesión montador, con instrucción y sin antecedentes penales, encontrándose en situación de prisión preventiva por esta Causa.

Dada cuenta de los autos en audiencia pública, oídos el apuntamiento del Sr. Juez Instructor, las declaraciones del propio procesado, las de los testigos que han comparecido en el acto de la vista a petición del Fiscal y del Defensor Letrado, los informes con la acu-

---

[110] Tanto en la sentencia como en otros documentos del sumario, se recoge el apellido «Manotas» en lugar de Manot.

sación del Ilmo. Sr. fiscal jurídico militar de la Región y de la Defensa del Letrado designado por aquel y la última manifestación del procesado, siendo Vocal Ponente del Tribunal Militar el Comandante Auditor Don Francisco Muro Jiménez y,

RESULTANDO PRIMERO que a las 10.15 horas del día 6 de junio de 1975 el procesado JUAN PAREDES MANOT (a) «TXIKI» formando parte de un comando especial de la organización terrorista, ilegal y subversiva ETA, compuesto además por otros cinco individuos más no identificados plenamente, siguiendo sus propósitos de atentar contra la unidad de la Patria, la integridad de sus territorios y el orden institucional, armados todos ellos con pistolas excepto uno que llevaba una metralleta, penetraron de improviso en la sucursal nº 3 del Banco de Santander sita en la calle Caspe nº 70 de la ciudad de Barcelona, entrando en primer tres de ellos, siendo uno de los mismos el procesado JUAN PAREDES MANOT (a) «TXIKI», y luego los otros tres, distribuyéndose por el establecimiento, procediendo a intimidar con las armas a los empleados y personas que estaban en dicha sucursal bancaria, arrebatando uno de los miembros del comando el arma que portaba el vigilante jurado D. Ricardo García Zapater, apoderándose de una cantidad de billetes que estaban en las dos cajas destinadas a atender inmediatamente al público por un importe de 425.000 pesetas que hicieron introducir en una bolsa al ayudante de caja D. José Luis Fernández Zapico, habiendo manifestado anteriormente que se trataba de un atraco político y que tenían que entregar el dinero que hubiese en billetes, y cuando preguntaban por la posible existencia de otras cantidades procedentes de dos sacas que habían llegado en transportes blindados, al oír la voz pronunciada por uno de ellos de que llegaban, lo que correspondía a la presencia en la puerta principal del coche patrulla del 091 Z-6 del Departamento de Orden Público de la Jefatura Superior de Policía, que habiendo recibido la orden de trasladarse a dicha sucursal por haber sonado la alarma en la Jefatura, sin dar tiempo a que la dotación del vehículo policial que estaba compuesta por el Cabo 1.º de la Policía Armada D. Ovidio Díaz López como jefe de la dotación, los policías armadas D. Tomás Morera Vázquez y Don Jesús Vázquez Vidal, así como el policía conductor D. Manuel Carbonell Nicolás, vistiendo los cuatro sus uniformes reglamentarios, procedieron los seis asaltantes a hacer fuego con sus armas contra la fuerza pública, haciendo blanco una ráfaga de la metralleta en el coche policial y procediendo seguidamente a un nutrido tiroteo contra los componentes de la dotación, haciendo disparos el procesado JUAN PAREDES MANOT (a) «TXIKI», que saltó en su huída por una ventana del establecimiento, produciéndose a consecuencia de los disparos la muerte del Cabo 1.º D. Ovidio Díaz López, que quedó tendido en el suelo frente a la puerta principal entre una furgoneta y la acera, mientras los policías armadas repelían la agresión en colaboración poco después de dos inspectores de policía que estando en un bar situados enfrente en otro servicio salieron a la vía pública, mientras los seis asaltantes, y por tanto el procesado PAREDES MANOT se daban a la fuga, dejando abandonado el dinero que ya habían sustraído con otros efectos particulares, así como un revólver marca Astra calibre 357, número R–174.964 que había sido sustraído anteriormente el 24 de mayo del mismo año al Guardia Jurado D. Buenaventura Colorín Pérez con ocasión de otro atraco en el Banco de Santander sito en la calle Urgel número 180, con seis cartuchos completos de munición, una pistola marca VZOR–70 calibre 7,65 número 2089 con cinco casquillos, apareciendo en el lugar de autos gran número de vainas y cartuchos disparados, habiendo resultado herido uno de los asaltantes, no siendo capturado ninguno de ellos, hasta que lo fue el procesado JUAN PAREDES MANOT (a) «TXIKI» el día 30 de julio en Barcelona sobre las 11 horas luego de un intercambio de disparos con los componentes de otro coche patrulla de la policía, cuando armado iba en compañía del terrorista de la ETA Pedro Ignacio Pérez Beotegui (a) «Wilson». El Cabo 1º Ovidio Díaz López fue recogido por sus compañeros llegando ya cadáver al Hospital Clínico de

Barcelona, presentando una herida por arma de fuego en el tórax y otra en el abdomen con orificios de entrada y salida de balas con enorme hemorragia intratorácica con shock hemorrágico e insuficiencia respiratoria aguda, que es mortal de necesidad.

HECHOS DECLARADOS PROBADOS

RESULTANDO SEGUNDO que en el acto de la vista, luego de la preceptiva suspensión que establece el art. 930 del Código Marcial, el fiscal jurídico militar formula su acusación con carácter de definitiva, estimando que los hechos constituyen un delito consumado de terrorismo previsto y penado en el art. 294 bis c) primero del Código de Justicia Militar, considerando autor del mismo al procesado JUAN PAREDES MANOT (a) «TXIKI» con la circunstancia agravante de haber sido ejecutado el hecho en cuadrilla recogida en el número 11 del artículo 187 del Código Marcial, y solicita se le imponga la pena de MUERTE, con la accesoria de inhabilitación absoluta en caso de conmutación por indulto y en concepto de responsabilidades civiles deberá indemnizar a los herederos del fallecido Cabo 1.º de la Policía Armada D. Ovidio Díaz López con la suma de 500.000 pesetas, procediendo el comiso de las armas y municiones recogidas.

RESULTANDO TERCERO que el Letrado Defensor niega la participación de su defendido en el atraco al Banco de Santander, ya que a su juicio no hay pruebas que demuestren sin género de dudas su presencia en el acto, refutando las manifestaciones de los testigos y no dando validez a las declaraciones del propio procesado porque a su decir lo hizo coaccionado físicamente ante la policía y con temor ante el Juzgado Instructor y solo tiene para él plena validez procesal la indagatoria del folio 92, en la que PAREDES MANOT dice de una manera inconcreta que cuando sucedía el atraco relatado estaba en Perpiñán, por lo que debe de ser absuelto.

CONSIDERANDO PRIMERO que los hechos declarados probados en el primer resultando de esta sentencia son constitutivos de un delito de terrorismo previsto y penado en el párrafo 1º del art. 294 bis c) del Código de Justicia Militar, ya que miembros de una organización subversiva cual es la ETA, de la que es militante el procesado y que tiene por finalidad atentar contra la unidad de la Patria, realizaron un atentando contra la propiedad en el Banco de Santander en el que hicieron frente a la Policía Armada en acto de servicio y con sus uniformes reglamentarios y con un violento e intenso tiroteo se produjo la muerte del Cabo 1.º Jefe de la dotación del coche patrulla que acudía al lugar del atraco.

CONSIDERANDO SEGUNDO que de este delito es responsable en concepto de autor el procesado JUAN PAREDES MANOT (a) «TXIKI» como comprendido en el número 1.º del art. 196 del Código Marcial, por su participación directa y material en los hechos, ya que este Tribunal valorando en conciencia las pruebas obrantes en la Causas y las practicadas en el acto de la vista no tiene ninguna duda sobre la presencia de dicho procesado en el atraco tantas veces citado, estando armado con una pistola haciendo fuego con la misma sobre la Policía Armada, produciéndose por el tiroteo la referida muerte del Cabo 1.º.

CONSIDERANDO TERCERO que se aprecia expresamente la circunstancia agravante del número 11 del artículo 187 del Código de Justicia Militar de haber sido cometido el hecho calificado por más de dos personas, porque como se ha dicho fueron seis los asaltantes armados.

CONSIDERANDO CUARTO que este Tribunal tiene en cuenta lo establecido en el art. 192 del Código Marcial para el uso de su libre arbitrio señalar la pena que en el fallo diremos habida cuenta la perversidad del procesado y la trascendencia del hecho enjuiciado así como el daño producido a los particulares, cual ha sido la trágica muerte de un representante de la Autoridad en acto de servicio, luego de haber tiroteado nutrida y repetidamente los asaltantes armados a la Policía Armada, tan pronto vieron su presencia.

CONSIDERANDO QUINTO que de la responsabilidad criminal apreciada se deriva otra civil, que en este caso consiste en indemnizar a los herederos del fallecido por parte del procesado, sin perjuicio de que de ser identificados, capturados y condenados los otros asaltantes puedan distribuirse en su día esa indemnización entre todos los responsables, y que deben ser decomisadas las armas, según el art. 228 del Código Marcial.

VISTOS los artículos citados y demás de aplicación general del Código de Justicia Militar.

FALLAMOS que debemos condenar y condenamos al procesado JUAN PAREDES MANOT (a) «TXIKI» a la pena de MUERTE como responsable del apreciado delito de terrorismo, que en caso de conmutación llevará la accesoria de inhabilitación absoluta, debiendo indemnizar a los herederos del Cabo 1.º de la Policía Armada D. Ovidio Díaz López con la suma de QUINIENTAS MIL pesetas, y decretamos el comiso de las armas ocupadas y municiones.

Así por esta nuestra sentencia, fallando en justicia, lo pronunciamos y firmamos.

BIBLIOGRAFÍA

LIBROS

AGUIRRE, Julen, *Prisión de Segovia*, Ediciones Mugalde, Hendaya, 1980,
AMIGO, Ángel, *Pertur. ETA 71-76*, Hordago, Donostia, 1978.
—, *Operación Poncho. Las fugas de Segovia*, Hordago, Donostia, 1978.
BLANCO CHIVITE, Manuel, *Notas de prisión*, Ediciones Actuales, Barcelona, 1977.
CASANELLAS, Pau, *Morir Matando*, Los Libros de la Catarata, Madrid, 2014.
CASANOVA, Iker, *ETA 1958-2008. Medio siglo de historia*, Txalaparta, Navarra, 2007.
CASTRO, Raimundo, *Juan María Bandrés. Memorias para la paz*, Hijos de Muley-Rubio, Madrid, 1998.
CELHAY, Pierre, *Consejos de Guerra en España. Fascismo contra Euskadi*, Ruedo Ibérico, Chatillon-sous-Bagneux (Francia), 1976.
CERDÁN, Manuel y RUBIO, Antonio, *Lobo. Un topo en las entrañas de ETA*, Plaza & Janés, Barcelona, 2003.
DIZ, Alejandro, *La sombra del FRAP. Génesis y mito de un partido*, Ediciones Actuales, Barcelona, 1977.
ESCRIBANO, Francesc, *Cuenta atrás. La historia de Salvador Puig Antich*, Península, Barcelona, 2001.

FOREST, Eva, *Testimonios de lucha y resistencia*, Ediciones Mugalde, Hendaya, 1977.

FUENTE, Ismael, GARCÍA, Javier y PRIETO, Joaquín, *Golpe a ETA. El asesinato de Carrero Blanco*, El País, Madrid, 1983.

GARMENDIA, José Mari, *Historia de ETA* (vol. II), L. Haramburu Editor, San Sebastián, 1980.

GIACOPUZZI, Giovanni, *ETA pm, el otro camino*, Txalaparta, Navarra, 1997.

GRIMALDOS, Alfredo, *La sombra de Franco en la transición*, Oberon, Madrid, 2004.

GRUPO EDELVEC, *FRAP, 27 de septiembre de 1975*, Vanguardia Obrera, Madrid, 1985.

GUALINO, Riccardo, *FRAP: Una temporada en España*, Amargord, Madrid, 2010.

JULIÁ, Santos, *Violencia política en la España del siglo XX*, Taurus, Madrid, 2010.

MOA RODRÍGUEZ, Pío, *De un tiempo y de un país*, Ediciones de la Torre, Madrid, 1982.

ONAINDÍA, Mario, *El precio de la libertad. Memorias (1947-1977)*, Espasa Calpe, Madrid, 2001.

ONETO, José, *Anatomía de un cambio de régimen*, Plaza & Janés, Barcelona, 1985.

PASTOR, Robert, *Apala, de «maldito» a héroe*, Edición del autor, Bilbao, 1977.

PRESTON, Paul, *Franco. Caudillo de España*, Mondadori, Barcelona, 1993.

PUICERCÚS VÁZQUEZ, Luis, *Propaganda ilegal. Itinerario de prisiones 1972-1975*, El Garaje Ediciones, Madrid, 2013.

RAMÍREZ, Pedro J., *El año que murió Franco*, Plaza & Janés, Barcelona, 1985.

SÁNCHEZ ERAUSKIN, Javier, *Txiki-Otaegi. El viento y las raíces*, Hordago, Donostia, 1978.

SARTORIUS, Nicolás y SABIO, Alberto, *El final de la dictadura*, Temas de Hoy, Madrid, 2007.

SERVICIO DE DOCUMENTOS APEP (Agencia de Prensa Española Popular), *27 de septiembre de 1975. Cinco héroes del pueblo.*

SETIÉN MARTÍNEZ, Francisco José, «El FRAP entra en escena (mayo de 1973). Discursos, mensajes y opiniones en la prensa de la época», *Historia y Comunicación Social*, Número 4.

UNZURRUNZAGA, Juan Cruz, *Infiltración*, Hordago, Donostia, 1979.

VV. AA., *Contra Franco. Testimonios y reflexiones*, CEDALL & Ediciones Vosa, Madrid, 2006.

VV. AA., *Memoria de la transición*, El País, Madrid, 1996.

VINADER, Xavier, *Operación Lobo. Memorias de un infiltrado en ETA*, Temas de Hoy, Madrid, 1999.

DOCUMENTALES

CATALÁN DEUS, José, *La chispa y la pradera. El FRAP, una revolución imposible*, J. C. Deus y Pop Producciones, 2012.

DUFOUR ANDÍA, Adolfo, *Septiembre del 75*, Pantalla Partida y New Atlantis.

VV.AA. *Haizea eta sustraiak (El viento y las raíces)*, Eguzki Bideoak.

SUMARIOS

Procedimiento sumarísimo 100-IV-75 contra Juan Paredes Manot, *Txiki*. Juzgado Militar Permanente número 3 de Barcelona.

Sumario 1/75 contra José Luis Sánchez-Bravo, Ramón García Sanz, Manuel Cañaveras de Gracia, Concepción Tristán López, María Jesús Dasca Penelas, José Fonfría Díaz.

Sumario 245/75 contra Xosé Humberto Francisco Baena Alonso, Manuel Antonio Blanco Chivite, Vladimiro Fernández Tovar, Fernando Sierra Marco y Pablo Mayoral Rueda.

PUBLICACIONES PERIÓDICAS

Diarios *ABC, Ya, El País, El Faro de Vigo, Tele/eXpress, Posible, Cambio 16.*
Noticias del País Vasco durante el estado de excepción.
Documentos Y.

TRABAJOS ACADÉMICOS

DOMÍNGUEZ RAMA, Ana, «La "violencia revolucionaria" del FRAP durante el tardofranquismo», Universidad Complutense de Madrid.

HERMIDA REVILLAS, Carlos, «La oposición revolucionaria al franquismo: el Partido Comunista de España (marxista-leninista) y el Frente Revolucionario Antifascista y Patriota», Universidad Complutense de Madrid.